영어 어휘 속
DNA 찾기 1

영어 어휘 가로세로 보기

백미현 지음

신아사

책 소개

이 책은 영어 어휘의 어원을 가로세로로 살펴서 어휘의 족보를 그려 보고 어근의 원래 의미가 다양한 어휘로 파생되면서 어떤 식으로 달라졌는지 보여준다.

우리는 외래어 홍수 속에서 살고 있다. 한글날에조차도 '한글날 골든벨 퀴즈' 대회가 열릴 정도이다. 수많은 영어 어휘가 우리말 속에 매일매일 귀화하고 있고, 결국은 고유어인지 외래어인지 그 정체가 헛갈린다. '담배'나 '빵', '가방', '버스'가 모두 외래어라는 사실을 대개 모른다.

우리말뿐 아니라 대부분의 언어는 고유어와 외래어가 섞여 있다. 영어는 그 정도가 좀 더 심한 편인데, 방대한 수의 영어 어휘를 무작정 기계적으로 외울 수는 없다. 그렇다면 '어떻게?'라는 방법론을 생각하게 된다. 한자를 배울 때 사용하는 원리를 그대로 적용하면 된다. 나는 학생들에게 영어 어휘도 한자처럼 '표의문자'로 취급하라고 당부한다. 한자의 부수部首가 한자 전체 의미의 기초가 되는 것처럼, 라틴어나 그리스어 차용어휘뿐만 아니라 영어 고유어에서조차 주요 형태소의 의미가 전체 단어의 의미 해석에 중요한 단서가 되기 때문이다. 한국어 어휘의 70%가 한자어에서 유래했기에 한자를 많이 알면 우리말 어휘력이 느는 것처럼, 태생적으로 '영어답지 않은' 어휘들로 그득한 영어 어휘를 학습할 때는 라틴어나 그리스어 어원을 잘 아는 것이 많은 도움이 된다.

나는 학부 과정 영어 어휘 수업 첫 시간에 android안드로이드의 의미를 묻는다. 애플폰을 제외한 대부분의 스마트폰 운영체제는 안드로이드 시스템으로 구동된다. Android는 문자 그대로 인간을 닮은 로봇인 '인조인간'을 의미한다. 즉 일종의 인공지능[AI]이다. 그런데 이와 유사한 어휘인 humanoid도 있다. 이것도 인공지능이지만 android와는 조금 다르게 종종 하드웨어적인 로봇을 일컫는다. human-과 마찬가지로 andr-는 '인간, 남자'의 의미를 갖는다. 이러한 중요 형태소에 *-oid* '-을 닮은(것)'이라는 의미를 갖는 접미사가 붙었다. 그러니 android나 humanoid 모두 '인간을 닮은', '인조인간'을 뜻한다.

That sounds Greek to me라는 표현이 있다. 그리스어를 누가 알랴? 그러니 '나한테 그리스어처럼 들린다.'는 것은 절대로 모르겠다는 '넘사벽'이라는 의미이다. 그리스어 차용어 역시 우리에겐 어렵다. 그런데 놀랍게도 우리는 대학생 때가 아닌 유아기 때부터 이미 그리스어 어휘를 만나고 있다. 헬리콥터[helicopter]는 그리스어에서 유래한 어휘이다. helicopter의 첫 번째 형태소인 *helic-*의 의미는 '나선형'이다. 여기에 형태소 *-pter*는 '날개'를 의미한다. 그러니 helicopter는 문자 그대로 '나선형 날개'라는 뜻이다. *helic-*은 다른 어휘에서 또 발견된다. 위[胃]를 괴롭히는 헬리코박터[helicobacter]를 제거하는 데 신통하다는 유산균 음료 광고를 눈여겨보자. 헬리코박터는 나선형 박테리아이다. 나아가 라틴어로 '막대'를 뜻하는 어근 형태소는 *bac-*와 *bag-*의 변이형을 갖는데, '세균, 박테리아'를 의미하는 bacteria는 원래 '작은 막대'를 의미했고, baguette[바게뜨빵]도 이와 먼 친척뻘이다. 희한하게도 peg[나무못]도 아주 멀게나마 같은 족보를 공유한다. 또한 helicopter를 구성하고 있는 두 번째 형태소

-pter[날개]의 의미를 알면 진짜 어려운 어휘인 archaeopteryx를 좀더 쉽게 배울 수 있게 된다. '고대[archaeo]' + '날개[pter]' + '-것[ryx]'의 구조가 되어 '시조새'가 된 것이다. 아무리 긴 어휘라도 주요 형태소의 원형적인 (대개는 최초의) 의미와 적어도 접두사의 의미를 알면 어휘를 쉽게 기억할 수 있다.

시중에는 이미 라틴어나 그리스어 어원을 통해 어려운 영어 어휘를 공부하라고 외치는 서적들이 홍수를 이루고 있다. 인구어족[Indo-European Language Family]에 속하는 라틴어 *mater-*, 그리스어 *metro-*, 영어 mother는 모두 '엄마'를 의미한다. 이런 어원 정보는 시중의 어원서 어디에서나 언급한다. 어원을 소개하고 그 예시를 보여주는 학습서나 영어단어의 역사나 어원을 흥미로운 스토리로 풀어주는 책도 적지 않다. 그러나 주로 라틴어나 그리스어 어원에만 집중하고 있고, 이와 유사한 형태나 의미를 갖는 영어 고유어와 어떤 관련이 있는지는 설명하지 않는다.

게르만어인 영어 역시 라틴어나 그리스어처럼 인구어족에 속한다. 우리가 마트에 가서 두루마리 휴지를 사거나 목도리를 짜려고 털실을 사게 되면 3-ply, 4-ply라고 쓰인 영어 글자를 보게 되는데, 이때 ply[겹, 접다]는 라틴어에서 기원한 단어이다. 다시 말해서 3겹, 4겹은 3번 접고, 4번 접었다는 의미가 된다. 또한 ply, complex, duplex, simple의 *pl-*에 해당하는 영어 고유어는 fold이다. 이들 단어 이외에도 수많은 라틴어 차용어와 고유어 간에 발견되는 p와 f의 규칙적인 자음의 차이도 기존 참고서는 설명하지 않는다. 이는 원시 인구어[Proto-Indo-European] 자음 **p*가 게르만어로 분화되면서 자음 f로 규칙적으로 변한 '그림의 법칙[Grimm's Law]'이 적용된 결과이다. 이 규칙은 예외도 있고 다소 복잡하지만, fold, pliers, explicate, ply 등의 어휘들이 형태적으로나 의미적으로 서로 관련되어 있음을 설명하는 데 매우 유용하다.

또 다른 예를 들면, 라틴어에서 유래한 foil, exfoliate, flora, florid, florist, flour, flower, portfolio 등의 어휘들이 영어 고유어 bleed, bless, blood뿐만 아니라 blade, bloom, blossom과 멀리 연결되어 있다는 사실을 대부분 간과하고 있다. 더구나 *bl-*과 *fl-*로 시작되는 어휘들이 '피'와 '축복', 그리고 더 나아가 '잎'이나 '꽃'과 무슨 연관이 있는지 설명하지 않는다. 역사언어학에서는 현재 인구어족에 속하는 여러 언어에서 유사한 형태와 의미를 갖는 어휘들(동족어)의 공통점을 찾아 원시인구어 어근을 재구성[reconstruction]하는 작업을 한다. **bhel-*$_2$로 재구성된 원시 어근은 '불다, 부풀다'의 의미에서 '꽃피다'와 '번영하다', '넘쳐흐르다' 등의 다양한 의미로 확장되었다. 이러한 의미가 차용어나 영어 고유어에 잔존하게 된 것이다. 원시인구어 자음 **bh-*가 게르만어계에서 *b-*로 변화했음을 설명해주는 그림의 법칙을 역시 시중 참고서는 언급하고 있지 않다.

라틴어와 그리스어 어원뿐만 아니라 더 멀리 올라가서 이러한 원시 형태와 의미를 알면 많은 영어 어휘를 조망할 수 있는 힘이 생긴다. '꽉 조이다'라는 말의 뜻은 물리적으로 갑갑한 상태에서 출발하여 심리적으로 매우 답답하고 힘든 상황에까지 확장된다. 마찬가지로 원시인구어의 원시 어근 **angh-*[꼭 끼는, 꽉 조이는 > 고통스러운]는 anguish, anxious, anxiety와 angry, anger, angina와 같은 어휘들의 의미인 '고민', '갈망', '화' 심지어 '협심증'의 의미들로 확장되었다.

흔히들 글을 시작할 때 '시작하며', '서언', '서문'과 같은 표현을 사용한다. 영어로는 preface, preamble, prologue라고 쓸 수 있고, 글을 맺을 때는 postscript, epigram, epilogue 등으로 표현한다. 여기서 preface는 '얼굴 앞'이 아니다. *fa*-는 원시인구어 어근 **bha*-$_2$[말하다]에서 발달한 라틴어 형태이다. 이 흔적은 많은 어휘에 남아 있다. confess('모두 말하다' > '고백하다'), fable(Aesop's Fables, '이솝우화'는 다 알 것이다), famous('유명한' 사람은 사람들에게 회자된다), fabulous('전설[傳說]적인' > '굉장한, 멋진'), infant(말을 못하니 '유아') 등에 *fa*- '말'이라는 핵심 형태소가 들어 있다. 같은 의미를 지닌 그리스어 *pha*-, *phe*-는 euphemism(좋게 말하는 것이니 '완곡어법'), prophet(앞날을 말하는 이는 '예언자')에서 볼 수 있다. 게르만어인 영어에서는 **bha*-$_2$에 *n*이 덧붙어, ban, banish, bandit, banal 등의 단어에 포함되어 있으며, '공언하다, 공식적으로 말하다, 금하다, 명령하다'라는 의미를 전달한다.

또한 car, cargo, carry, career, carrier, cart와 carpenter, caricature, 심지어 charge, discharge, chariot이라는 단어들이 '(물건을) 나르다'나 '탈것'을 의미하는 *car*-라는 공통분모에서 나왔다고 할 뿐, *ca*-와 *cha*-가 형태적으로 서로 관련이 되는 이유, carpenter[목수]와 caricature[캐리커처]가 왜 '나르다'라는 의미를 갖는 어휘들과 의미적으로 관련이 되는지, 그리고 carrier와 career는 서로 어떻게 관련되는지는 설명하지 않는다. 흔히 이 어휘들이 같은 조상에서 나온 자손이라고 말하지만, 막상 이 자손들은 자신들의 족보가 이해되지 않아 어리둥절할 것이다. 여기에는 영어가 여러 시기에 여러 방법으로 라틴어 어휘를 차용하면서 형태의 차이가 발생했다는 것, 또한 당시의 문화에 대한 지식이나 생활에 대한 이해를 통해 현재의 carpenter[목수]가 이들과 관련되어 있다는 것, '물건을 나르다'라는 의미가 '인생을 나르다'라는 의미로 변한 것은 추상적인 개념을 구체적인 개념으로 이해하고 표현하는 개념적 은유 때문이라는 것도 이해해야 한다.

원시인구어는 현재 인도와 유럽에 존재하는 대부분의 언어의 공통 조상어로 여겨진다. 그래서 서로 간에 동족어[cognate]가 있고, 이들이 물리적 침입이나 일상적 교류와 함께 겹겹이 영어에 수입(차용)되었다. 그리스어가 직접 혹은 라틴어를 통해 영어에 차용되고, 라틴어 어휘도 직접 영어에 차용되었거나, 또는 프랑스어를 통해서 그 형태나 의미가 조금씩 변이되어 여러 번 차용되었다. 서게르만어인 영어에는 프랑스어, 라틴어, 그리스어뿐만 아니라 북게르만어 어휘들이 차용되어 쌓인 결과, regal-royal, warden-guardian, shirt-skirt, shrub-scrub, compliment-complement, influence-influenza 등처럼 형태와 의미가 비슷하게 생긴 소위 '이중어[doublet]'라 불리는 어휘들이 넘쳐흐른다. 이래서 영어 어휘를 공부하기로 단단히 마음먹고 시작했지만 그 방대함에 질리고 엇비슷한 어휘들 때문에 소화불량에 걸려 손을 놓은 경험이 많이들 있을 것이다. salient, conspicuous, prominent처럼 모두 '현저하다'라는 유사한 의미를 갖는 어려운 단어들도 학습자를 쉽게 절망시킨다. 나도 학창시절 GRE라는 고통스러운 시험을 준비하면서 이런 어휘들의 구조를 제대로 몰라서 매일매일 좌절했던 기억이 있다.

어휘를 습득한다는 것은 단순히 철자나 의미를 기억한다는 것 이상이다. 음운론과 형태론과 같은 언어학 과목을 통해 단어의 음운과 형태의 불규칙성이 발생하는 이치를 이해하고, 특히 어휘의 다의성polysemy에 대해서는 단어의 의미가 구체적인 원형 의미에서 점차로 추상적인 의미로 확장된다는 원리를 이해해야 한다. 한국 대학에서 영어영문학과의 전공필수였던 '영어발달사'는 영어 어휘를 제대로 학습하고 지도하는 데 매우 중요한 과목이다. 그런데 최근엔 단지 어렵고 지루하다는 이유만으로 개설조차 잘되지 않는다. 예를 들어, 우리는 ch**i**ld-ch**i**ldren, w**i**ld-w**i**lderness, Chr**i**st-Chr**i**stian 등에서 일관성 없어 보이는 [ay] -[i:] 발음에 불편함을 토로하는데, 이는 16세기경에 현대영어 시기로 들어가면서 영어 장모음이 규칙적으로 한 단계씩 올라갔기 때문이다.

다시 말해서 예시된 어휘들의 종적 관계와 횡적 관계를 파악하기 위해서는 사실 언어학, 역사언어학, 영어발달사뿐만 아니라 문화, 역사, 정치, 지형 등의 언어 외적 배경을 두루 알아야 한다. 그래서 외국인이 영어 어휘를 익히는 것은 쉽지 않다. 하지만 이 책에서는 이러한 이론적 배경은 꼭 필요한 것 외에는 거의 다루지 않으니, 독자들이 벌써부터 긴장하고 이 책의 뚜껑을 덮을 이유는 없다.

영어 어휘 모두를 제한된 시간에 어원별로 모두 정리하고 서로의 의미나 형태상의 관련성을 설명해줄 수는 없다. 아마도 그러려면 내 짧은 지식도 문제지만, 이 책의 목적은 다른 책보다 더 훌륭하게 모든 어원을 일별하여 분류하거나 모든 영어 어휘의 관계를 파악하는 것이 아니다.

쉬운 단어건 어려운 단어건 이산가족들을 서로 연결해 보고자 한다. 알파벳 a-로 시작하는 단어부터 시작할 필요도 없다. 언제든 길을 걷다가, TV를 보다가, 책을 읽다가, 눈에 띄는 영어 어휘를 만나면 서적이나 인터넷을 뒤져서 세로로 그 어원을 찾고, 동일한 어원이 포함된 다른 단어를 가로로 찾다보면, 머릿속에 아무렇게나 널브러져 있던 단어들이 어느새 간결한 분류 딱지가 붙어 있는 서랍 안 물건처럼 분류가 되어 저장할 수 있다고 알려주고 싶을 따름이다. 그래서 책의 제목을『영어 어휘 가로세로 보기』로 정했다. 이 책의 목적은 한 마디로 영어 단어들의 족보를 찾아주는 일이라고 할 수 있다.

이 책에서는 꼭 어려운 단어만을 다루지 않는다. hand라는 단어의 의미를 누가 모를까. '손'이지. 그런데 hand에 '도구나 기구'의 의미를 갖는 접미사 *-le*가 붙어 handle[손잡이]이 되었고, 이 접미사가 spin[돌리다, 실을 잣다]에 붙어 spindle[굴대]을 만들었고, thumb[엄지손가락]에 붙어 thimble[골무]이라는 단어를 만들어냈다. 그리고 고유어인 hand와 함께, manual, command, emancipate, maintain, manacle, manage, mandate, manicure, manifest, manipulation, manner, manufacture, manuscript와 같은 프랑스어 차용어 속에 숨어 있는 라틴어 어근 *man*도 '손'의 의미가 있음을 보게 될 것이다.

저자로서 나는 그동안 마구잡이로 단어의 의미를 외우던 영문과 학생들에게 영어 어휘 학습에서 겪는 체증을 다소 풀어주고자 했던 내용을 일반 독자들과 공유해보고자 한다.

이 책은 라틴어 및 그리스어 어원을 통해 영어 어휘를 설명하는 기존의 다른 책과 다음과 같은 점에서 차별화된다. 첫째, 영어 어휘 어원의 범위를 라틴어나 그리스어를 넘어 원시인구어 어원까지 거슬러 올라가니, 라틴어나 그리스어 차용어뿐만 아니라 게르만어에 속하는 영어 고유어 간의 형태 및 의미의 연관성을 볼 수 있다. 둘째, 차용어와 고유어 자음 간 일관된 차이를 설명하는 그림의 법칙이나 동일한 어근 형태의 변이를 설명하는 음운 규칙을 언급하여 유사한 형태나 의미를 갖는 어휘들의 관계를 파악한다. 셋째, 모든 어휘나 어근이 갖는 다의성은 구체적 의미에서 추상적 의미로 일방향으로 발달한 결과라는 것을 이해할 수 있다. 넷째, 영어는 동 · 서 게르만어, 라틴어, 프랑스어, 그리스어 등에서 유입된 동족어들로 인해 유사한 형태와 의미를 갖는 이중어가 또한 풍부한 언어임을 알 수 있다.

이제 1권이 시작되었고 꼬리에 꼬리를 물며 어휘의 족보들을 지속적으로 그려보고자 한다. 이번 권은 어휘 England에서 시작하여 pandemic으로 마칠 것이다. 아직은 짧은 내 지식으로 인해 여전히 남아 있을 오류는 계속 손질해나가고자 한다. 아무쪼록 어휘에 숨어있는 DNA를 찾아 우리 머릿속에 이리저리 흩어져 있는 영어 어휘들의 조상을 찾아보고, 족보를 만들어주고 서로 가족임을 확인할 수 있기를 바란다.

여기서 소개하는 영어 어휘들의 어원과 의미 정보는 The American Heritage Dictionary(https://www.ahdictionary.com)와 Online Etymology Dictionary(https://www.etymonline.com/), Oxford English Dictionary(https://www.oed.com/)를 주로 참조하여 정리하였다. 특히 앞의 두 온라인 사전

은 원시인구어 어원과 그 파생어들의 관계를 잘 보여준다. 또한 어휘의 한국어 풀이는 네이버 인터넷 사전(http://dic.naver.com)을 참조했음을 밝힌다.

이 책이 나오기까지 주변의 많은 도움과 수고가 있었다. 귀한 시간을 내주시어 엉성하게 지어진 초고에서 어색한 문장의 오류나 오탈자를 잡아주신 이상경 선생님과, 내용과 글의 체제에서 섬세한 지적과 의견을 주신 나익주 선생님께 감사의 말씀을 전한다. 그리고 이 책의 출판과 관련된 행정업무를 처리해준 김용남 선생, 출판이 결정되고 본인의 부탁을 기꺼이 수용해주신 신아사 정현걸 사장님과 한규갑 상무님, 편집 방향을 잘 들어주시고 잘 꾸며주신 김금란 실장님께도 감사함을 전한다.

어려운 시기를 견디도록 묵묵히 응원해 주고 이 책을 펴내는 데 독자의 시각으로 조언을 해준 이상협 박사와 사랑하는 아들, 늘 자식 염려가 많으신 부모님의 건강과 행복을 위해 기도한다.

2021년 한바탕 소나기를 그리워하던 여름과 꼬드득 얼어버린 겨울을 지나서 새봄이 되어서야 졸고를 마치려한다. 늘 부족하기만 하다.

Plus Ultra!

백미현

차 례

영어 어휘
가로세로
보기

링구아 프랑카Lingua Franca로서의 영어

영어는 앵글족의 언어이다. 5세기경 로마제국이 멸망하고 앵글로색슨족Anglo-Saxon이 주류였던 서게르만족West-Germanic이 원래 켈트족Celts의 땅이었던 대서양과 흑해 사이에 떠있는 커다란 섬을 침공하면서 원주민들을 서북쪽으로 내몰았다. 결국 '앵글족의 나라'이니 England앵글랜드가 되었고, '앵글족의 언어'인 English앵글리쉬가 된 것이다. 프랑스도 역시 서게르만족의 일족인 프랑크족Frank이 골족Gaul의 땅을 차지하면서 '프랑크족의 나라'인 France가 된 것이다. 영국이나 프랑스 모두 게르만족이 원주민 땅에 세운 나라이다. 보통은 정복자가 피정복자의 언어나 문화를 몰아내는 것이 정석이다. 영국은 이리한 공식을 따랐지만, 프랑스는 오히려 피정복자의 문화를 정복자가 수용하였다. 아마도 당시 게르만족은 야만족이니 상대적으로 더 나은 로마문화에 흡수되었음이 분명하다. 프랑크족의 흔적은 지금도 frank솔직한 같은 많은 영어 어휘에 남아 있다. 당시 정복자인 프랑크족은 지배계급이었을 것이고, 그러니 언행도 당당하고, 대담하고, 심지어 뻔뻔하고, '솔직'했을 것이다.

또한 현재 '국제 혼성어' 또는 '국제 공용어' 등으로 해석되는 링구아 프랑카Lingua Franca는 원래 '프랑크어'였다. 우리나라에서 한때 서양인을 구분하지 않고 모두 '미국'사람으로 불렀던 시절이 있었던 것처럼, 아랍인들도 서유럽인들을 구별하지 않고 '프랑크인'으로 불렀고, 여러 민족이 의사소통을 위해 쓰인 혼성어를 그리 불렀다. 그러다가 현재는 그 뜻이 일반화되면서 '국제 공용어'를 의미하게 되었고 지금은 그 역할을 '영어'가 담당하게 된 것이다.

영어는 현재 세계에서 가장 강력한 언어가 되었다. 팍스 로마나Pax

Romana 시기 이후, 세계의 패권은 영국과 미국을 중심으로 재편되어 왔다. 과거 유럽의 후진국이었던 영국은 빅토리아 여왕과 엘리자베스 여왕 1세 이후 대제국이 되어 팍스 브리타니아Pax Britannia 시기를 구가했고, 세계대전 이후로 비록 힘의 균형은 신대륙인 미국으로 넘어가 팍스 아메리카나Pax Americana의 시대로 English라고 불리는 언어는 모든 영역에서 영향력을 행사하고 있다. word power가 world power라는 말이 새삼 놀랍지 않다.

또한 영어는 기껏해야 5세기부터 시작된 짧은 역사를 가지고 있지만, 다양한 역사적 사건으로 인해 끊임없이 새로운 어휘들을 차용하여, 어휘 면에서는 그 수가 매우 방대하다. 원래 섬에 살던 원주민의 언어인 켈트어Celtic 어휘는 거의 사라지고, 원래 앵글로색슨 고유어는 7-9세기에 걸쳐 침입한 북게르만족인 바이킹족의 방언에서 유입된 동족어들과 경쟁하면서 생존하거나 사라졌고 또는 의미 차이를 두면서 서로 공생하기도 했다. 예컨대, shirt와 skirt는 원래 같은 의미로서 각각 서게르만어와 북게르만어의 방언이었는데, 둘이 공생하면서 하나는 '윗도리'로 다른 하나는 '치마'로 의미가 분화되었다. till-까지과 egg알는 바이킹족이 들여온 단어이다.

영어는 게르만어에 속하지만, 어휘를 보면 오히려 로망스어처럼 보일 정도로 프랑스어가 대부분을 차지한다. 과거 지중해의 맹주국 로마의 영향은 대단하여 문화뿐만 아니라 언어에도 많은 흔적을 남겼다. 라틴어는 직접적으로 또는 프랑스어를 통한 간접적인 경로로 영어에 도입되었다. 앵글로 색슨족이 로마 멸망 전 아직 유럽에 머물고 있을 때 라틴어는 일상용어를 중심으로 차용되었다. 앵글로색슨족이 주류였던 서게르만족이 로마군이 점령했던 브리튼 섬Britain Island의 원주민인 켈트족을 몰아내고 섬을 장악한 이후, 기독교로 개종하면서 라틴어가 차용되었고, 1066년 프랑스 북부 노르망디Normandy의 정복자 윌리엄 공William the Conqueror의 침략으로 시작된 중세영어 시기동안 프랑스 어휘가 거의 모든 분야에 차용되었다. 초기에는 노르망디식의 프랑스어Norman French가 사용되었지만 점차 파리 중심의 센트럴 프랑스어Central French가 들어오면서 원래 같은 어휘도 형태나 의미가 변이되어 이중어로 사용되었다. camera-chamber, car-chariot, canal-channel처럼 *ca*-와 *cha*-로 시작하는 어휘 쌍은 각각 노르망 프랑스어와 센트럴 프랑스어에서 차용된 어휘이다. 16세기 이후 종교개혁, 르네상스를 겪으며 라틴어나 그리스어 어휘가 직접 차용되었다. 그리스어 어휘도 영어에 차용되었지만 라틴어보다는 좀 더 전문적이고 학술적인 영역에서 사용된다. 라틴어 어근 *cord*와 그리스어 어근 *card*는 모두 영어 heart와 동족어이다. 그리스어 cardiogram심전도는 병원에서나 보이는 단어이고 cordially, courage, accord, concord처럼 친근한 단어들은 모두 라틴어에서 유래된 어휘들이다. 영어는 근본적으로 서게르만어에 북게르만어, 라틴어, 프랑스어, 그리스어 차용어뿐만 아니라 식민지를 확장하며 비유럽어권 어휘 차용도 방대하게 이뤄져왔고, 그야말로 혼성어hybrid의 특징을 갖고 있어서, 외국인으로서 영어 어휘를 배우기는 정말 쉽지 않다.

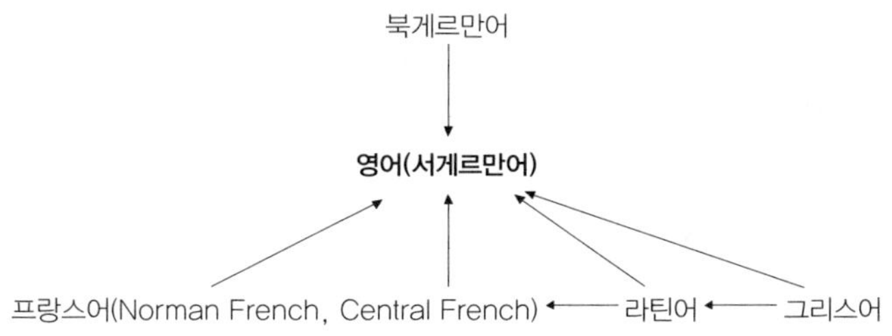

〈 영어에 유입된 주요 차용어〉

어원etymology과 영어 어휘

문자 그대로 '어휘의 진짜 의미 연구'를 지칭하는 그리스어 유래어 etymology[*ety*- 'true' + -*ology* 'study']는 '어원학, 어원론'이라는 학문이나 개별 어휘의 '어원' 둘 다 의미한다. 어원학이란 한마디로 어휘의 기원을 연구하는 분야로 어휘의 원형적 형태나 의미를 찾고, 이로부터의 변이를 통시적으로 고찰하는 학문이다. 개별 어휘의 기원뿐만 아니라 현재 상관없어 보이는 어휘들 간의 관계를 파악하는 데 도움을 준다.

그러나 아무리 어원을 중심으로 공부한다고 해도 영어 어휘의 의미를 바로 알기는 쉽지 않다. 낱말을 구성하는 형태소의 어원적 의미가 그대로 투명하게 읽히는 경우도 있지만, 많은 경우 세월이 경과하면서 다른 의미로 전이되어 원뜻과 멀어지기도 하였다. 어휘의 의미를 제대로 이해하려면 구성 형태소들의 문자적 의미뿐만 아니라 그 어휘가 형성된 시기의 역사 및 문화적 배경 지식, 그리고 은유나 환유와 같은 의미 확장 기제에 대한 이해도 필요하다.

한자어 부수部首 火불가 '조명', '재', '연기' 뿐만 아니라 감정적인 '화', 신체적 '열', '염증' 등의 의미로 연결되는 은유라는 의미 확장의 원리가 영어 어휘에서도 동일하게 적용된다. 결과적으로 영어 어휘 속 핵심의미를 제공하는 주요 어원 형태소를 알아본다면 처음 만나는 어휘도 쉽게 이해하고 머릿속에 오래 저장할 수 있을 것이다. circumspect는 '신중한'이라는 의미를 갖는데 *circum*-은 '주변'이고 *spect*는 '보다'의 의미를 갖는다. 이 두 형태소가 결합하니 문자 그대로의 의미는 '주변을 보는'이 된다. '주변을 잘 살펴보는' 것은 '신중한' 태도가 되는 것이다.

이제 북대서양에 떠있는 큰 섬을 England라 부르고 그들의 주요 언어를 English로 부르는 이유를 알아보자.

잉글랜드, 프랑스

ANGLO-SAXON, ENGLAND, FRANK, FRANCE

ang-*/ank-* 'to bend[구부리다]', **sek-* 'to cut[자르다]'

5세기에 서게르만족이 켈트족이 살던 땅을 침입해 점령한 사건이 현재의 England[영국]와 France[프랑스]라는 국가의 시초가 되었다.

지금의 England는 5세기경 서게르만족인 Angle, Saxon, Jute, Frisian 족들이 정복하기 전에는 원래 Celt 족의 땅이있나. Angle[앵글족]의 나라가 England가 된 것이고 '앵글족의 언어'가 English로 불리게 된 것이다. Angle 또는 Anglo는 부족 이름이기도 하지만 소문자 angle은 '갈고리 모양의 낚시 바늘', '각, 각도', '귀퉁이', '구부러지다' 등의 의미를 갖는다. Angle이라는 이름도 이 부족이 거주했던 지역이 갈고리처럼 생긴 모양에서 비롯된 것으로 추정된다.

angle[각, 모퉁이], ankle[발목], anchor[닻, 고정시키다], angler[낚시꾼], angling[낚시질, 굽어진 모양]은 구부러진 형상이 공통되어 있다. 다음 어휘들은 '앵글족' 즉, 영국과 관련이 있다.

anglian	앵글족의
Anglican	영국 성공회교도
anglice	영어로, in English
anglicism	영국풍, 영국식

anglicize	영국식으로 하다
anglist/anglicist	영국통
Anglo-Saxon	앵글로 색슨족
English, England	영어, 영국

이제 Anglo-Saxon이라는 표현에서처럼 영국이라는 나라를 구성한 주요 종족은 앵글족[Angle]과 색슨족[Saxon]이다. 서게르만족 일파인 Saxon의 원 의미는 '칼을 찬 전사'로 해석될 수 있는데, '칼'의 의미는 인구어 어근 **sek-*[자르다]에서 유래된 것으로 추정된다. 또한 **sek*의 확장형인 **sken-*[벗기다]에서 skin[피부]과 skinny[뼈만남은]가 파생되었다.

그렇다면 비슷한 시기에 원래 골족[Gaul][1]의 땅을 침략한 또다른 서게르만족인 프랑크족[Frank]은 지금의 France라는 나라를 시작한 주인공이다. 이들 종족 이름의 어원은 고대 게르만어 **frankon*[투창, 창]이라 알려져 있다.[2]

정복자였던 Frank[프랑크]족은 자유인 또는 귀족으로서 자유롭고, 특권층으로서 솔직하고 대담하게 행동할 수 있었다. frank는 문자 그대로 '자유, 특권'과 관련된 의미에서 '노골적', '솔직함'의 의미로 발달했다. franchise도 역시 '자유, 특권'이라는 원래의 의미에서 '시민권, 선거권, 특허, 특권, 특별 면제, 독점판매권' 등의 의미로 발달했다.

lingua franca의 문자 그대로의 의미는 '프랑크족의 언어'이다. 지중해 연안 지방에서 사용되는 이탈리아어, 프랑스어, 그리스어, 스페인어, 아라비아어, 터키어의 혼성어로 시작되었던 이 표현은 현재는 '국

---

1) '갈리아' 또는 '골' 족으로 불린다. 역시 고대 켈트족의 땅으로 현재 북이탈리아, 프랑스, 벨기에 등이 포함된 옛 로마의 속령이다.

2) 고대영어 *franca* 역시 '투창, 창'을 가리켰다.

제 공통어'를 의미한다.

이름 Franklin에는 귀족 신분은 아니나 자유로운 지주 신분이라는 의미가 있다. Francis 역시 French, frank, Frank처럼 모두 '프랑크족, 언어', '자유, 귀족'의 의미와 관련된다. franc[프랑]는 라틴어 Francorum Rex[프랑크족의 왕]가 처음에 금화에 새겨져 있던 것에서 유래된 것으로 프랑스의 화폐단위이다.

인구어족(Indo-European Language Family), 원시인구어 어근(Proto Indo-European Root)

인구어족은 인도에서 유럽에 걸친 지역에서 사용하는 어족으로 현재 대부분의 유럽어가 이 어족에 속한다.

Indo-European → Celtic → Welsh, Irish, Scots Gaelic
→ Hellenic → Greek
→ Italic → Latin → French, Italian, Spanish, Portuguese, Romanian
→ **Germanic** → **West Germanic** → **Low** → **English**, Dutch
→ High → German, ...
→ North Germanic → Norwegian, Icelandic, Swedish, Danish
→ East Germanic
→ - ...

개별 인구어들의 기원이 되는 공통 조상어를 원시인구어(또는 인구어 조어)라 하는데, 해당 언어의 기록은 없지만 학자들은 인구어에 속하는 여러 개별어로부터 이 언어의 최초 형태를 재구성(reconstruct)하고, 재구된 어휘나 어근 형태소 앞에는 *로 표시한다. 예를 들어 *bha-$_2$ '말하다'는 famous, fable, confess, bandit, ban, euphemism, phone 등의 공통 기원으로 재구된 형태소이다.

행동, 내비게이트

ACT, AGENT, AGILE, AGITATE, AGONY, NAVIGATE, PEDAGOGUE, SYNAGOGUE, ESSAY, ASSAY, AMBASSADOR, EMBASSY

**ag*- 'to drive[몰다]'

원시인구어 어근 **ag*-[몰다]는 라틴어 어근 *ag~act~ig~g* 등[3]의 형태로 많은 어휘에 남아 있고, '몰다, 이끌다'의 기본 의미는 '움직이다, 서두르다, 흔들다, 시도하다' 및 '대결, 신체 및 정신적 갈등' 등 다양한 의미로 확장되었다. 모든 어휘에 공통된 현상이지만, 정신적이고 추상적인 의미는 물리적이고 구체적인 의미에서 발달한다.

act[행동(하다)], counteract[대응하다], interact[상호작용하다], transact[거래하다], intransigent[고집스러운], react[반작용하다], redact[편집하다], retroact[반동하다], actuate[움직이다]에서는 모두 '행동, 움직임'의 의미가 읽힌다. 고집스럽고 비협조적인 의미를 갖는 intransigent[비타협적인]는 transact[거래하다]와 관련해서 생각하면 쉽게 이해될 수 있다. 서로 교류하는 행위가 transact인데, 거기에 부정 접두사 *in*-이 붙어, 교류가 안 되는 상황을 의미하게 된 것이다. react와 redact는 이중어로, 접두사 *re*-와 *red*-는 'back, against'의 의미를 가진 이형태[異形態]이다. react['against'+] 는 무엇인가에 '반응하다'로, redact['back'+] 는 되돌리는 행위인 '수정, 편집하다'의 의미로 읽힌다. actual[행위의, 실제의], agent[대리인], agency[대리점], agenda[안건], active[활동적인], actor[행위자], protagonist['first'+'actor'] 주인공, antagonist['against'+'actor'] 경쟁자, liti**g**ate['lawsuit'+'do'] 고소하다, miti**g**ate ['soft'+'do'] 완화시키다, pur**g**e['pure'+'do'] 숙청하다, cast**ig**ate['pure'+'do'] 벌주다, 혹평

3) *ag*[g]가 *ac*[k]*t*가 된 것은 접미사 *t*로 인한 무성 자음동화현상이고, *ag*가 (*eg*에서 다시) *ig*로 된 것은 라틴어 모음 약화(Latin Vowel Weakening)이다.

[하다]에서도 '행위'의 의미가 있다.

ambiguous[애매한]와 embassy[대사관, 사절단, 대사임무]는 *ambi-*['about']와 결합된 어휘로 원래 둘 다 '여기저기 돌아다니다'의 의미를 갖는다. 여기저기 움직여 돌아다니는 '방황'이 은유적으로 ambiguous[애매한]가 되었다. ambassador[대사]와 embassy[대사관, 사절단, 대사임무]는 국가를 대표하여 다른 나라들을 돌아다니는 것에서 발달한 의미이다.

신체를 활발히 움직인다는 것은 운동 경기에서 매우 중요하다. 이런 의미에서 경기에서의 경쟁이나 대결, 갈등의 의미가 발달할 수 있고, 이는 정신적인 활동으로도 확장된다. 그 활동이나 행위의 강도가 강해지면 고통을 느끼게 된다고 볼 수 있다.

- **ag**ile '기민한': 행동이 경쾌하고 몸이 민첩한 것은 역시 생각이 재빠르다는 의미로 확장된다.
- co**g**itation['together'+'act'] '사고': 강조의 *co-*[모두]와 *ag*가 결합한 어휘로, 끊임없는 신체적 움직임이 정신적 움직임으로 은유 해석된 것으로 볼 수 있다.
- **ag**itation '불안, 동요', **ag**ony '고통': 물리적으로 계속 움직이는 것은 정신적 '불안, 동요'의 의미로 이어진다. 역시 신체가 계속 움직이며 애쓰며 고통을 느끼는 것은 정신적 고통으로 연결된다.

'탈 것이나 사람을 몰고 이끌다'라는 의미는 '어떤 행위로 몰아가다'로 확장된다. syn**ag**ogue[['together'+'drive'] 유대교 회당, 집회]는 함께 움직이고 모이는 것과 관련된다. nav**ig**ate[['ship'+'drive'] 항해하다]는 배를 모는 행위이고, ped**ag**ogue[['child'+'lead'] 교사]와 dem**ag**ogue[['people'+'lead'] 선동자]는 각각 아이와 민중을 이끄는 사람이다.

마지막으로 assay[시금(試金)하다], essay[시도하다, 수필], examine[시험하다]와 exact[정확한], exiguous[근소한, 적은, 빈약한], exigency[긴급성]는 모두 접두사 *ex*-와 *ag*가 주요 성분으로 문자 그대로 'act thoroughly[철저히 행하다]'의 의미를 갖는다.

원뜻인 '밖'이 아니라 '철저함'이라는 강조 의미를 갖는 접두사 *ex*-와 '행하다'의 *agere*가 결합되어 '철저히 하다', '정확히 무게를 달다' 등의 의미가 있던 라틴어 동사 *exigere*에서 파생된 형용사 exact는 '정확함'을 뜻하고, 또 다른 형용사 exiguous는 '부족함'을 뜻하고, 명사 exigency는 '절박함'이나 '급박'을 의미한다. 이 어휘들의 어원적 의미인 '철저히 행함'은 '정확성'과 '부족함' 뿐만 아니라 '절박함'으로 모두 '여유가 없음'을 뜻한다.

한편 '시도, 시험'의 의미를 갖는 assay, essay, examine은 모두 철저히 행하고 확인하는 과정에서 저울질해보고 시험하고 시도하고, 점검한다는 의미가 된 것으로 보인다.

PIE root **ag-* 'drive'	
Latin	→ *act, actor, actual, actuate, agent, agile, agitate, ambiguous, assay, essay, exact, examine, exigent, exiguous, intransigent, navigate, castigate, ambassador, embassy*
Greek	→ *agony, demagogue, pedagogue, protagonist, synagogue*

navigate

은유(metaphor)와 환유(metonymy)

주어진 어휘나 형태소는 단일한 의미가 아니라 맥락에 따라 다양한 의미로 읽힌다. 자주 쓰이는 거의 모든 낱말이 다의성(polysemy)을 갖는다고 생각하면 된다. 예를 들어, 라틴어 *mūs* '생쥐'에 지소사 *-cle*이 붙은 muscle은 말 그대로 '생쥐'뿐만 아니라 '근육'을 의미하게 되었다. 근육이 생쥐의 모습과 유사해서 은유적으로 의미가 확장된 것이다. text가 원래 '직조'라는 기본 의미에서 '글, 문서'의 의미를 갖게 된 것도 은유적 확장이다.

또 다른 의미 확장의 동기가 되는 환유는 I bought a Mozart처럼 Mozart를 통해 Mozart의 작품을 말하고, We were at breakfast처럼 '아침식사'가 '아침 식사하는 전 과정'을 나타내는 현상을 일컫는다. 또한 '혀'를 의미하는 tongue, 라틴어 어근 *lingu*, 그리스어 어근 *glot*이 mother tongue '모국어', multilingual '여러 언어를 쓰는', polyglot '여러 언어를 쓰는'에서 '언어'를 의미하는 것은 환유적으로 의미 확장된 것을 보여준다 (개념적 은유에 대해서 좀더 알고 싶으면 Lakoff와 Johnson(1980)이 쓴 *Metaphors We Live By* 또는 노양진과 나익주(2006)의 번역 『삶으로서의 은유』를 볼 것.)

알리바이

ALIBI, ALTER, ALTRUISM, ALLEGORY, OTHER, ELSE

**al-*$_1$ 'beyond[넘어]'

원시인구어 어근 **al-*$_1$은 라틴어 *alius, alter, ultra*와, 그리스어 *allos*, 고대영어 *elles* 등으로 발달하였고, '(또)다른'을 뜻하는 그리스어 어근 *allo~all, allel*과 라틴어 어근 *ali, alter*[다른]의 형태로 다음의 어휘들을 구성한다.

alibi는 *ali*[다른]와 *bi*[장소]가 결합된 어휘로 '어떤 일이 일어났을 때 다른 장소에 있었다'고 항변하는 것이다. 따라서 '알리바이가 성립되었다'는 말은 '범죄 장소에 있지 않았다'는 의미가 되는 것이다. *allo*[다른]와 *morph*

형태가 결합되어 allomorph이형태가 되고 역시 allophone는 'other sounds' 즉 '이음異音'을 의미한다. *par-*'side'와 *allel*'one another'이 결합된 parallel은 '나란한side by side'을 뜻한다.

adulteration['to'+'alter'] 섞음질, 불순물은 **다른** 것과 섞여 질이 낮아진 상태의 '불순물'이나 '저질품'을 의미하게 되었다. 어원적 의미가 동일한 adultery간통, 부정는 은유적 의미로 보인다. alias는 **다른** 이름으로 불리니 '가명'의 의미를 갖는다. alien외국인은 우리와 **다른** 사람이다.

allergy['other, strange'+'work'] 알레르기는 '다르고 이상하게 작용하다'라는 문자적 의미를 갖는다. alter의 바꾸고, 고친다는 의미는 원래와 **다르게** 한다는 뜻이다. altercation논쟁은 **다른** 사람과 말로 다투는 것이다. alternate번갈아하는와 alternative대체가능한, 대안는 **다른** 사람/것과 번갈아 교대로 하는 상호적 행위나 **다른 것**으로 대체 가능하다는 의미를 갖는다. altruism이타적 행위은 **다른** 사람의 유익을 위해 자신을 희생한다는 의미를 지닌다. 고유어4) else와 other도 기본적으로 '다르다'라는 의미를 갖는다.

'우화, 풍자'를 의미하는 allegory는 그리스어 *allos*다른와 *agoreūein*(광장에서) 공개적으로 말하다5)이 결합된 (*allēgorein* >) *allegoria*에서 유래된 어휘로, 고

4) 라틴어(프랑스어)와 그리스어가 아니라 북게르만어를 포함한 게르만어(Germanic)에서 유래된 어휘들은 '고유어'라고 부르기로 한다. 또한 차용된 어휘는 직접적 기원이 아니라 궁극적인 기원을 언급한다. 즉, 프랑스어에서 직접 차용한 어휘도 궁극적으로는 라틴어에서 유래된 것이면, 라틴어 차용어로 분류하고, 라틴어를 통해 차용된 그리스어 단어는 그리스어 기원으로 분류하였다.

5) 그리스어 *agoreūein*은 '모임, 광장'을 뜻하는 *agora*에서 파생된 어휘로 광장과 같이 사람들이 모인 개방된 장소에서 말하는 행위를 의미한다. PIE 어근 **ger-* '모이다'에서 파생된 고유어 cram '쑤셔넣다'와, 라틴어 기원 gregarious '떼지어 사는', congregate '모으다', egregious '엄청난', segregate '분리하다', 그리스어 기원인 agora '광장', agoraphobia '광장공포증', category '범주' 등이 모두 동족어이다.

대 아테네 시민들이 (대놓고) 어떤 것/사람을 **다른** 어떤 것/사람에 빗대어 **말하던** 것에서 그 뜻을 찾을 수 있다.

이 밖에 ulterior[보다 먼, 저쪽의, 장차의, 이면의], ultimate[궁극적인]와 고유어 else, other도 *al-$_1$*['beyond']에서 발달한 자손어들이다.

PIE root *al-$_1$ 'beyond'	
Germanic	→ *else, other*
Latin	→ *alias, alien, alibi, alter, altercate, alternate, altruism, adulterate, adultery, ulterior, ultimate, ultra-*
Greek	→ *allegory, allophone, allomorph, parallel*

동족어(cognates)와 이중어(doublets)

동속어(cognates[*co*-'together'+*gnātus* 'born'])는 같은 조상의 어근에서 유래된 어휘들을 일컫는다. 예를 들어, 영어 고유어 night나 라틴어 차용어 *noct*-(nocturn '야상곡', equinox '춘·추분', 그리스어 차용어 *nycto*-(nyctophobia '어둠공포증')는 아주 오래전에 **nekwt*- '밤'이라는 원시형태에서 발달한 동족어로 모두 같은 어원에서 파생된 것이다. 인구어 **pater*에서 유래된 산스크리스어 *pitar*, 그리스어 *pater*, 라틴어 *pater* 등과 영어 father도 모두 동족어이다. 라틴어와 그리스어 차용어로 짝지어진 *super*-와 *hyper*-, *sub*-과 *hypo*-, *semi*-와 *hemi*-, *serpent*와 *herpes*도 동족어 관계에 있다.

또한 한 언어에 본래 어원이 같은 동족어들이 다른 경로를 통해 유입된 결과, 후에 어형이나 뜻에 차이가 생긴 두 개의 낱말을 이중어(doublets)라 부른다. 예컨대 라틴어 차용어 aperture '구멍'과 고대 프랑스어에서 차용된 overture '교섭 개시, 서곡'은 모두 개방(opening)을 의미하는 라틴어 *apertūra*에서 유래된 이중어이다. 북게르만어가 앵글로-색슨족의 서게르만어와 공존하면서 발생한 '짧게 자른 옷'이라는 의미였던 shirt '셔츠'와 skirt '치마', '물고기 떼'를 의미하는 shoal과 school도 이중어이다. 영어에는 또한 두 종류의 프랑스 방언에서 차용된 어휘들이 많다. 예컨대 '관리인'을 뜻하는 노르만 프랑스어의 warden과 중앙 프랑스어의 guardian이 이중어이다.

동등

EQUAL, EQUANIMITY, ADEQUATE

라틴어 어근 *equ~iqu*는 '같은, 평평한'을 의미한다. equanimity[['equal, even'+'mind'] 평정심]는 문자 그대로 'even-minded[마음이 편안한]'이다. equivocation[애매함], equivocal[애매한]은 두 목소리가 비중이 같으니, 애매하다는 의미가 되었다. *ad-*['to']와 *equ*가 결합한 adequate[적절한]은 문자 그대로 '평평하게 하다, 동등하게 하다'에서 발달한 의미이다. 다음 어휘들에서 '동등'과 결합되는 또 다른 형태소의 의미를 찾아보고 의미를 확인해보라.

equal	같은
unequal	같지 않은
coequal	동등한
equality	동등
equalize	같게 하다
equally	같게
equate	같게 하다
equation	같게 함
equi**distant**	등거리의
equi**lateral**[side]	등변의
equi**libri**[weight]um	균형
equi**nox**[night]	추분, 춘분
equity	공평
in[not]iquity	부정
equi**val**[value]ent	대등한

주객

HOST, GUEST, HOSPITALITY, HOSTILE, XENOPHOBIA

**ghos-ti-* 'stranger, guest, host[낯선사람, 손님, 주인]'

라틴어 *hospitem*은 '손님'과 동시에 '주인'을 의미한다. '주객[主客]'이라는 것은 상호 관계에 있기에 상대가 있어야 존재하게 된다. host[주인]와 guest[손님]는 같은 어원 **ghos-ti-*에서 발달하여, 라틴어 차용어 host는 '손님을 받는 사람', 즉 '주인'을 의미하고, 고유어 guest는 '손님'을 뜻한다.

'낯선 사람'에 대한 태도는 이중적일 수 있다. '손님'으로서 환영하고 환대할 수 있지만, '낯선 자'로서 적의를 드러낼 수도 있다. 따라서 hospital[병원], hospitality[환대], hotel, hostel은 '환대'와 관련된 의미를 갖고, hostile[호의적이지 않고 적의가 있는], hostility[적개심], hostage[볼모]는 환대나 환영의 의미를 갖지 않음을 지칭한다.

그리스어 동족어 어근 *xeno*[외국의, 낯선]가 포함된 xenophobia['foreign'+'fear']는 '외국인 혐오증'을 의미한다.[6] xenophile은 그 반대의 의미로 '외국(인)을 좋아하는 사람'이고, xenolith는 *lith*[돌]와 결합된 어휘로 화성암 속의 이질 암석 조각을 뜻한다.

PIE root **ghos-ti-* 'stranger, guest, host'
- Germanic → *guest*
- Latin → *host, hostile, hospital, hospitality, hostage*
- Greek → *xeno-*

6) 라틴어 *hostis*의 그리스어 동족어는 *xenos*이다.

아마존
AMAZON

amazon은 원래 그리스 신화에 등장하는 용맹한 '여전사'를 의미한다. 민간 어원folk etymology에 따르면, '가슴이 없다'라는 의미를 갖는 이 낱말은 그리스어 부정접두어 *a-*와 '가슴'을 나타내는 *mastos*의 변이형 *mazos*가 결합된 어휘이다. 여전사들이 활시위를 당길 때 걸리적거리지 않게 한쪽 가슴을 자르거나 태워 없앴다는 전설이 있다.

사랑, 애호가
AMY, ENEMY, INIMICAL, AMATEUR

Amy는 한자어 애愛에 해당하는 사랑스런 여성의 이름이다. Amanda 역시 '사랑'이라는 의미가 포함되어 있는 여성 이름이다. 다음 어휘들은 모두 '사랑'을 뜻하는 어근 형태소 *am*(*amor~ amat~am~em~im*)이 들어 있다.

amateur	애호가
amative	연애의, 호색적인
amatory	호색적인
amor patriae	애국심
amorous	연애의
bon ami	친구

enamour 매혹하다
paramour (기혼자의) 정부
amiable 온순한, 사랑스러운
amicable 평화적인, 호의적인
amity 친목, 친선

우리가 잘 알고 있는 enemy[적]는 *en-*['not']과 *em*['love']이 결합된 형태로 '사랑하지 않는 자'이니 '적'을 뜻한다. 또한 inimical[적의가 있는] 역시 부정 의미 'not'을 의미하는 *in*-과 *am*['love']의 또 다른 이형태인 *im*이 주요성분으로 결합된 어휘이다.[7]

*phil*도 '사랑'을 의미하는 그리스어 어근이다. philosophy[철학]는 문자 그대로 '지식을 사랑하다'라는 뜻을 가졌고, 사람 이름인 Philip(두 번째 성분은 *hippo*로 '말'이다)은 '말을 사랑하다'라는 의미이고, philanthropy[박애]는 '인류를 사랑하다', misogyny의 반의어인 philogyny[여성숭배]는 '여자[gyny]를 좋아하다', philology[언어학, 문헌학]는 '언어, 학문, 문학을 사랑하다', hemophilia[['blood'+'love'+'diseases'] 혈우병]는 '피를 사랑하는 병'이라는 원뜻을 갖는다.

---

7) *am*~*em*~*im*의 이형태는 라틴어 모음 약화(Latin Vowel Weakening)의 결과이다.

라틴어 모음 약화(Latin Vowel Weakening)

라틴어 모음 약화는 접두사가 붙을 때 일어나는 음운변화이다. 모음 a가 e로, 그리고 e는 i로 올라가 공명도가 감소되는 현상으로 많은 라틴어 어근의 이형태를 설명해준다.

i. 라틴어 a-모음 약화 (a > e)
   접두사가 붙으면 어근의 단모음 a는 e로 약화된다.

ii. 라틴어 e-모음 약화 (e > i)
   접두사가 붙고 난 뒤 어근의 단모음 e 다음에 자음 하나와 모음이 오면, e는 i로 약화된다. 이미 a에서 약화된 모음 e도 i로 약화된다.

어근 이형태	기본형	a > e 약화 예시	e > i 약화 예시
fac~fec~fic	**fac**t, **fac**tor	de**fec**t (*de**fac**t)	de**fic**ient (*de**fec**ient)
am~em~im	**am**ateur	en**em**y	in**im**ical
cap~cep~cip	**cap**ture	re**cep**tive, de**cep**tive	re**cip**ient, anti**cip**ate
sacr~secr	**sacr**ifice	de**secr**ate	-
spec~spic	**spec**tator	re**spec**t	con**spic**uous, de**spic**able
sed~sid	**sed**iment, **sed**entary	-	pre**sid**ent, pre**sid**e

증오
MISOGAMY

어근 *mis(o)*[증오]는 다음과 같은 어휘에 포함되어 다양한 종류의 '증오'를 의미한다. *andr*는 '남성', *gyny*는 '여성', *anthrope*는 '인간', *gamy*는 '결혼', *-logy*는 '학문'임을 참고하면 다음 어휘들의 의미를 쉽게 짐작해 볼 수 있다.

misandry	남성 혐오
misogyny	여성 혐오

misanthrope	인간 혐오자
misogamy	결혼을 싫어함
misology	이치를 따지기 싫어함

인조인간

ANDROID, ANTHROPOLOGY, ALEXANDER

**ner*- 'man, strong(남자, 강한)'

Android(안드로이드)는 휴대전화에 사용하는 운영체제의 한 종류이다. 이 어휘는 'man'을 의미하는 *andr*와 'resembling(닮은)'을 의미하는 접미사 *-oid*가 결합된 것으로 '인간을 닮은 것, 인간의 모습을 한 로봇', 다시 말해서 '인공지능, 로봇'이다. android와 비슷한 의미의 humanoid가 있다.

*-oid*가 들어간 어휘를 몇 개 더 살펴보자. 어려운 어휘인 pterygoid(날개 모양의)는 helicopter(헬리콥터)를 분석해보면 쉽게 이해된다. helicopter는 '나선형'을 의미하는 *helico*와 '날개'를 의미하는 *pter*가 결합된 것이다. *pter*는 '날개'이므로 *-oid*와 결합되어 '날개와 비슷한'의 의미가 된다.

*helico*는 '나선형'이다. 헬리코박터라는 말을 들어보았다면, 이제 그 의미가 무엇인지 선명해진다. helicobacter는 '나선형 박테리아'를 가리킨다.

다시 *andr*로 돌아가 보자. *andr*는 '남성, 사람'이다. Alexander나 Andrew라는 이름과, 그리스 신화의 Andromeda에 andr가 들어 있다. 또한 '사람, 인류'의 의미를 갖는 어근 *anthropo* 역시 멀리 *andr*와 연결된다. philander(여자를 희롱하다)와 philanthropy(박애)는 문자적으로는 'love'+'man'으로 같은 의미이지만 전자는 부정적이고 후자는 긍정적인 의미를 갖는다.

anthropocentric 인간중심의
anthropology 인류학

반면 *gyn*은 '여성'을 의미하는 어근이다. androgyny는 문자 그대로 '남성'을 뜻하는 *andr*와 '여성'을 뜻하는 *gyn*이 결합된 어휘이다. 특히 조심해야 할 것은 *miso*는 '혐오'의 의미를 갖는데 행여나 '미소 지음'이 좋을 듯하여, 아파트를 '미소지니' 같은 이름으로 짓는다면 심각한 실수가 된다. '미소지니'는 그야말로 '여성 혐오'를 뜻하는 misogyny의 음역이기 때문이다. 또한 *gyn*은 queen의 먼 조상어이다.[8)]

PIE root **ner* 'man, strong'
Greek → *android, philander, philanthropy, anthropology*

여왕
QUEEN
**g^w en-* 'woman, wife 여자, 부인'

원시인구어 **g^w en-* 여성에서 유래된 (**g^w > k^w*) queen 여왕과 달리, quean 말괄량이, 매춘부은 철자 하나 차이로 천한 신분의 여성이 되었다. 그리고 그리스어 어근 *gyn~gynec*는 gynecocracy 여성지배, gynecology 부인학과, misogyny 여성혐오, philogyny 여성숭배, androgyny ['man'+'woman'] 남녀양성구유, polygyny 일부다처에

8) 그림의 법칙에 따르면 게르만 계통의 언어에서는 [g]가 [k]로 변하였다.

들어 있다.

PIE root *g^wen* 'woman, wife'
  Germanic → *queen, quean*
  Greek → *misogynist, gynecology*

그림의 법칙(Grimm's Law)

다음 표는 원시인구어에서 게르만어로 분화되면서 겪은 자음변화를 간단히 보여준다. 게르만어인 영어 어휘에 비게르만어인 라틴어와 프랑스어, 그리스어의 동족어가 들어오면서 영어는 자음의 차이를 규칙적으로 보이는 유사한 의미의 어휘의 수가 방대하다. 그림의 법칙은 특히 영어 고유어와 차용어의 관계를 이해하는 데 큰 도움이 된다. 예를 들어, 영어에 현존하는 고유어 ban '금하다'과 라틴어 차용어 fable '우화', 그리스어 차용어 aphasia '실어증'의 *ba~fa~pha*는 모두 *bha-$_2$ '말하다'에서 파생된 어휘들임을 알 수 있다.

1.

원시인구어	게르만어	영어(차용어) 예시
**p*	*f*	**f**oot(**p**edal) **f**ish(**P**isces)
**t*	*θ*[9]	**th**in(**t**enuous) **th**ree(**t**rident)
**k*	*h(w)*	**c**apital(**h**ead), **c**orn(**h**orn)

2.

원시인구어	게르만어	영어(차용어) 예시
**b*	*p*	li**p**(la**b**ial) **p**itcher(**b**eaker)
**d*	*t*	si**t**(se**d**iment) **t**oo**th**(**d**ental)
**g*	*k*	**c**orn(**g**rain) **c**old(**g**el)

3.

원시인구어	게르만어	영어(차용어) 예시
**bh*	*b*	**b**reak(**f**racture) **b**ear(**f**erry)
**dh*	*d*	**d**o(**f**actor) **d**oor(**f**orum)
**gh*	*g*	**g**uest(**h**ost) bride**g**room(**h**uman)

9) *þ, th,* θ

기념일

ANNIVERSARY, ANNUAL, ANNUITY, BIENNIAL, MILLENNIUM

anniversary[('year'+'turn') 기념일]는 원래 사람이나 순교성인의 기일을 의미하였다. 생일이나 기념일은 **매년 돌아**온다. annuity[연금]은 '1년', biennial은 '2년'과 관련이 있고, *mill*은 '1000'과 관련 있어 millennium은 '천년'이 된다.

분노, 고통

ANGER, ANGRY, ANGST, ANGUISH, ANXIETY, NXIOUS

**angh*- 'tight[꽉조이는], painful[고통스런]'

우리의 신체 부위가 조여 들면, 불안해지고 고통과 괴로움을 느끼게 된다. 이런 의미가 형태소 *ang~anx*에 들어 있다.

anger	분노
angst	불안
hangnail, agnail	['painful'+'spike'] 티눈 > 손거스러미
anguish	극심한 고통
anxiety	걱정, 불안, 열망
anxious	걱정하는
quinsy	[('dog'+'choking' >) 'sore throat'] 편도선염
angina	협심증

PIE root **angh-* 'tight, painful'
Germanic → *anger, angst, hangnail, agnail*
Latin → *anxious, anxiety, anguish*
Greek → *quisy, angina*

스핑크스
SPHINX

우리가 이미 알고 있는 상당히 많은 어휘가 라틴어나 심지어 그리스어 차용어이다. 오이디푸스 콤플렉스의 주인공 오이디푸스가 스핑크스의 저주스러운 수수께끼를 풀어서 생명을 건졌다는 신화가 있다. 영어단어 Sphinx[스핑크스]는 그 어원을 거슬러 올라가면 '묶다, 조이다'의 의미를 갖는다. 즉, 스핑크스를 달리 말하면 '교살자[strangler]'이다. 스핑크스라는 괴물이 '아침에는 네 발, 낮에는 두 발, 저녁에는 세 발이 되며 발이 많을 때일수록 약한 동물은 무엇이냐'라는 수수께끼를 내고 풀지 못하는 사람은 목을 졸라 죽였다고 한다. 이런 '조르다, 조이다'의 의미는 매우 어려운 어휘 sphincter[괄약근]에도 보인다. 물론 이런 어휘는 의료종사자를 제외하고는 평생 듣지 못할 어휘지만!

sphinx

조이다

STRAIT, STRICT, STRESS

**streig*- 'to stroke, rub, press쓰다듬다, 문지르다, 누르다'

원시인구어 어근 **streig*-에서 파생된 고유어는 다음과 같다.

stroke	쓰다듬다, 짧은 선을 긋다; 타격, 획, 타, 중풍
strike	때리다
streak	줄
strickle[10]	숫돌, 평미레

**streig*-에서 유래되어 '꾹 누르다, 꼭 조이다, 꽉 묶다, 바싹 당기다' 등을 뜻하는 라틴어 *stringere*에서 파생된 다음 어휘들은 '협소함, 수축, 긴장, 강제, 제한, 고통' 등의 의미를 갖게 되었다.[11]

strain	긴장감
stress	긴장
strait	해협
strict	엄격한
restrict	제한하다
astringent	수축시키는
strangle	교살하다
constrain	강제하다
constringe	수렴시키다

10) 평미레는 말이나 되에 곡식을 담고 그 위를 평평하게 밀어 고르게 하는데 쓰이는 도구를 일컫는다.

11) 어근의 이형태 *strig~strict~string.*

constrict	조이다
distress	고통
prestige	명성
strigil	때를 미는 도구

쉽게 이해하기는 어렵지만 '명성, 위신'이라는 뜻을 가진 단어 prestige의 원뜻은 '속임수'였다. 이 어휘의 구조는 '앞'을 뜻하는 접두사 *pre-*와 '꽉 묶다'를 뜻하는 *stige*(라틴어 *stringere*)가 결합한 것으로 문자 그대로의 의미는 '(눈)앞을 묶다', 즉 '눈을 가리다'라는 뜻으로 쓰여 '속임수, 마술'의 의미로 쓰이다가 '명성, 신망, 저명'의 의미가 되었다.[12)]

원시 어근의 '문지르다'의 의미는 고대 로마시대 목욕탕에서 때를 문지르는 도구였던 strigil[때를 미는 도구]에 남아 있다.

> PIE root **streig* 'to stroke, rub, press'
> Germanic → *strike, strickle, streak, stroke*
> Latin → *strain, strait, stress, strict, stringent, astringent, constrain, distrain, distress, prestige, strigil*

12) 마술 공연에서 눈속임으로 훌륭한 마술쇼를 한 마술사는 관중들로부터 찬사와 함께 '명성'을 얻었다.

추방하다

BAN, BANDIT, BANISH, CONTRABAND, BANAL

**bhā-*$_2$ 'to speak[말하다]'

원시인구어 어근 **bhā-*$_2$[말하다]는 게르만어에서 기음 h가 사라지고 접미사 *-n*이 붙어 '선포하다, 금하다, 공언하다, 명령하다, 소환하다' 등의 의미를 지니고 있으며, 고유어 ban[금하다], bandit[강도], banish[추방하다], contraband[밀수(품)]와 banal[진부한] 등에 들어 있다.[13]

국가나 사회가 시민들에게 법령을 공지하여 금지하고 명령을 내리는 것에서 다양한 의미가 발생하였다. 우선 ban은 '금지, 선포, 포고령, 칙령, 파문, 추방'의 의미를 지니고 있었지만, 현재는 '금지, 파문'이 주요한 의미이다. abandon[포기하다]은 국가나 권력에 자신의 권리를 완전히 넘겨 포기하고 투항하는 행위인 프랑스어 표현 *à bandon*에서 유래되었다.[14] abandon에서 어근 *ban*의 '공언' 개념은 '국가'를 의미하는 환유적 표현으로 볼 수 있다. 왜냐하면 나라의 중대사나 법령을 선포하고 선언하는 힘이 곧 국가의 힘이기 때문이다. contraband['against'+] 밀수]는 국가가 금하는 법령이나 지침을 어기는 행위이다. 국가는 법령을 어기면 추방, banish[추방하다]의 벌을 내린다. bandit은 악당이나 강도와 같은 무법자로 사회나 국가에서 '추방된 사람'이다.

'공적인 말'은 '공공'이라는 의미로 일반화되어 확장된 것으로 이해할 수 있다. 공적인 것은 특별히 현저하거나 흥미로운 것이 아니기에 banal[따분한, 시시한]이 현재의 의미를 지니게 된 것으로 생각된다.

---

13) 그림의 법칙. 고대영어 *bannan* 참조.

14) banal, abandon, banish, bandit들은 궁극적으로 게르만어이다.

banal과 의미가 유사한 commonplace, hackney, cliché, trivial 등도 그 의미의 유래가 흥미롭다. 특별하지 않고 진부하거나 시시하다는 의미를 갖는 어휘들이 '공공성'이라는 맥락에서 설명될 수 있다. commonplace[평범한]는 문자 그대로 '공공의 장소'이다. 공공의 장소는 누구나 접근할 수 있는 평범하고 진부하고 흔한 곳일 뿐이다. hackney는 의장용의 멋진 말이 아니라 흔한 말로서, 누구나 돈 내고 사용할 수 있는 공공 교통수단 같은 것이다. 이로부터 '낡고 진부하다'라는 hackney의 의미가 발달하였다. 또한 인쇄할 때 나는 딸각 소리인 click[클릭]에 해당하는 프랑스어 의성어 cliché는 '상투적인 문구'라는 의미를 지닌다. 예전에는 필사본으로 소수만이 서적을 소유할 수 있었지만, 이제는 대량 인쇄 덕분에 누구나 서적에 접근할 수 있다. 이러한 사회 변화로부터 cliché가 '그리 특별하지 않은'이라는 뜻으로 의미 전이를 겪었다고 볼 수 있다. trivial['3'+'way']은 문자 그대로 '삼거리'이며, 바로 이 의미로부터 '시시하다'라는 의미가 나왔다. 보통 삼거리는 교통이나 상거래의 요지로서 사람들이 곳곳에서 모여드는 '공공의 장소'가 된다. 이곳에서 사람들은 다양한 활동을 하게 되고 서로의 소식도 전하게 된다. 다시 말해 '삼거리'는 사람들이 많이 모이는 장소라는 의미에서 공공장소의 의미를 갖고, 공공장소인 trivial은 commonplace처럼 사소하고 평범하다는 의미를 갖게 된 것이다.

운명

FATE, AMOR FATI, INFANT, FAMOUS, FABLE, FABULOUS, PROFESS, CONFESS

$*bh\bar{a}\text{-}_2$ 'to speak[말하다]'

'아모레 파티'는 가수 김연자의 제2의 전성기를 이끌어준 신나는 곡이다. 그런데 스페인어인 이 말은 Amor Party[사랑잔치]가 아니라 *Amor Fati*로 '운명을 사랑하라'임을 명심하자. 스페인어 *fati*는 영어로 말하면 fate[운명]이다. fate는 '말'과 관련된 라틴어 어근 *fa*에 과거분사 어미 -*t*가 붙은 형태로, (내 의지와 상관없이) 신이 내 운명을 말해놓은 것이다.[15)]

영어 fate와 스페인어 *fati*의 포르투갈어 동족어인 *fado*[파두]도 기억해두자. 포르투갈의 민요인 *fado*[파두]의 원뜻은 '운명, 숙명'으로 애절한 멜로디와 애절한 삶을 다루는 가사가 일반적이다.

말을 못하는 infant[['not'+'speak'] 유아]는 아직 어리고 미숙한 존재이다. '보병'의 의미를 갖는 infantry는 원래는 '젊은이'였는데, 이제는 아기처럼 미숙하고 경험이 없는 낮은 직급의 군인인 '보병대'를 지칭하게 되었다. infant의 동족어로 동일한 의미 성분을 갖는 infanta와 infante는 각각 스페인이나 포르투갈 왕의 자녀를 지칭하는 어휘로, 아직은 왕이 되기 전 어리고 미숙한 존재의 의미를 강조한다. 다음 낱말들도 모두 공통적으로 '말'과 관련된 의미를 지닌다.

fable	우화(寓話)
fabliau	(중세 프랑스의) 우화시

15) 라틴어 *fārī* '말하다'.

fabulous	전설(傳說)적인
fantoccini	꼭두각시 인형극
ineffable	['not'+'out'+'speak'] 이루 말할 수 없는
preface[16)]	['before'+'speak'] 서언, 서문
fame	명예
infamy	['not'+'reputation'] 악명

affable[상냥한]의 '상냥한'의 의미는 '대화할 수 있다'에서 나온 것이다. fame[명예], famous[유명한]의 '명성, 유명'도 '말'과 관련된다. 누군가가 유명하다면 이는 사람들한테 많이 회자된다는 것이다. 사람을 헐뜯고 중상 비방하여 명예를 훼손하는 행위를 가리키는 defame[비방하다]이나 '악명 높은'을 뜻하는 infamous[악명 높은17)]도 있다. *fe*형태의 confess[자백하다]와 profess[공언하다]에도 모두 '말'이라는 의미가 숨어 있다.[18)]

예언자

PROPHET, EUPHEMISM, PHONE

**bhā-*$_2$ 'to speak'

**bhā-*$_2$는 그리스어 어근 *pha, phe, phon*의 형태로 발달하였다.[19)] 앞일

---

16) 당연히 face '얼굴'과 상관없다.

17) **bha-*$_2$에 접사가 붙은 형태 **bhā-ma*에서 라틴어 *fāma* '말하다, 명성'이 파생되었다.

18) 접두사 *con-*은 강조를 뜻하고, *pro-*는 공간적인 '앞'에서 '공식'이라는 추상적인 의미로 확장되었다.

19) phone-은 접미사가 붙은 o-모음교체(o-grade)된 *bhō-nā-에서 발달하였다.

을 미리 말할 수 있는 사람은 prophet['before'+'speak'] 예언자이다. 좋게 말하는 것은 euphemism[*eu-*'good'+] 완곡어법이고, 나쁘게 말하는 것은 blame비난하다과 blaspheme모독하다이다.[20] 이밖에도 apophasis[*apo-*'off'+'speak'] 반어법는 '공간상 멀리 떨어져 말하다'에서 '멀다'가 '부정'의 의미로 은유적으로 해석된 경우로, '말하지 않겠다'고 하면서 실은 말할 의도를 암시하는 수사적 표현법을 의미한다.[21]

'소리, 음성'을 뜻하는 *phon*은 phoneme음소과, phonetics음성학, 그리고 소리가 없는 증상인 aphonia[*a-*'not'+'voice, sound'+*-ia*] 무성증와 나쁜 소리인 cacophony['bad'+'sound'] 불협화음, 듣기 좋은 음조인 euphony['good'+'sound'] 듣기 좋은 음조, 악기들의 소리가 어우러지는 symphony교향곡에 들어 있다. 번갈아 응답하며 부르는 합창인 antiphon[*anti-*'in asnwer'+'voice'] 응답송가과 이로부터 발달하여 '찬가, 송가'를 뜻하는 anthem에도 참조하자.[22]

PIE root **bhā-$_2$* 'to speak'
- Germanic → *ban, banal, banish, bandit*
- Latin → *fable, fabulous, fado, fairy, fandango, fate, affable, ineffable, infant, infantry, infanta, preface, fame, famous, infamous, confess, profess*
- Greek → *euphemism, blaspheme, blame, phonetics, phone*

20) blame은 blaspheme에서 발달한 형태.

21) 공간적인 분리나 원거리가 부정의 의미를 갖는 것은 영어의 far from이 '-와는 거리가 멀다'가 부정의 의미로도 해석되는 것과 같은 이치이다. 그리고 "We won't discuss his past crimes."가 apophasis의 예이다(Merriam-Webster사전).

22) antiphon에서 anthem이 발달하였다.

야만인

BARBARIAN, BARBARIC, BARBARA

barbar- 'echoic of unintelligible speech of foreigners[알아들을 수 없는 외국인의 지껄이는 소리]'

barbarian[야만인]은 로마인도 그리스인도 아닌 '외국인, 이방인, 이민족, 이교도'라는 의미에서 16세기 말경 '야만인'이라는 의미가 되었다. 외국인의 알아들을 수 없는 말소리가 '바바바'[barbar, barbar]처럼 들린다고 해서 만들어진 일종의 의성어이다. 여성 이름 Barbara에는 이러한 부정적인 의미가 아니고 '이국적'이라는 의미가 들어 있다.

참고로 **ex**otic[이국적인]과 **out**landish[외국의, 이국풍의, 기이한], **al**ien[외국의]의 '외국의, 이국적'이라는 의미는 '외부[ex-, out-]'라는 의미와 '다르다[al-]'는 의미에서 발달하였다.

혀, 언어

TONGUE, LINGUISTICS, GLOTTIS

**dnghū-* 'tongue[혀]', **glogh-* 'thorn, point, that which is projected[가시, 돌출물]'

혀는 말하는 데 중요한 신체 기관으로서 환유적으로 '언어'를 지칭한다. 원래 '혀'를 의미하는 라틴어 어근 *lingu*와 그리스어 어근 *gloss~glott*도 '언어, 말'을 의미하고, 고유어 tongue[혀]도 mother tongue[모국어]에서처럼 '언어, 말'을 의미한다.

language	언어
lingua	혀, 언어
lingual	혀의, 언어의
linguistics	언어학
bilingual	이중 언어의
languet	혀 모양의 부분
ligule	혀 모양 꽃부리
lingo	(특정 집단이 쓰는) 용어
linguine	(little tongue >) 링귀니(납작하고 가는 국수)
glossal	혀의
gloss	주석
glossary	용어해설
glossitis	설염(舌炎)
glottis	성문(聲門)
glottal	성문의
epiglottis	후두개
diglot	2개 국어로 쓰인 (책)
monoglot	한 나라 말만 쓰는 (사람)
polyglot	여러 언어를 사용하는 (사람)

PIE root **dnghū* 'tongue'
Germanic → *tongue*
Latin → *language, lingua, linguist*

PIE root **glogh* 'thorn'
Greek → *monoglot, polyglot, gloss, glottal, glottis, epiglottis*

이야기

STORY$_1$, STORY$_2$, HISTORY

**weid-* 'to see보다' > 'to know알다'

지금은 history역사, story이야기, story(storey)층가 서로 다른 어휘처럼 보이지만, 원래 모두 같은 라틴어 *historia*에서 나왔다.

story는 history의 축약형이다. story의 또 다른 뜻은 '건물의 층'이다. 중세에 교회 건물 정문 유리 층층에 성경에 나오는 인물들의 이야기를 그림으로 장식하였고, 층마다 다른 이야기의 그림을 그렸는데, '이야기'라는 의미는 사라지고 이야기가 그려진 '층'이라는 의미가 남았다.

노래

ODE, MELODY, COMEDY, TRAGEDY

**wed-*$_2$ 'to speak'

'노래'를 의미하는 어근 *od~ed*는 다음 어휘들을 구성한다:

ode	송시
comedy	[*com*(< kōmos)'festival'+'song'] 희극
tragedy	[*trag-* 'goat'+'song'] 비극
melody	[*mel-* 'tune'+'song'] 멜로디
melodeon	[*mel-* 'tune'+'song'] 멜로디온
parody	['beside'+'song'] 모방
rhapsody	['stitch'+'song'] 서사시, 광시곡

hymnody [*hymn* 'religious song'+'song'] 찬송가 부르기

키이츠[Keats]의 "나이팅게일에 부치는 시[Ode to a Nightingale]"라는 유명한 시가 있다. 이 시에서 ode는 송시[頌詩]를 의미한다. 이 ode는 *par-*[옆>닮은]와 결합되어 다른 것을 풍자적으로 모방한 글이나 음악, 연극을 일컫는 *parody*[모방]나 *rhap*[꿰매다]과 결합된 rhapsody[서사시, 광시곡]에도 들어 있다.

PIE root *wed_2 'song'	
Greek	→ *ode, comedy, epode, hymnody, melody, monody, parody, rhapsody*

불다, 부풀다

**$bhel$-$_2$* 'to blow, swell[불다, 부풀다], to thrive, bloom[꽃피다]', **bhlē-* 'to blow[불다]', **bhleu-* 'to swell, well up, overflow[범람하다]'[23)]

인구어 어근 **bhel-*은 공기를 불어넣어 풍선이나 풀무처럼 부풀어 오른 형상을 의미하지만 이런 팽창의 의미는 거물[巨物], 대담성이나 허세, 물의 범람, 번영 등의 의미로 더욱 발달하였다.

23) American Heritage Dictionary와 Online Etymology Dictionary에서는 어근 **bhel-* '불다'와 **bhlē-* '불다', **bhel-* '번영', **bhelgh-* '팽창', **bhleu-* '범람' 등을 별개의 항목으로 다루고 있으나, 의미적으로 서로 관련된 것으로 보여 하나의 항목으로 묶는다.

풍선, 배, 바보

BALL, BALLOON, BOLD, BOWL, BELLY, BULK, BULL, FOOL

**bhel-*$_2$ 'to blow, swell[불다, 부풀다]'[24]

'불다', '팽창하다'의 의미를 가진 **bhel-*$_2$과 확장형 **bhelgh-*, **bhlei-*에서 파생된 어휘들은 풍선처럼 공기가 차면 부풀어 팽창한 불룩하고 둥근 모양의 사물이나 크고 넓적한 형상을 갖는 사물을 지칭한다. 부피나 크기의 팽창 이미지는 튼튼한 요새나 건장한 동물을 나타내기도 한다. 또한 은유적으로 부풀어 오르는 팽창의 이미지는 마음이 쪼그라들지 않고 강하고 담대한 것을 의미한다. 그리고 airhead가 머리가 공기로 찬, 다시 말해서 머리가 비어 있는 '바보'라는 의미를 갖는 것처럼 공기로 부풀어 오른 형상은 알맹이 없는 '어리석음'으로 그 의미가 확장된다. fool은 원래 공기로 채워진 바람통, '풀무[bellows]'를 지칭했으며, 바로 이 의미에서 '멍청이'라는 의미가 나왔다.

ball	공
balloon	풍선
ballot[25]	투표
bale	더미, 뭉치다
bole	나무줄기
boll	(목화의) 둥근 꼬투리
boulder	둥근 돌

---

24) 불타거나 빛나는 의미를 갖는 형태소 **bhel-*$_1$과 비교.

25) ballot은 환유적으로 해석되어 투표를 위해 던져진 작은 공이라는 의미에서 '투표'라는 의미로 변하였다.

bowl	사발
boulevard	넓은 가로수길
bulk	(뱃짐>), 부피, 화물, 거체
bold	대담한
bulwark	성채, 보루, 방벽
bull	황소
bullock	거세한 수송아지
bellows	풀무(바람을 불어넣은 자루)

bellows

belly	복부
billow	부풀어 오르다
bolster	북돋우다, 깔개
budget	작은 가방 > 예산
bulge	불룩하다
blister[26)]	물집
fool	바보
folly	어리석음

PIE root *$bhel$-$_2$ 'blow, swell'

Germanic → *ball, balloon, ballot, bole, boll, boulder, bowl, boulevard, bulk, bold, bulwark, bull, bullock, bellows, belly, billow, bulge, blister*

Latin → *fool, folly*

26) **bhel*-$_2$의 확장형인 *bhlei* '불다, 부풀다'에서 파생됨.

방광, 허세

BLOW, BLADDER, INFLATION, FLUTE

**bhlē-* 'to blow[불다]'

**bhlē-*는 **bhel-*$_2$의 변이형으로 라틴어는 *fl-*의 형태로, 자음의 변이를 겪은 게르만어에서는 *bl-*의 형태로 발달하였다. 고유어나 라틴어 차용어들은 공기 따위를 불어 넣어 부푼 형상이나, 큰 소리, 입으로 불어 소리를 내는 악기, 허세, 알림 등의 의미를 지닌다.

bladder	방광
blast	폭발
blather	헛소리
blaze	(나팔을 불어) 알리다, 널리 알리디
blow	불다
afflatus	영감
conflate	['together'+'blow'] 융합하다
deflate	공기를 빼다
inflate	부풀리다
flute	플룻
flageolet	플래절렛(악기)
flatulent	뱃속에 가스가 가득찬, 허세의
flatus	뱃속 가스
flavor	(냄새 >)풍미, 향미
insufflate	(폐·코 따위에) 불어넣다
soufflé	수플레(달걀의 흰자위를 거품이 일게 하여 구운 것)

PIE root **bhlē* 'blow'
Germanic → *blast, bladder, blather, blast, blaze*
Latin → *flabellum, flageolet, flatulent, flatus, flavor, afflatus, conflate, deflate, inflate, insufflate, soufflé*

범람

FLUENT, FLUVIAL, INFLUENCE, INFLUENZA

**bhleu-* 'to swell, well up, overflow[범람하다]'

공기의 '팽창'을 의미하는 **bhel-*$_2$의 확장형 **bhleu-*는 '자신감'이나 물의 팽창인 '범람'의 의미로 확장되었다. **bhleu-*에서 파생된 라틴어 어근 *flu~fluc~fluv*이 포함된 어휘들은 '물의 흐름'과 관련된 의미를 갖는다.

bloat	부풀다, 자만심을 품다
affluent	['to'+'flow'] 풍부한
circumfluent	['around'+'flow'] 주위를 흐르는
confluent	['with'+'flow'] 합류하는
effluence	['out'+'flow'] 유출물, 하수
effluvium	['out'+'flow'] 발산, 악취
efflux	['out'+'flow'] 유출
fluctuate	동요하다
fluctuation	변동
fluency	유창성
fluid	유체
flume	용수로
fluvial	강의
flux	흐름
influence	['in'+'flow'] 영향
influenza	['in'+'flow'] 인플루엔자
mellifluous	['honey'+'flow'] 부드럽게 흘러나오는
reflux	['back'+'flow'] 역류
superfluous	['over'+'flow'] 여분의

의미가 매우 유사한 어휘 flow[흐르다]는 다른 어근 **pleu-*['to flow']에서 유래되었으며, flee[도망가다], fleet[함대], fleet[빠른], fleet[빨리 지나가다], flight[비상], flight[도주], float[뜨다], flood[홍수], flue[굴뚝의 연통], fly[날다], pluvial[비의], pneumonia[폐렴]와 같은 계열을 이룬다.

PIE root **bhel* 'blow, swell' > **bhleu* 'to swell up, overflow'
  Germanic → *bloat*
  Latin → *affluent, circumfluent, confluent, effluence, fluctuate, fluency, fluid, flume, fluvial, flux, influence, influenza, mellifluous, superfluous*

피, 꽃, 밀가루

BLADE, BLOOD, FLOWER, FLOUR, FLOURISH, FOIL

**bhel-*$_2$ 'to thrive, bloom[꽃피다]'

'번영'과 '개화'의 의미를 갖는 **bhel-*은 형태가 같은 '팽창'의 **bhel-*$_2$과 결국 은유적으로 연결된 하나의 어근이라고 할 수 있다. 번창하고 번영하는 것은 부풀어 오른 이미지와 관련되기 때문이다. 이로부터 발달한 게르만어계 고유어 자음군 *bl-*과 라틴어 어근 *flor*는 영어의 수많은 어휘에서 발견된다.

잎사귀나 꽃이 나오고, 피가 나오는 모습을 그려보자. 피가 솟는 모습이 마치 꽃이 피는 모습과 비슷하지 않을까. bless는 원래 제단에 '피'를 뿌려 신성하게 한다는 의미를 지니고 있었으나, 이제는 원래 의미인 '피'는 사라지고 '축복하다'의 의미만 남게 되었다.

blood	피
bleed	출혈하다
bless	축복하다
blade	잎
bloom, blossom, blow[27)]	꽃, 꽃이 피다

라틴어 차용어들은 다음과 같다.

flora	식물군
floret	작은 꽃
florid	불그레한
flower	꽃
flour	가루, 밀가루
flourish	번영하다
foil	포일

flower는 '꽃'이고 flour는 '곡식의 분말, 밀가루'이기에 지금으로서는 둘이 완전히 다른 어휘이다. 그러나 한때 flower와 flour는 모두 '꽃'이었다. flower[꽃]는 식물에서 가장 아름답고 좋은 부분이다. 곡식을 곱게 빻은 가루는 flower[꽃]에 비유하여 flower[꽃]라고 불렀던 것이다. 반면 거칠게 빻은 곡식은 meal로 불리었다.[28)] 이러한 meal의 의미는 oatmeal[귀리가루], wheatmeal[통째로 빻은 밀가루], wholemeal[통밀], bonemeal[골분]과 같은 어휘에 남아 있다. 유의할 것은 '식사'라는 의미의 meal은 동음이의어이고 원래 '시간'이라는 의미에서 '식사 시간'을 거쳐 '식사'로 변한 어휘이다.

---

27) **bhlē-* 'to blow'에서 유래된 blow '불다' 참조.

28) PIE root **mel(ə)-* '으깨다, 갈다'에서 발달한 또 다른 어휘 molar '어금니', mill '제분소' 참조.

'꽃'을 지칭하는 어휘 flower와 '가루, 밀가루'라는 비유적인 꽃을 지칭하는 어휘 flour는 원래 철자가 같았다. flour, flur, flower 등으로 쓰이다가 19세기 초반에 '꽃'과 혼동을 피하려고 '가루, 밀가루'의 의미는 flour로 철자가 분리되었다.

이제 미국 남동부의 주[州] 이름 Florida와 이탈리아의 Florence에 어떤 의미가 담겨있는지 짐작할 수 있을 것이다.

> PIE root **bhel* 'thrive, bloom'
> Germanic → *blood, bleed, bless, blade, bloom, blossom, blow*
> Latin → *flora, floret, florid, flower, flour, flourish, foil, fiolage, Florida, Florence*

국화

ANTHOLOGY, CHRYSANTHEMUM

**andh-* 'to bloom[꽃피다]'

anthology는 말 그대로 *anthos*[flower]와 *lego*[gather]가 결합된 어휘로서 '꽃다발'이라는 의미를 지녔지만 은유적으로 '시선집[詩選集]'을 가리키게 되었다. anther[꽃밥]라는 어휘와 chrys[금색]와 anthemum[꽃]이 결합된 Chrysanthemum[국화]도 기억하자.

Chrysanthemum

> PIE root **andh-* 'to bloom'
> Greek → *anthology, anther, Chrysanthemum*

실로폰

XYLOPHONE, XYLITHOL

xylophone[실로폰]은 그리스어 어근 *xylon*[나무]과 *phone*[소리]의 결합에서 나온 조어로서, 문자 그대로 '나무에서 나는 소리, 나무로 만든 악기'를 가리킨다. 접미사 *-oid*는 '유사함'의 의미를 지니고 있으므로 xyloid는 '나무의, 나무 같은'의 의미가 된다. 우리가 잘 알고 있는 xylithol[자일리톨]은 나무에서 유래된 성분을 포함할 것이며, xylograph는 '목판화'를 의미한다.

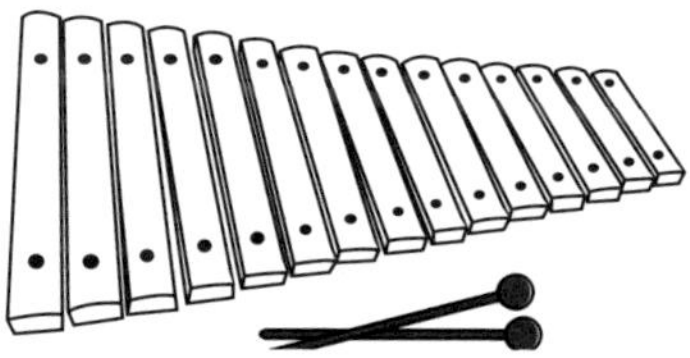

xylophone

xylem	목질부
xylitol	자일리톨
xylograph	목판(화)
xyloid	목질의
xylophagous	['wood'+'eat'] 나무를 갉아먹는
xylophone	실로폰
xylose	목당(木糖)

과일

FRUIT, FRUGAL

**bhrug-* 'to enjoy[즐기다]'

fruit[과일]은 원래 '즐기다'를 뜻하는 어원에서 출발하였고, 12세기 말까지 fruit은 지금의 '과일'이 아니라 '땅에서 얻은 모든 종류의 수확물'을 의미했다. 의미가 축소된 것이다. 과일이나 채소와 같은 생산물은 결실이나 성과물로, 유용한 가치와 관련된 의미로 발달하였다. 유용한 것은 이득이 되는 것이고 경제적인 것으로 연결된다. 따라서 경제적이라는 말은 최소의 비용을 들인다는 점에서 frugal[절약하는, 검소한]의 의미를 설명할 수 있다.

라틴어 어근 *frug~fruct*는 다음과 같은 어휘에서 '과일' 및 '생산, 유익, 성과'와 관련된 의미를 갖는다.

fructose	과당
fructify	결실을 맺다
fruitful	생산적인, 유익한
fruition	결실

**bhrug-*에서 유래된 고유어 brook은 '견디다'의 의미를 갖는다.

PIE root **bhrug* 'to enjoy'
Germanic → *brook*
Latin → *fructose, fructify, fruit, fruitful, fruition*

포도주

VINE, WINE

**wīn-o-* 'wine[포도주]'

철자는 v이지만 [w]로 발음되었던 라틴어 *vīnum*이 고대영어시기 *wīn*으로 차용되어 지금의 wine[포도주29)]이 되었고, vine[포도나무, 덩굴식물]은 중세영어시기에 프랑스어에서 차용되었다. 다음은 '포도주'와 관련된 어휘들이다.

vinegar	초, 식초
vineyard	포도원
viniculture	포도재배
vinology	포도주학
vinyl	비닐
vinaceous	포도의
vino	(싸구려) 포도주
winery	포도주 양조장

'포도주'를 뜻하는 그리스어 어근 *oeno~oino*는 (o)enology[포도주(양조)학], oenophilia[포도주 감정, 포도주 애호], oenophile[포도주 애음가]과 같은 어휘를 구성한다.

> PIE **wīn-o* 'wine'
> (Latin →) Germanic → *wine, winery*
> Latin → *vinegar, vineyard, viniculture, vinology, vinyl, vinaceous, vino*
> Greek → *oenology, oenophile*

29) 고대영어의 장모음 *wīn*[wi:n]이 16세기 대모음추이(Great Vowel Shift)를 겪은 후 이중모음 wine[wayn]이 되었다.

한편, '포도'를 뜻하는 고유어 grape의 원래 의미는 포도를 딸 때 사용하는 '포도 따기 갈고리'를 가리켰고, 바로 이 의미로부터 '포도'라는 의미가 나왔다.

뿌리

RADISH, RADICAL, ERADICATE, ROOT, RHIZOID

**wrād-* 'branch, root[가지, 뿌리]'

라틴어 어근 *radi~radic*은 '뿌리'를 의미한다. radish[무]는 식물의 뿌리이다. radical[근본적인, 철저한, 급진적인]은 비유적으로 나무의 뿌리에 해당하는 사물의 근본[根本]이 철저하다는 의미이다. 접두사 *e-*['out']와 *radic*['root']이 결합한 eradicate는 문자 그대로 영어 root out[근절하다, 뿌리째 뽑다]이다. 따라서 radic이 들어간 어휘들에서 '뿌리'와 관련된 의미를 쉽게 유추할 수 있다.

radicate	뿌리내리게 하다
radicant	줄기에서 막뿌리가 난
radicivorous	['root'+*vor-* 'eat'] 뿌리를 먹는
multiradicate	['many'+'root'] 뿌리가 많다

radish

eradicate

rhizoid는 그리스어 동족어 *rhiz-*[뿌리]에 접미사 *-oid*[을 닮은]가 붙은 어휘로서 '뿌리 모양의'를 의미한다. 흥미롭게도 root은 북게르만어 동족어 rot가 앵글로 색슨족이 사용했던 고대영어 *wyrt*[뿌리, 초목, 풀]를 대체한 어휘이다.[30)] *wyrt*의 흔적은 colewort, verwort, mugwort 등 식물을 일컫는 복합어에 wort[초목, 풀]로 남아 있다.

'가지'를 뜻하는 어휘도 있다. Ramada Inn이라는 이름의 호텔이 있다. 이 이름에서 ramada는 '짚으로 지붕을 인 정자, 나무쉼터' 등의 의미를 지니고 있다. 그리고 또 다른 낱말 ramify는 '가지를 내다, 분기하다'를 뜻한다.

PIE root *wrād- 'branch, root'	
Germanic	→ *wort, root*
Latin	→ *radicate, eradicate, radicivorous, multiradicate, radicant, ramose, ramus, ramify, radish*
Greek	→ *rhizome*

칼슘

CALCIUM, CALCULATE, RECALCITRANT, CHALK

라틴어 어근 *calx~calc*는 '석회석, 석회, 돌멩이, 자갈'의 의미를 갖는다. 이러한 의미로부터 '발꿈치', '계산에 사용된 작은 돌(주판알)', '계산하다', '생각하다' 등의 의미가 발달하였다. 일종의 아날로그 계산기인 주판의 '작은 돌'을 가리키는 calculus['pebble'+'small']는 현대의 calculate[계산하다]

30) 그림의 법칙 d > t와 w → ø / _ r (*wrād* vs. Scandinavian *rot*) 참조.

와 calculus[계산법, 미적분학]에 살아 있다. calculus는 원래의 '작은 돌'과 관련된 '결석'이라는 의미도 지니고 있다. calculate는 원래 '돌로 세다'라는 의미에서 돌이라는 도구는 사라지고 행위만 남아 이제는 '계산하다' 또는 '생각하다'라는 의미가 되었다.

'발꿈치'는 돌멩이의 모양과 흡사하니 *calc, calx*는 '돌'에서 '발꿈치'를 가리키게 되어 calcitrate[차다]는 '(발꿈치로) 차다'를 의미하고,[31] recalcitrate[반항하다]는 말 그대로 'kick back[되차다]'에서 고집 세고 다루기 어려운 '반항, 저항'이라는 의미를 갖게 되었다.[32] 또한 한 언어의 표현을 다른 언어에서 문자 그대로 옮기는 '어의[語義] 차용'을 뜻하는 calque[33]도 ('돌멩이' >) '발꿈치'에서 시작되어 '발로 밟다' > '추적하다' > '(탁본하여) 복사하다' > '차용번역하다'의 의미 확장 경로를 겪은 것으로 보인다.

calcium[칼슘]과 calx[생석회], chalk[분필], 그리고 영국 런던 서남부 지명 Chelsea[첼시] 모두 어원적으로 라틴어 어근 *calc*[돌멩이]에서 기원하였다.

카메라
CAMERA, CHAMBER

현재의 camera[카메라]는 라틴어 camera obscura[암실]에서 축약된 형태이다. camera와 chamber는 원래 '방'을 의미하는 이중어로, 센트럴 프랑스어

---

31) 의미 확장은 대부분 은유나 환유라는 기제에 근거한다.

32) *re-*는 영어 back과 유사하다. *re-*는 '되돌림', '번복', '반복', '복수', '반항', '강조' 등의 의미가 있다.

33) loan translation '차용번역'으로 부르기도 한다. 예를 들어 프랑스어 *tête-à-tête*를 영어로 head-to-head로 옮기는 것이다.

에서 차용된 [cha] 발음의 chamber[방]는 '방'을 의미한다. '방'의 의미가 담겨있는 다음 어휘들을 참고하자.

bicameral	['2'+'room'] 양원제의
chamberlain	시종
chamber music	실내악

손
MANUAL, MANIPULATE, MANUFACTURE, EMANCIPATE, MANICURE, COMMAND

**man*- 'hand[손]'

*man*은 '손'을 의미하는 라틴어 어근 형태소이다. emancipate는 mancipate[['hand'+'take'] 손에 쥐다]에 접두사 *e*-가 붙어 '해방시키다'를 의미하게 되었다. 로마법에는 노예를 사거나 해방시킬 때 규정된 의식이 있었다. 노예를 구입할 때 새 주인이 소유의 표시로 자신의 손을 노예 몸에 얹는 예식을 *mancipium*이라고 불렀고, 반대는 '주인이 노예한테서 손을 치우다'라는 의미의 *emancipatus*라 불렸다. '손'의 *man*과 '보내다'의 *mit* 또는 *miss*가 붙은 manumit과 manumission도 '노예해방'이라는 의미를 갖는다.

손은 다양한 의미로 해석된다. mandate[명령], command[명령하다], commend[맡기다, 추천하다], demand[요구하다]에서 보듯이 '손'의 *man*-과 '주다'의 *d*-가 결합된 라틴어 어근 *mand*- (< *mandare*)는 어떤 일을 다른 사람 '손에 주다(맡기다)'는 것에서 '위임, 요구, 명령' 등의 의미를 갖는다. 이 어휘들에 붙

은 접두사 *com*-과 *de*-는 모두 '강조'의 의미를 갖는다. commend의 '추천'이나 '칭찬'의 의미는 '일을 맡길 수 있다'는 의미에 바탕한 것 같다.

'물건을 손에 쥐고 있다'는 뜻의 maintain['hand'+'hold'] 유지하다은 '어떤 행위를 지속하다'라는 의미가 되었다. 손톱 손질은 manicure이다. '작은 손'은 manacle[수갑]이 되었다. manifest['hand'+'seized'] 명백한는 손에 잡힌 것이니 분명하고 명백한 것을 의미한다. manipulate['hand'+'full'] 조종하다의 현재 의미는 말 그대로 꼭두각시 인형의 각 부분과 연결된 줄을 **손안에 가득히** 한 움큼 쥐고 인형을 조종하는 것이다. 여기에서 다른 사람을 뒤에서 조종하는 의미를 갖게 되었다. 손으로 동작하거나, 손에 올려놓고 보는 간단한 책자를 manual[손의, 입문서]이라 부르고, 손으로 만드는 것을 manufacture['hand'+'make'] 제조라고 부른다. 고유어 handling[처리]에서처럼, manage[다루다]는 손이라는 신체 부위가 동물이나 물건들을 잘 다룰 수 있기에 만들어진 어휘이다.[34] manner[방법]도 우리가 어떤 상황을 다루고 조작하는 방식[handling]이다. 그리고 손으로 작성한 원고를 manuscript['hand'+'written'] 원고, 필사본라고 한다.

manipulate

PIE root **man* 'hand'

Latin → *manacle, manage, manner, manual, manus, maintain, maneuver, manicure, manifest, manufacture, manumit, manuscript, maniple, manipulation, emancipate, mandate, command, commando, commend, countermand, demand, recommend, remand*

34) 고유어 hand의 인구어 어원은 불분명하다.

외과의사

CHIROPRACTOR, SURGERY

***_ghes_- 'hand'**

그리스어 어근 chiro는 chiropractor[척추지압사], chirography[서체], chirology[수화법(手話法)], chiromancy[손금보기], chiropodist[발치료의사], chirurgeon['hand'+'work'], surgeon[외과의사35)]과, 라틴어 차용어 manual[편람]과 고유어 handbook[편람]에 해당하는 enchiridion[편람]에 들어 있다.

PIE root *_ghes_ 'hand'	
Greek	→ _chironomid, chirurgeon, enchiridion, surgeon, surgery, chiromancy_

발

PEDAL, EXPEDITE, IMPEDE, IMPEACH, IMPAIR

***_ped_- 'foot[발]'**

라틴어 어근 _ped_, 그리스어 어근 _pod~pus_, 그리고 영어 동족어 foot는 모두 '발'을 의미한다.

impede의 '방해하다'와 impeach의 '탄핵하다'의 뜻은 둘 다 문자 그대로 발에 족쇄를 채워 꼼짝 못하게 하는 것과 관련이 있는 반면, expedite의 '재촉하다, 촉진하다'는 '족쇄에서 벗어나게 하다'에서 발전한 의미이다. '발'과 관련된 어휘들을 좀 더 살펴보자.

35) surgeon은 chirurgeon에서 유래된 프랑스어 차용어이다.

biped	['2'] 두발의
centipede	['100'] 지네
expedite	진척시키다
expedition	탐험
velocipede	초기자전거
impede	방해하다
impeach	탄핵하다
impair	손상하다

velocipede

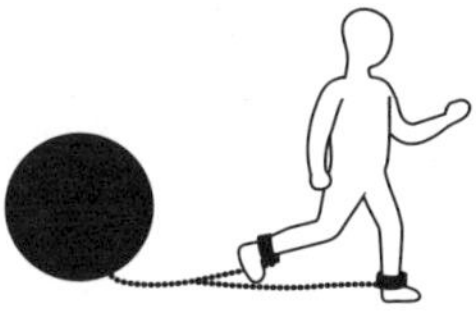

impede, impeach, impair

quadruped	네발짐승
millipede	['1000'] 노래기
Oedipus	오이디푸스 (< 부은 발)
pedal	페달
pedestrian	보행자
pedicure	발치료
pedigree	족보 (< 학의 발)
pawn	장기의 졸
peon	허드레꾼
pioneer	개척자
platypus	['flat footed'] 오리너구리
podiatry	발치료
cephalopod	['head'] 두족류
podium	연단
pseudopod	위족
apodal	발이없는
gastropod	['stomach'] 복족류

platypus

chiropodist	['hand'] 손발치료전문가
tripod	삼각대 ['3']
hexapod	['6'] 육각류
octopus	['8'] 문어
fetch	가져오다
fetter	족쇄

PIE root **ped* 'foot'
Germanic → *foot*
Latin → *pedal, pedicure, pedestrian, pedestal*
Greek → *podiatry, tripod, podium, apodal, platypus*

족보
PEDIGREE, GENEALOGY

**ped-* 'foot', **gen-, genə-* 'give birth, beget낳다'

족보나 계통을 그리면 새의 발처럼 보인다. pedigree['foot'+'crane'] 족보의 '족보, 계통' 의미는 바로 문자 그대로의 의미인 '학의 발'에서 나온다.

pedigree

이와 유사한 의미를 갖는 어휘 genealogy가계, 족보는 '종, 혈통, 탄생' 등의 의미를 갖는 *gene*과 *-ology*가 결합된 것인데, 다음에서 '탄생'의 의미와 관련된 어근을 살펴보자.

탄생

GENE, GONAD, PREGNANT, NATURE, KIND, KING

**gen-, genə-* 'give birth, beget[낳다]'

어근 *gen~gon~gn*[36)]은 '탄생, 발생, 기원'이라는 기본 의미에서 모든 생명체의 발생에 관련되는 '성, 생식, 유전자'의 의미를 갖는다.

ontogeny	개체발생
genesis	기원
generate	발생시키다
engender	발생시키다
genital	생식기
gonad	생식선
cognate	동족어
theogony	신들의 기원
cosmogony	우주의 발생
oxygen	산소
pregnant	임신한
germ[37)]	기원, 세균
german	부모가 같은
germane	근친의
germinate	싹트다
renaissance	부흥
congenital	선천적인
gender	성

36) 모음교체(Vowel Gradation)

37) 인구어 어근 **gene-*에 접미사 *-men*이 붙은 **gen(e)-men-*에서 유래된 것으로 추정됨.

gene 유전자
genotype 유전자형

또한 사람이 태어나면 '혈통'과 '종족', '국가'에 속하게 되는 것처럼 사물도 어떤 종류나 유형에 속하게 된다.

gens 씨족
progenitor 선조
primogenitor 선조
primogeniture 장자상속제
progeny 자손
generation 세대
genocide 종족학살
genus 종류
genre 장르
heterogeneous 이질의
homogeneous 동질의
genitive 속격
generic 총칭적인
general 일반의

genius[천재]는 원래 태어날 때부터 곁에서 지켜주는 로마신화의 '수호신'을 뜻했지만 이후 수호신에서 물려받은 재능을 가진 '천재'라는 의미를 갖게 되었다. genuine[진짜의], ingenious[독창적인], indigenous[토착의, 타고난]의 의미는 처음부터 '타고난' 것의 특징이라고 할 수 있다.

genial[온화한], gentle[점잖은], genteel[가문이 좋은 > 젠 체하는], benign[친절한], generous[관대한], gentry[신사계급]의 '우아함, 고상함, 친절함'의 개념은 모두 고귀한 혈통의 자질이다.

라틴어 어근 *nat*[탄생]이 포함된 어휘와 k자음의 고유어도 '탄생, 국가, 유형, 친절함, 천성' 등의 의미가 있다.

naive	순진한
natal	출생의
nation	국가
native	출생의
nature	자연, 천성
neonate	신생아
connate	선천적인
innate	타고난
kin	친족
king	왕
kindred	친족
$kind_1$	종류
$kind_2$	친절한

PIE root **gen~genə* 'give birth, beget'
Germanic → *kin, king, $kind_1$, $kind_2$, kindred, kindergarten*
Latin → *gender, general, generate, generic, genre, genial, genus, generous, generation, gens, genius, genital, genitive, genitor, geniture, genuine, congenial, congener, congenital, engine, engender, degenerate, ingenuous, indigenous, miscegenation, primogenitor, primogeniture, progenitor, progeny, gent, gentle, jaunty, gentile, genteel, gentry, germ, german, germane, germinal, germinate, gingerly, benign, malign, cognate, pregnant, impregnate, nada, naive, nascent, natal, nation, native, nature, adnate, agnate, connate, enate, innate, neonate, puisne, puny, renaissance, Noël*
Greek → *gene, allogeneic, genealogy, genocide, genotype, heterogeneous, syngeneic, gonad, archegonium, epigone, genesis*

모음교체(Vowel Gradation, Ablaut, Apophony)

다음과 같이 주로 그리스어에서 유래된 어휘의 형태소가 *e*-교체, *o*-교체, 영(零)-교체 이형태(allomorphs)를 갖는 것을 설명해준다.

gen~gon~gn '발생, 탄생, 근원': **gen**esis '창세기, 기원', **gon**ad '생식선', co**gn**ate '동족어'
men~mon~mn '생각': me**men**to '기념물', ad**mon**ish '훈계하다', **mn**emonic '기억을 돕는'
tom~tm '자르다': a**tom** '원자', **tm**esis '분어법'
erg~org '작업': en**erg**y '에너지', **org**an '오르간, 기관'
pen~pon '매달다': de**pen**dant '의존하다', **pon**derous '묵중한, 신중한'

영어의 모음교체는 sing-sang-sung과 foot-feet에서처럼 시제나 수 등의 문법 정보를 표시한다.

부모, 황제, 낙하산

PARENT, EMPEROR, PARACHUTE

**perə*- 'to produce^낳다^, to procure^얻다^'

**perə*-에서 유래된 라틴어 어근 *par*는 '낳다'와 '준비하다'의 중심 의미를 갖는 다음 어휘들을 구성한다.[38)]

- '출산'의 의미 :

parent	['produce'] 부모
ante-partum	['before'+'produce'] 분만 전의
post-partum	['after'+'produce'] 산후의

38) 라틴어 *parire* '낳다'와 *parare* '준비하다'.

parturient	해산의
primipara	['first'+'produce'] 초산부
biparous	['two'+'produce'] 쌍둥이를 낳는
multiparous	['many'+'produce'] 다산(多産)의
nulliparous	['not'+'produce'] 아이를 낳지 않은
oviparous	['egg'+'produce'] 난생의
viviparous	['alive'+'produce'] 태생의
puerperal	['child'+'produce'] 출산의
poor	['few'+'produce'] 빈곤한
repertory	['again'+'produce'] 레퍼토리

- '준비, 대비' > '정돈' > '명령, 지배'의 의미:

parade	열병
pare	준비 > 정리, 정돈 > (과일) 껍질을 벗기다, 손톱을 깎다
prepare	['before'+'prepare'] 준비하다
disparate	['apart'+'prepare'] 다른
separate	['apart'+'prepare'] 떼어놓다, 분리된
sever	['apart'+'prepare'] 떼어놓다
several	['apart'+'prepare'] 따로따로의, 몇몇의
apparatus	['to'+'prepare'] 장치, 기구
apparel	['to'+'prepare'] 의복
emperor	['in'+'prepare'] 명령, 지배 > 황제
empire	['in'+'prepare'] 명령, 지배 > 제국
imperative	['in'+'prepare'] 명령, 지배 > 명령적인, 강제적인
imperator	['in'+'prepare'] 명령, 지배 > 황제
imperial	['in'+'prepare'] 명령, 지배 > 제국의, 황제의
rampart	[*re-* 'again'+*ante-* 'before'+*parare* 'prepare'] 강화하다 > 성벽
repair	['again'+'prepare'] 수리하다

**pera*-에서 파생되어 '대비, 방어'를 의미하는 라틴어 접두사 *para*-가 포함된 어휘들도 살펴보자.

parachute	['defense'+'fall'] 낙하산
parados	['defense'+'back'] 참호 후면의 방호벽
parapet	['defense'+'breast'] 흉벽, 난간
parasol	['defense'+'sun'] 파라솔
parry	['defense'+] 공격을 받아넘기다

PIE root **perə* 'to produce, procure'
Latin → *parent, ante-partum, post-partum, parturient, primipara, biparous, multiparous, nulliparous, oviparous, viviparous, puerperal, poor, repertory, pare, prepare, disparate, separate, sever, several, apparatus, apparel, emperor, empire, imperative, imperator, imperial, rampart, repair, parachute, parados, parapet, parasol, parry, para-*

죽음

DIE, DWINDLE

**dheu*- 'to die[죽다]'

'죽음'과 관련된 영어 어휘는 die와 death이다. die와 death와 어원적으로 관련이 있는 dwindle[점점 줄어들다]의 '축소'의 의미는 죽어가는 과정으로 이해될 수 있다.

*PIE root *dheu* 'to die'
Germanic → *dead, death, die, dwindle*

안락사

EUTHANASIA

*****dhwene-* 'to disappear, die^죽다^'

그리스어 어근 *eu-*^좋은^와 *thanatos*^죽음^의 결합인 euthanasia는 '안락사'를 의미한다.

무덤

GRAVE$_1$^무덤^, GRAVE$_2$^새기다^

**ghrebh-* 'to, dig, bury, scratch^파다, 묻다, 긁다^'

땅을 파고 묻는 행위나 땅과 같은 표면을 긁는 행위를 나타내는 **ghrebh-*에서 grave$_1$^무덤^과 grave$_2$^새기다^, engrave^새기다^와 같은 어휘들이 파생되었다.

grub^파다^은 땅을 파헤치는 것이고, groove^홈(을 파다)^는 땅에 홈을 파서 고랑을 만드는 것을 의미하고, 이와 유사하게 레코드판에 새겨진 홈이나, 홈을 내서 녹음하는 것도 의미하게 되었다.

흥미롭게도 groove는 원뜻 '홈'에서 '최고, 멋짐, 즐거움'과 동시에 '판에 박힌 진부함, 상투적임, 관습'이라는 모순되는 의미로 더욱 발전하였다.[39] 요새 음악 프로그램에서 가수가 음악에 맞춰 춤을 추거나 노래를 할 때 '그루브^groove^를 탄다, 그루브^groove^가 있다, 그루비^groovy^하다'라는 표현을 자주 듣게 된다. 특히 재즈 음악과 관련해서 이 의미가 쓰

39) 형용사 groovy '판에 박힌, 멋진'도 참조.

이기 시작했다. 그 유래는 분명하지는 않지만, 다음처럼 추정해 볼 수 있다. 레코드판에 파인 홈을 따라 축음기 카트리지가 일탈 없이 움직여 가면 음악이 잡음 없이 멋지게 연주되는 것에서 나온 표현이거나, 음악이 연주될 때 두드러지게 즐거운 리듬(='홈')을 잘 따라가는 것을 일컬었을 수도 있다. 요새 젊은이들이 말하는 그루브는 음악뿐만 아니라 패션 취향 모든 것에 걸쳐 '멋짐'의 의미로 통한다. 다른 한편으로 부정적인 '진부함'의 뜻은 늘 정해진 홈(길)을 따라가는 판에 박힌 습관적인 일과라는 점에서 발달하였다.

PIE root **ghrebh* 'to, dig, bury, scratch'
Germanic → *grave*$_1$, *grave*$_2$, *engrave, graben, gravure, grub, groove*

참고로 다음 어휘들은 '무덤'과 관련된 이미를 갖는다.

cemetery	묘지
sepulcher	무덤
sepulture	매장, 묘소, 무덤
vivisepulture	생매장
bibliotaph	서적 비장가(秘藏家)
cenotaph	기념비
epitaph	비문(碑文)

무거움

GRAVE$_3$ [음울한, 엄숙한], BRUTE[짐승], BARITONE[바리톤]

g^werə- 'heavy[무거운]'

앞의 grave[무덤, 새기다]와 철자와 소리가 같은 동음이의어[homonymy, 同音異義語] grave[음울한, 엄숙한]는 라틴어 *gravis*[무겁다]에서 유래된 어휘로 물리적 '무거움'의 의미에서 마음이나 상황의 무거움인 '음울함, 엄숙함'의 의미를 갖게 되었다. 다음 어휘들은 공통적으로 어근 형태소 *grav*를 갖고 모두 '무겁다'라는 중심의미가 있다.

aggravate	악화시키다, 짜증나게 하다
gravid	임신한
gravitate	중력에 끌리다, 가라앉다
gravity	중력
grieve	슬퍼하다
aggrieve	학대하다

ad-와 *grav*로 구성된 aggravate[*ad*-'to'+'heavy'] 악화시키다[40]는 어떤 상황을 '무거운 쪽으로 향하게 하다', 즉 상황을 '무겁게 만들다'라는 의미에서 '악화시키다'의 뜻이 되었다. gravid[임신한]는 임신하면 몸이 무거워진다는 점에서 이해할 수 있다. gravity[중력]은 지구의 중심이 끌어당기는 '무거운 힘'을 뜻하고, 마음이 슬프다는 것은 마음이 무겁다고 말할 수 있기에 grieve는 '슬퍼하다'를 의미하고, aggrieve[*ad*-'to'+'heavy'] 학대하다, 괴롭히다]는 누군가의 마음을 힘들고 '무겁게' 하는 것이다.

---

40) *ad*-는 음운론적으로 어근 자음에 완전동화되어 *ag*-가 되었다.

*g^werə-에서 파생되어 '무거운'에서 '둔한', '짐승처럼 야만적인'을 뜻하는 라틴어 어근 *brut*[41]과 '무거운'과 '무게'를 뜻하는 그리스어 어근 *bar*가 들어 있는 어휘들은 다음과 같다.

brut	(샴페인이) 쌉쌀한
brute	짐승
brutal	잔혹한
baritone	['heavy'+'tone'] 바리톤
barycenter	['heavy'+'center'] 무게중심
barysphere	['heavy'+'globe'] 중권(重圈)
centrobaric	['center'+'heavy'] 중심(重心)의
isobar	['equal'+'weight'] 등압선

PIE root *g^werə 'heavy'
Germanic → *quern*
Latin → *grave, gravid, gravimeter, gravitate, gravity, grief, grieve, aggravate, aggrieve, brut, brute, brutal*
Greek → *barite, baritone, barycenter, barysphere, centrobaric, isobar*
Sanscrit → *guru*

가벼움

LIGHT, LUNG, LEVER, ELEVATOR, RELIEF

*leg^{w}h- 'light[가벼운]'

lights[가축의 허파]와 lung(s)[허파]은 '가벼운' 장기[臟器]를 뜻한다. 뒤에서 다시

41) 라틴어 *brūtus*.

보겠지만 차용어 pulmonic[폐의]이나 pneumonic[폐의]은 '부유[浮游]'의 의미에서 '폐'의 의미를 갖는데, 폐는 다른 장기와 달리 가벼워 물에 뜰 수 있는 것으로 보았기 때문이다.

라틴어 어근 *lev*도 '가볍다'라는 기본 의미에서 다양한 의미로 확장되었다. levity[경솔, 경박]는 생각이 가벼운 것이다. 우리는 은유적으로 어렵고 고통스러운 상황을 무거운 것으로 생각하는 반면 쉽고 편안한 상황을 가벼운 것으로 이해한다. relief[안도, 안심], relieve[경감하다, 안도케하다], alleviate[고통을 누그러뜨리다]처럼 마음이나 감정, 고통이 가벼워진다는 것은 '안도케 하고, 경감하고, 누그러뜨리다'는 의미가 된다. relevant[적절한, 관련된]는 어려운 상황이 가볍게 되니 도움이 되고 결국 '적절'하다는 의미를 갖게 되었다.

또한 가벼운 것은 올라가고 무거운 것은 내려가기 마련이다. 그래서 '가벼움'은 '상승'의 개념과 연결된다. *lev*[올리다]가 포함된 어휘 lever[지레], levitate[공중에 뜨다, 공중에 뜨게 하다], elevate[올리다], elevator[승강기]는 모두 '오름'의 의미를 갖는다.

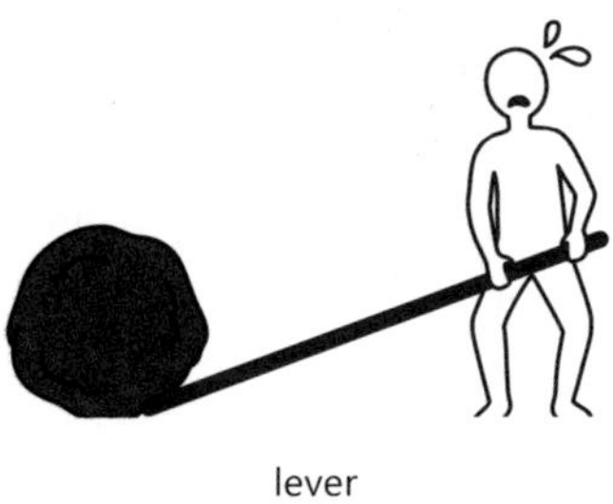

lever

PIE root **leg^wh* 'light'
- Germanic → *light, lights, lighten, lung*
- Latin → *levity, carnival, elevate, leaven, lever, alleviate, relevant, relieve*

공동체, 면역
COMMUNITY, IMMUNITY

라틴어 어근 *mun~mon*은 '짐, 의무'와 '선물'이라는 의미가 있다. 다음 어휘들은 'together'를 뜻하는 *con-*과 결합하여 문자 그대로 '서로 부담하다, 서로 함께 짐/의무를 지다'의 의미에서 '공공, 공유, 대화'의 개념으로 확장된다.

common	함께 짐을 진, 공공의
commune	공동체, 지방자치제, 교감하다, 이야기를 나누다, 성찬식하다
communicate	대화하다, 성찬식하다
communion	공유, 성찬식

common

부정 접두사 (*in-*이 자음동화된) *im-*이 결합된 immune[면한]는 '부담이 없는'이라는 문자 그대로의 의미에서 '병'이 '부담'으로 이해되어, 그 부담이 없으니 '면제된, 면역의'라는 의미를 갖는다.

*mun*이 '선물'의 의미로 해석되는 어휘는 munificence[아낌없이 줌, 후함], remunerate[보수를 지불하다]이다.

심장

CORDIAL, CARDIAC, COURAGE

**kerd-* 'heart[심장]'

원시인구어 어근 **kerd-*가 라틴어에서는 *cord*로 그리스어에서는 *card*로, 그림의 법칙이 적용(*k > h)된 게르만어인 영어에서는 동족어 heart로 발달하였다.

라틴어 어근 *cord*[심장]가 포함된 cordial은 '심장의'라는 의미가 사라지고 '다정한'의 의미가 되었고, 현재 '심장의'라는 의미는 그리스어 차용어 cardiac[심장(병)의]이 갖는다. 대체로 라틴어 차용어에 비해 그리스어 차용어가 좀 더 학술적이고 전문적인 의미를 갖는다. 또다른 그리스어 차용어 cardiotomy는 *cord*['heart']와 *tom*['cut']이 결합된 어휘로 '심장 절개술'을 의미하고, cardiology는 *cord*['heart']와 *-ology*['science']가 결합되어 '심장학'을 의미한다. 조금 더 어려운 그리스어 차용어 acardia[무심장증]는 'without, no'의 의미를 갖는 접두사 *a-*와 *card*와 '병'을 의미하는 접미사 *-ia*가 결합되어 '선천성 심장 결손'이라는 의미임이 쉽게 이해된다.

다시 라틴어 차용어로 돌아가 보자. concord[일치, 조화]의 의미는 *cord*[심장]와 *con-*[with, together]이 결합되어 '심장을 같이 하다'를 뜻하였고, '심장'이 은유적으로 '마음'을 뜻하여 '마음을 함께 하다'가 되었고 결국 '의견의 일치'를 의미하게 되었다. 이와 유사한 어휘가 accord[42]인데 *ad-*['to, toward']와 *cord*가 결합된 결과 말 그대로 'heart to heart'로 서로의 마음을 바라보는 형상에서 마음이 하나가 된 '일치, 조화' 등의 의미로 발달하였다

---

42) *ad-*가 *ac-*가 된 것은 자음동화현상이다.

고 할 수 있다.

courage는 '심장'에서 '심장, 마음 안에 담긴 것', 즉 '용기'로 의미가 확장된 예이다. encourage[용기를 돋우다]는 'in, make'의 의미를 갖는 *en-*이 붙어 '용기를 불어 넣다'이고, 이 반대인 discourage[용기를 잃게 하다]는 부정의미의 접두사 *dis-*가 붙어 '낙담케 하다'이다.

'심장'은 '마음' 뿐만 아니라 '믿음'의 의미로도 확장되었다. 인구어 어근 **kerd-*와 **dhē-*[두다]가 결합한 **kerd-dhē*는 문자 그대로 '(심장 > 마음 >) 신뢰를 두다'에서 '믿다'의 의미가 된 것이다.[43]

credence	신용
credible	믿을 수 있는
credit	신용
credo	신조
credulous	쉽사리 믿는
grant	신용하다 > 승인하다
miscreant	사악한
recreant	불신의, 비겁한

PIE root **kerd* 'heart'
- Germanic → *heart*
- Latin → *cordial, courage, discourage, accord, concord, credo, credit, credulous, miscreant, recreant*
- Greek → *cardiac, cardiology*

---

43) 라틴어 *crēdere* '믿다'.

꼬리
COWARD, CODA

신체에서 주요 동력이 되는 심장과 달리 꼬리는 신체의 하부와 뒷부분에 달려있는 기관으로 상대적으로 덜 중요하고, 다소 비굴한 의미와 연결된다. courage[용기]가 '심장'과 관련하여 '용감'의 의미가 되었다면, '꼬리'는 tails between the legs라는 표현에서 겁을 내고 있는 개의 모습을 말하고, '꼬리'를 의미하는 라틴어 어근 *cod~caud*가 포함된 coward[겁쟁이]에서처럼 '겁쟁이'를 뜻한다. 음악 용어 coda는 꼬리부분인 '종결부'이다.

단단함
HARD, STANDARD, COWARD, CANCER, CARCINOMA

**kar-, ker-* 'hard[단단한]'

원시인구어 어근 **kar-*에서 유래된 hard[단단한]와 인명 Leonard, Bernard, Richard, Gerard의 *-ard*에서는 '강함'의 의미를 가진 반면, 같은 **kar-*에서 파생된 접미사 *-ard, -art*가 다음의 보통명사에 붙어 경멸적인 의미를 더한다.[44] 강하다는 것은 대담하고 용감할 수도 있지만 지나치면 뻔뻔하고 무모한 것이 되고 여기서 부정적이고 경멸적인 의미가 발생한 것으로 보인다.

---

44) 게르만어 *hard, hart* > 프랑스어 *-ard, -art*.

beggar	거지
bastard	사생아, 서출
blinkard	늘 눈을 깜작이는 사람, 얼간이, 바보
braggart	허풍쟁이, 떠버리
coward	겁쟁이
dastard	겁쟁이
dotard	노망든 사람
drunkard	술고래
dullard	굼뱅이, 멍청이
laggard	굼뱅이, 멍청이
niggard	구두쇠
staggard	네살 된 수사슴(덜 자란 수사슴)
wizard	마법사

**kar*-가 중첩된 형태 **karkro*-에서 유래된 cancer[암]는 라틴어 *cancer*[게]의 철자를 차용한 어휘이고, '암'과 비슷한 '궤양'을 의미하는 canker는 라틴어 *cancer*[게]의 발음을 차용한 어휘이다.

게 껍질의 모양이 암의 형태와 비슷한 이유에서 '게'가 '암'이나 '궤양'을 의미하게 된 것이다. 그리스어 어근 *carcino*도 역시 '게'와 '암'을 의미한다. carcinoma[악성종양]와 carcinoid[유암종] 모두 '암'과 관련된 의미를 갖는다.

PIE root **kar~ker* 'hard', **karkro* 'crab, cancer'
Germanic → *hard, hardly, hardy, -ard, -art*
Latin → *cancer, canker*
Greek → *carcino-, carcinoma*

게, 새기다

CRAB, CARVE, CRAWL, GRAPHIC, EPIGRAM

**gerbh-, *grebh-* 'to scratch, carve[새기다]'

고유어 crab[게]은 cancer나 carcinoid와 달리 어근 **gerbh-*[긁다, 파다]에서 유래되었고, 이 어근에서 파생된 또 다른 어휘는 crawl[기다], carve[새기다]가 있다.

그리스어 어근 *graph*나 *gram*[쓰다]이 포함된 어휘들도 이 어근에서 파생되었다. *auto*는 '스스로'를 의미하기에 autograph는 '자필'을 의미하고, *photo*[빛]가 결합되어 빛을 기록하는 것을 photograph[사진]라고 부른다. 이밖에 *geo*[땅]와 결합된 geography[지리], *tele-*['far']가 결합된 telegram[전보], telegraph[전신]와 다음 어휘들에 기본적으로 '쓰다, 기록하다'의 의미가 포함되어 있음을 확인해보자.

diagram	['across'+] 도형
diagraph	작도기
epigram	경구, 풍자시
grammar	문법
graphic	그래픽
graphite	흑연
pantograph	축도기
paragraph	단락, 기사

PIE root **gerbh~ *grebh* 'to scratch, carve'
Germanic → *carve, crab, crayfish, crawl*
Greek → *glamour, graffito, graft, graphite, gram, -gram, -graph*

십자가

CROSS, ACROSS, CRUISE, CRUX, CRUCIAL, CRUCIFORM, CRUCIFY, CRUSADE, EXCRUCIATE

'십자모양', '십자가'를 의미하는 cross와 라틴어 *crux*에서 발달하여 차용된 어휘들은 형태, 이동 방법, 곤란함, 중요함, 박해, 종교적 의미와 관련된다. 전치사 across[-를 가로질러]는 횡단의 형상을 갖는데, cruise[유람선 여행]도 배를 타고 바다를 이리저리 가로질러가는 형상을 떠올리면 된다. cruciform은 말 그대로 '십자형'이다. 인간은 실제 길이나 인생의 교차로[crossroads]에서 하나의 선택만이 강요되는 매우 어렵고 중대한 순간을 맞닥뜨리는 경험을 수시로 한다. 이런 경험에 토대하여 crux[핵심]와 형용사 crucial[결정적인]은 '십자형'이라는 의미뿐만 아니라, '중대함'과 '가혹함'의 의미를 갖게 되었다. crucify는 '십자가'에 '고정하다[fix]'를 의미하는 *-fy*가 결합하여 '십자가에 못 박다, 학대하다'의 의미가 되었고, excruciate[괴롭히다]는 원래 'out'의 *ex-*가 이 행위를 강조하여 '몹시 고통을 주다, 고문하다'를 뜻하게 되었다. crusade는 '십자군'을 뜻한다.

통행금지

CURFEW

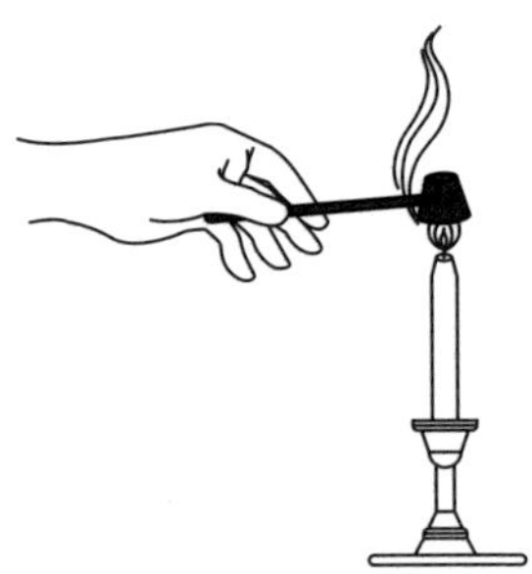

curfew

화재 방지를 위해 저녁 일정한 시간이 되면 사람들에게 불을 덮으라고(즉, 끄라고) 종을 쳤다고 한다. '불을 덮다(끄다)'를 의미했던 curfew[「cover'+'fire']가 지금은 '통행금지'로 의미가 변하였다.

홀로코스트

HOLOCAUST, CAUTERY

그리스어 어근 *caus~cauter*는 '불', '태우다'의 의미를 갖는다. cautery는 '인두, 소작기'를 의미하고, cauterize는 '출혈이나 감염을 막기 위해 상처를 지지다'이고, holocaust는 *holo*['whole']와 *caust*['burn']가 결합된 어휘로 모두 태워버리는 '번제' 또는 '대참사'의 의미를 갖는다. 나치에 의한 '유대인 대학살'을 지칭하기도 한다.

불

FIRE, PYRE, PYROMANIA

**paəwr-* 'fire[불]'

pyre[화장용 장작더미], antipyretic[해열제(의)], pyretic[열병에 걸린, 해열제], pyrexia[열병], pyromania[방화광]에서 *pyr*[불, 열]는 그리스어 어근으로 고유어 fire의 동족어이다.[45)]

PIE root **paəwr* 'fire'	
Germanic	→ *fire*
Greek	→ *pyre, pyromania, antipyretic, pyretic, pyrexia*

45) 그림의 법칙은 *p > f로 변한 것을 설명한다.

재

ASH, AREA, ARID, ARSON, ARDOR, AZALEA

**as-, *es-* 'to burn, glow[타다]'

arson은 '방화'를 의미한다. '불타다', '빛나다'의 의미는 다음의 여러 의미로 확장된다.

- ash[재]는 불타고 남은 가루 모양의 물질이다.
- 태양이 불타듯 내려 쪼이면 대지는 바싹 말라 건조해진다. area는 '지역, 구역'을 의미하는데, 라틴어 *arere*[건조하다]에서 유래되었다. 이와 관련된 어휘는 arid[매우 건조한, 무미건조한]가 있다. 역시 '건조하다'의 의미를 갖는 형태소 *sicc*이 있는데, desiccant[건조시키는], exsiccate[바싹 말리다], siccative[건조시키는]와 문자 그대로 'dry garden'을 의미하는 *hortus siccus*[식물표본집]가 있다. 이외에도 elixir[만병통치약, 묘약], xeric[건조상태의]에 포함된 *xer, xir*도 'dry'를 의미한다.
- ardent[열정적인]와 ardor[열정]는 감정이 열정[熱情]적인 것은 은유적으로 불타는 것으로 이해된다는 것을 보여준다.
- azalea[진달래]는 불처럼 타오르는 진홍색을 가진 꽃 이름이다.

여섯

SIX, SEMESTER, SEXTET, HEXAGON

**s(w)eks-* 'six'

고대영어의 *sex, siex*[6]는 현대영어에서 six가 되었다. semester[한 학기]는 라틴어 *sex*와 *mester*['moon, month']가 결합된 어휘이다. 원시인구어 어근

*seks의 자음 s가 그리스어에서 h로 변하여 hex가 되었고, 여기에 '각[角]'을 의미하는 gonōn이 붙은 hexagōnon이 영어에 hexagon[육각형]으로 차용되었다.

PIE root *s(w)eks 'six'
Germanic → *six*
Latin → *semester, sextant*
Greek → *hexagon*

일곱
SEVEN, SEPTEMBER, HEPTAGON
**septm-* 'seven'

seven[7]은 고대영어 *seofon*에서 발달하였다. 원래 옛날 로마력[Roman Calendar]은 March가 맨 처음 달이었고, September는 일곱 번째 달이었고, 열 번째 달인 December로 끝났다. 이후 율리우스력[Julian Calendar]으로 개정되면서 January와 February가 추가되어, September는 아홉 번째 달이 된 것이다. 중세영어시기에 *Septembre*형으로 차용되었고 현대영어에서 September가 되었다. 그리스어의 *hepta*[7]과 *gon-*[각]이 결합된 heptagon[7각형]도 참조하자.

PIE root *septm 'seven'
Germanic → *seven*
Latin → *September*
Greek → *heptagon*

하찮음
TRIVIAL, THREE

앞의 banal[진부한]에서 언급했지만, trivial 역시 '사소한, 하찮은'의 의미로 발달했는데 원래는 '3거리'를 뜻했다. 세 방향에서 길이 만나는 장소는 개방된 장소, 다시 말해 공공장소가 된다. 공공장소라는 의미가 일반화되어 '공공, 공중'이라는 의미가 되고, 공공이라는 의미는 평범하고 중요하지 않은 것이 된다.

다음은 '평범하고, 중요하지 않고, 사소하고, 진부하다'는 의미를 갖는 어휘들의 의미 출발점이 어떠했는지를 정리하여 보여준다.

- common['with/all'+'burden']: '공동부담' > '공통의, 공동의, 흔한, 평범한, 보통의', '공유지, 공원, (학교)식당'
- commonplace: '공동장소' > '흔해 빠진, 보통의, 평범한, 진부한', '진부한 얘기, 평범한 것'
- banal: '공식 선언, 선포' > '평범한, 진부한, 시시한'
- trite: '문질러 비비다' > '닳아빠진, 진부한'
- cliché: 프랑스 의성어로 '인쇄할 때 나는 소리' > '인쇄용어, 연판' > '진부한 표현, 상투적 문구'
- stereotype: '연판, 연판인쇄법' > '고정 관념, 판에 박힌 문구', '상투적인'
- trivial: '삼거리' > '하찮은'
- platitude: '평평함' > '단조로움, 평범함, 진부함'
- hackneyed: '돈을 주고 빌려 쓰는 말' > '진부한'
- groovy: '홈의' > '틀에 박힌, 진부한, 구식의'[46]

---

46) groovy는 '멋지다'라는 의미도 있다. **ghrebh-* 참조.

수면

DORMITORY, DORMANT

**drem-* 'to sleep[자다]'

라틴어 어근 *dorm*[잠]은 dormant[휴면기의, 활동을 중단한], dormition[영면], dormitive[최면성의, 최면제], dormitory[기숙사, 공동 침실] 등을 구성한다.

캐러멜

MELLOW, CARAMEL

**melit-* 'honey[꿀]'

어근 *melli*[꿀]를 포함하는 어휘들은 다음과 같다. melliferous[감미로운]는 문자 그대로 '꿀을 품은'의 라틴어 *mellifer*['honey'+'bear'] 에서 차용된 것이고, caramel['cane'+'honey'] 캐러멜]과 여성 이름 Melissa도 같은 어근을 포함한다.

고유어 mildew['honey'+'dew'] 는 원뜻인 '꿀 이슬'에서 '흰곰팡이'로 의미가 변했다. marmalade['honey'+'apple'] 마멀레이드], membrillo[멤브리오], hydromel['water'+'honey'] 벌꿀물]과 같은 그리스어 차용어에도 '꿀'을 뜻하는 형태소가 포함되어 있다.

PIE root **melit* 'honey'
Germanic → *mildew*
Latin → *melliferous, mellifluous, mousse, caramel*
Greek → *marmalade, membrillo, hydromel*

달콤함

DULCINEA, GLUCOSE, SWEET, ASSUAGE

***dlk-u- 'sweet[달콤한]', *swād- 'sweet, pleasant[달콤한, 기분좋은]'**

**dlk-u-*에서 유래되어 '애인'을 의미하는 dulcinea는 돈키호테의 애인 이름이기도 하다. '달콤하다, 기분이 좋다'라는 의미를 가진 라틴어 *dulce*는 dulcifluous[*dulce*'sweet'+*fluus*'flowing'] 기분좋게 흐르는]에도 포함되어 있다.

dulcify	감미롭게 하다, 누그러뜨리다
Dulcin, dulcin	(상표)둘신 > 인공 감미료

그리스어 어근 *glyc~gluc*를 포함하는 glycerin[글리세린]과 glucose[포도당]도 동일한 인구어 어근에서 유래되었다.[47)]

또 다른 인구어 어원 **swad*에서는 고유어인 sweet뿐만 아니라 라틴어 suave[정중한, 상냥한], assuage[['to'+'sweet'] (안 좋은 감정을) 누그러뜨리다], persuade[['thoroughly'+] 설득하다], suaviloquent[부드럽게 말하는]가 유래되었다. hedonism은 그리스어에서 차용된 어휘로 '쾌락주의'를 의미한다.

PIE root **dlku* 'sweet'
- Latin → *dulcinea, dulcify, dulcifluous*
- Greek → *glycerin, glucose*

PIE root **swād-* 'sweet, pleasant'
- Germanic → *sweet*
- Latin → *suave, persuade, assuage*
- Greek → *hedonism*

---

47) **dlk-u-* > **glku-*.

교회

ECCLESIA, CATHEDRAL, ABBEY, CHURCH, KIRK, CHAPEL, TEMPLE, SANCTUARY, PANTHEON

ecclesia[교회], cathedral[대성당], abbey[대수도원], church[교회], kirk[교회], chapel[예배당], temple[사원], sanctuary[성당], pantheon[만신전] 등은 모두 신과 관련된 장소이다. 신성한 장소를 의미하는 이 낱말들을 하나씩 살펴보자.

- ecclesia는 'out'과 'call'이 결합된 것으로 원래는 고대 그리스 아테네의 시민회의를 뜻하다가 나중에는 기독교인의 모임인 '교회'를 의미하게 되었다.

ecclesiastic	교회(의)
ecclesiastical	교회의

- *kata*['down']와 *hedra*['seat']가 결합된 cathedral[주교좌 성당, 대성당]은 원래 '주교좌[bishop]가 있는 교회'라는 의미에서 유래한 것이다.[48)]
- church[교회]는 '주인의 집'이라는 그리스어 *kyriakon doma*가 축약된 형태이다. 이의 스칸디나비아 동족어는 kirk이다. kirkland는 church land와 같다.
- chapel은 지금은 '예배당'을 의미하지만, 원래는 cape[망토]에 '작음'을 뜻하는 지소사가 붙은 어휘로 '작은 외투, 망토'를 뜻했다. 갈리아 지역에 로마병사로 파견되었던 투르의 성 마르티누스[St. Martin]

---

48) 인구어 어근 **sed-* '앉다' 참조.

of Tours가 자신의 외투의 반을 잘라서 거지에게 나누어주었는데, 그 날 꿈속에서 그 옷의 반쪽을 입고 있는 예수를 보았다고 한다. 그 외투의 반쪽이 유물로 남겨져 보관되었고, 이후 이러한 성유물을 보관하기 위한 작은 임시 성당을 '작은 외투'라는 의미의 카펠라, *capella*라고 불렀다. 그런데 '작은 외투'라는 원래의 의미는 사라지고 그것이 보관되었던 장소 '작은 성당, 예배당'을 의미하게 되었다.[49)]

- chantry는 개인이 사후 자신을 위한 기도를 바치도록 헌금을 내어 지은 '예배당'인데 '노래하다'의 chant와 관련된다.
- shrine성지은 라틴어 *sacrarium*에서 유래된 어휘이다. 원래 성인과 성자들의 유물이나 유골 등을 모신 '성물함'이나 '감실'을 의미했다.
- santuary는 신성한 장소로 '신전, 사원, 성당, 교회' 등을 일컫는다.
- abbey수도원, 수녀원와 abbot수도원장은 abba아버지와 관련된다.
- pantheon만신전은 모든 신을 모셔둔 곳이고 temple 역시 '신전'이다.

대학
COLLEGE, ELECTORAL, LEGAL

**leg-* 'to collect, gather모으다, 모이다', 'to speak말하다'

'모음, 모임'의 의미뿐만 아니라 '말'과 관련된 의미를 갖는 원시인구어 어근 **leg-*에서 라틴어 어근 *leg*와 그리스어 어근 *log*가 파생되었다.

49) 환유.

라틴어 어근 *leg~lect*[모으다, 선택하다, 읽다][50]가 포함된 어휘를 먼저 살펴보자.

1. 먼저 접두사 col-['together']이 붙은 college[대학]와 collect[수집하다]는 둘 다 '함께 모임/모음'이라는 의미를 갖는다.[51] sacrilege['sacred'+'collect']는 원래 교회나 성당의 신성한 물건을 훔치는 '교회절도'에서 '신성모독행위'의 의미로 발달했다. 또한 leg와 lect는 '규칙들의 모음'을 뜻하는 '법'과 관련된 많은 어휘들을 파생시켰다.

legal	법률상의, 합법의
il**leg**al	불법의
legislature	입법부
lex	법률
privi**lege**	['separate' + 'law'] 특권
loyal[52]	충성스러운

더 나아가 *leg*와 *lect*는 legate[(로마) 교황 특사], delegate[대표, 사절단]에서처럼 '법이나 계약을 통해 위임하다', '위임하여 파견하다'라는 의미로 확장되었다.[53] 지금은 '유산'을 뜻하는 legacy[유산]가 원래 '사명을 띠고 파견된 사절단'을 의미했고, colleague[동료]는 '함께 위임되어 파견된 사람'이라는 의미였다. 반면 '되돌리다'를 의미하는 접두사 *re-*가 결합된 relegate는 '좌천시키다, 추방하다'를 의미한다.

---

50) 라틴어 *legere*.

51) *com-*이 어근 자음 *l*에 자음동화되어 *col-*이 된 것이다.

52) loyal은 legal에서 발달한 프랑스어이다. regal '국왕의'와 royal '국왕의' 참조.

53) 라틴어 *lēgāre* '파견하다, 위임, 위탁'.

2. '선택'의 의미로 해석되는 어휘는 elegant[품위있는], intelligent[지적인], elect[뽑다], select[선택하다], neglect[무시하다], legion[군단] 등이다. elect[['out'+'to choose'] 선출하다]는 *e*-와 결합하여 문자 그대로 '선택해내다[choose out]'의 의미를 갖고 역시 elegant[['out'+'to choose'] 우아한, 고상한]의 '우아함'도 정선되어 선택된 것(또는 사람)의 성질이다. 접두사 *inter*-[사이]와 결합한 intelligent[지적인]은 아마도 여러 가지 중에서 골라내는 정신적 능력을 일컬은 데서 나온 것 같다. 부정 접두사 *neg*-와 결합한 neglect는 선택하지 않으니 '무시하다'의 의미로 발달하고, select[선택하다]는 '분리'의 *se*-와 결합된 어휘이다. 역시 '분리'의 *dis*-와 결합된 diligent[근면한]는 따로 선택한 것을 좋아해서 열심히 몰두한다는 의미에서 '부지런하고 근면하다'는 의미가 나왔을 것이다. legion은 선택된 '군단'이다.

미국 대통령은 electoral college[선거인단]의 투표를 통해서 선출되는데, 이때 college는 '대학'을 뜻하지 않는다. **elect**oral과 col**lege** 모두에서 발견되는 라틴어 어근 *lect*와 *leg*는 각각 '선택[choose out]'과 '모임[gather together]'으로 해석된다.[54]

3. 마지막으로 *leg, lect*는 '읽다'나 '말'의 의미도 있다.

lectern	독서대
legible	읽기 쉬운
lecture	강의
lesson	강의

54) 라틴어 *legere* 참조. 어근 형태소 *leg*-의 이형태(allomorphs)인 *lec*-는 무성자음인 과거분사 *t*가 붙어 무성음 [k]로 자음동화된 것이다. 형태소(morpheme)가 음운 환경에 따라 다양한 형태로 나타나는 것을 이형태라고 한다.

legend	전설, 구전

그리스어 어근 *log~lect*도 역시 '모음, 선택, 말'과 관련된 의미를 갖는다.[55]

anthology	문집
eclectic	취사선택하는
lexicon	사전
logion	(복음서 외의) 그리스도의 어록
alexia	독서 불능증
dyslexia	난독증
catalog	목록
dialect	방언
dialogue	대화
eclogue	목가시
logic	논리(학)
Logos	이성, 로고스
analogy	유사
apologue	우화
apology	사과
Decalogue	십계명
epilogue	에필로그
logarithm	대수(對數)
prologue	서언
syllogism	삼단논법

55) 그리스어 *legein* 'to gather, speak'과 *logos* 'speech, word, reason'.

PIE root **leg* 'to collect', 'to speak'
Germanic → *leech*
Latin → *lectern, lection, lecture, legend, legible, legion, lesson, collect, diligent, elect, intelligent, neglect, prelect, sacrilege, select, legal, legist, legitimate, lex, loyal, legislator, privilege, legacy, legate, colleague, collegial, delegate, relegate*
Greek → *Logos, lexicon, logion, alexia, anthology, catalog, dialect, dialogue, dyslexia, eclectic, horologe, logic, logistic, analogous, apologue, apology, Decalogue, epilogue, homologous, prologue, syllogism*

법

LAW, LIE, LAY

**legh-* 'to lay, lie[놓다]'

그런데 막상 legal[합법의]과 유사어인 영어 고유어 lawful[합법의]은 **leg-*[모음]이 아니라 **legh-*[놓다]에서 파생된 것으로 lie[눕다]와 lay[누이다]와 관련된다. law는 '놓인 것'에서 '정해진 것'을 거쳐 '법'이 된 것이고, low[낮은]는 누우면 높이가 낮아지는 이치에서 형성된 어휘로 보인다.

allay	['down'+'put'] 가라앉히다
belay	(단단히) 자일을 매다
beleaguer	['around'+'camp'] 애워싸다
coverlet	침대보
fellow	['money'] (공동투자하는 사람 >) 친구
lager	(저장맥주 >) 라거맥주
lair	잠자리
lay	놓다

lie	눕다
litter	잠자리에 까는 짚
low	낮은
law	법
outlaw	금하다, 무법자
bylaw	규칙
lawful	합법적인
lawless	무법의
lawsuit	소송
lawyer	법률가

PIE root **legh* 'to lie, lay'
Germanic → *lie, lay, belay, lair, leaguer, beleaguer, lager, stalag, low, law, bylaw, outlaw, fellow*
Latin → *coverlet, litter*

배심원

JUSTICE, JURY

**yewes-* 'law법'

'법, 올바름, 맹세'를 의미하는 라틴어 어근 *jus*와, *jus*의 *s*가 모음 사이에서 *r*로 변한 이형태 *jur*는 다음 어휘들을 구성한다.[56)]

just	적법한
justice	정의
justify	정당화하다

56) R-전환(Rhotacism).

Justitia	유스티티아, 고대 로마 정의의 여신
injustice	불법
juridical	[+'say'] 사법상의
jurisprudence	[+'knowing'] 법학
jurisdiction	사법권
jurist	법학자
jury	배심원
injure	['not'+] 해치다, 상하게 하다
injury	부상
abjure	['away'+'swear'] 포기하다
adjure	['to'+'swear'] 명하다
conjure	['with'+'swear'] 상기시키다, 간청하다, 마법을 걸다
perjury	위증
judge	['law'+'say'] 판사

Justitia

PIE root **yewes* 'law'
Latin → *jural, jurist, jury, abjure, adjure, conjure, injury, juridical, jurisconsult, jurisdiction, jurisprudence, nonjuror, objurgate, perjure, just, judge*

R-전환(Rhotacism)

opus '작품'~ operation '작용', rustic '시골의'~ rural '시골의', oscillate '진동하다'~ oracle '신탁'에서처럼 자음 s가 모음 사이에서 (z로 변했다가) r음으로 전환되는 현상을 R-전환(Rhotacism)이라고 한다.

친구
FRIEND, COMPANY, MATE, FELLOW

friend, companion, mate, fellow는 모두 '친구, 동료'를 가리키는데, 이들의 어원적 의미에는 '사랑' 뿐만 아니라 '음식'이나 '돈'이 관련된다. 이제 이 어휘들 각각의 어근 및 관련 어휘들을 살펴보자.

사랑
FREE, FRIEND, AFRAID

**prī-* 'to love[사랑하다]'

'친구'하면 friend가 가장 먼저 떠오를 텐데, '친구'란 '친애[親愛]'하는 사이이다. 북게르만 신화에서 결혼과 가정의 여신인 Frigga[프리그][57]와 '프리그의 날'을 의미하는 Friday[금요일]도 '사랑'이라는 어근 의미를 포함한다. 또한 다음 어휘에서 보듯이 '사랑'의 의미는 '자유'와 '평화'로까지 확장되었다.

free	자유로운
freebooter	약탈자
filibuster	['free'+'booty'] 약탈하다, 의사진행을 방해하다
afraid	[*ex-* 'out'+'peace'] 두려워하는
affray	[*ex-* 'out'+'peace'] 싸움, 난투

57) 로마신화에서는 비너스(Venus)이고 그리스 신화에서는 아프로디테(Aphrodites)에 해당한다.

인명인 Geoffrey[제프리], Siegfried[지그프리트], Frederick[프레더릭]에도 '평화'라는 의미가 담겨 있다.

PIE root **prī* 'to love'
Germanic → *friend, free, filibuster, freebooter, Siegfried, Frigg, Friday*
Germanic+Latin → *affray, afraid*

양육

FOOD, FEED, FUR, COMPANY, PASTOR, PASTURE

**pā-* 'to feed[먹이다]'

인구어 어근 **pā-*[먹이다]는 '양식' 뿐만 아니라 '양육'과 '보호'의 의미와도 연결된다.

- 라틴어 어근 *pan, past* '양식, 양육, 보호':

라틴어 *com-*[함께]과 *panis*[양식, 빵]가 결합된 company[친구]나 companion[친구]은 문자 그대로 양식을 같이 하는 '빵 친구, 식사 동료'에서 '친구'나 '동료'로 의미가 일반화되었다.

antipasto[전채요리], pantry[식료품 저장실], repast[식사]의 주요 어근에 '음식'의 의미가 담겨있음을 알 수 있다. pastor[목사]는 양을 먹이고 보호하는 양치기로 비유한 것이고, pasture[목장]는 가축을 치는 장소이다.

- *p > f로 그림의 법칙을 겪은 영어 동족어:

영어 고유어 feed[먹이다], foster[기르다], food[음식], fodder[사료], forage[사료]도 '양식'과 '양육'의 의미를 갖고, 가축 따위를 잘 키운다는 것은 '보호'의 의미도 포함되어 있다. 동물의 털이 약한 피부를 덮어 보호하는 기능이 있으니 fur[모피]나 furrier[모피상]의 '털'은 '보호'의 의미에서 확장된 것을 알 수 있다.

PIE root *pā 'to feed'
Germanic → *fodder, forage, foray, fur, furrier, food, feed, foster*
Latin → *pasture, antipasto, repast, pastern, pastor, panada, panocha, pantry, pastille, penuche, appanage, companion, company*

음식

MATE, MEAT

**mad-* 'moist, wet[젖은]'

영어 고유어 mate[친구, 짝]도 companion과 마찬가지로 원래는 음식을 함께 먹는 '식사 동료'를 뜻하며 '음식'이라는 의미를 포함한다. 관련어 meat[고기]의 의미는 meat and drink[먹을 것과 마실 것]이라는 표현에서처럼 원래는 '음식'이었지만 지금은 그 의미가 축소되어 '고기'가 되었다. 돼지 사료인 *mast*[떡갈나무 열매]도 *mad-에서 파생된 것으로 보인다. '젖은' > '시든, 기죽은' > '둔한' > '무광의'로 의미가 발달한 mat(matt, matte)도 있다.

PIE root *mad- 'moist, wet'
Germanic → *meat, mate, mast*
Latin → *mat, matt, matte*

가축

FELLOW, PECULIAR, FEE

*peku- 'cattle[가축]'

소유하고 있는 가축은 바로 재산이자 돈과 같다. 인구어 어근 **peku-*['cattle']와 **legh-*['to lay, lie']의 결합에서 유래된 fellow[친구]는 '돈을 함께 투자하는 사람'이라는 의미였다.

PIE root *peku 'cattle', 'property'	
Germanic	→ *fellow, fee, fief, feudal*
Latin	→ *pecuniary, impecunious, peculate, peculiar*

젤리

GELATIN, JELLY, GLACIER, COLD

*gel- 'cold, to freeze[얼다]'

다음 어휘들은 얼음처럼 차갑고, 춥고, 얼고, 응고되는 이미지를 갖는다.

glace	얼린, 설탕에 절인
glacial	빙하의
glaciate	얼리다
glacier	빙하
congeal	응결시키다
gel	겔
gelatin(e)	젤라틴
gelato	젤라토

gelid	얼음 같은
jell	굳어지다
jelly	젤리

영어 고유어 cold[추운]와 cool[시원한] (*g > k), chill[냉기]도 어원적으로 위의 어휘들과 관련된다.

PIE root *gel* ‘cold, to freeze’
Germanic → *chill, cold, cool*
Latin → *gelatin, gelation, jelly, congeal, gelid, glacial, glaciate, glacier*

먹다

EAT, EDIBLE, OBESE

*ed- ‘to eat[먹다]’

*ed~es*는 ‘먹다’를 의미하는 어근 형태소이다. ‘together’에서 강조의 의미로 발달한 접두사 *com*-과 *es*-가 결합된 comestible은 ‘먹을 수 있는’을 의미한다. obese[*ob*-‘intensive’+‘eat’] [살찐]는 다 먹어치우니 ‘살찐, 뚱뚱한’의 의미를 갖는다. 먹는 것과 관련된 다음 어휘들도 참고하자.

edacious	대식하는
edible	식용의
esculent	먹을 수 있는, 야채
esurient	탐욕스러운, 굶주린
etch	에칭하다

ort	음식찌꺼기
postprandial	식후의
prandial	['early, first'+'eat'] 식사의, 정찬의

PIE root **ed* 'eat'
Germanic → *eat, etch, ort, fret, frass*
Latin → *edible, edacious, esculent, esurient, comedo, comestible, obese, prandial*

포식하다
DEVOUR, CARNIVORE, GORGE, GURGE

$*g^w$*ora*- $*g^w$*era*- 'food, devouring[음식, 게걸스레먹는]'

우리는 음식을 목을 통해 넘기고 삼킨다. 음식이 넘어가는 통로인 목구멍은 협곡[峽谷]처럼 생겼고, 음식은 목을 통해 소용돌이의 형상으로 내려간다.

devour[게걸스럽게 먹다], voracious[폭식하는], locavore[국내산 식품만 먹는 사람], carnivorous[육식의], herbivorous[초식의], insectivorous[식충성의], omnivorous[잡식성의][58] 등은 모두 먹고 삼키는 것과 관련된 어휘들이다. devour['down'+'to swallow'] 와 voracious는 '폭식'과 '탐식'의 의미를 갖는다. locavore는 자신이 거주하는 지역에서 재배한 지역 음식인 로컬 푸드를 소비하는 트렌드나 사람을 일컫는다. 그렇다면 *carni*[고기], *herbi*[풀], *insect*[곤충], *omni*[모든 것]가 결합된 어휘들의 의미는 매우 쉽게 이해될 것이다.

gorge[포식하다, 골짜기]와 gurge[소용돌이]는 $*g^w$*ora*-의 중첩된 형태에서 발달하

58) 라틴어 *vorāre* '삼키다'.

였는데 각각 '목구멍, 협곡', '소용돌이'의 의미를 갖는다. '목(구멍)'은 음식을 삼키는 통로이고 그 생김새는 골짜기, 협곡과 유사하다. 이런 점에서 gorge는 '포식하다'의 의미 이외에 '목구멍, 협곡'의 의미를 갖는다. 또한 gurge[소용돌이]도 삼킨 음식이 목구멍을 통해 내려가는 모습이나 골짜기에 발생하는 바람 등을 생각하면 '소용돌이'의 의미가 바로 이해된다.

'정말 멋지다'라고 칭찬할 때 It's gorgeous!라는 말을 하는데, gorgeous[아주 멋진]는 원래 '목'을 장식하는 '목걸이'와 같은 장신구에서 '아름답다, 멋지다'라는 뜻으로 확장된 것으로 추정된다. gorget[고지트] 역시 '목'과 관련된 어휘로 턱과 목을 가리는 중세 여성의 목가리개나 목을 가리는 갑옷을 의미한다.

> PIE root *g^wora~ *g^wera 'food, devouring'
> Latin → *carnivore, devour, herbivore, insectivore, locavore, omnivore, voracious, gorge, gurge, gorgeous*

식도

ESOPHAGUS, BACTERIOPHAGE

bhag- 'to share out[배분하다], to get a share[몫을 갖다]'

원래는 '음식의 몫을 나누어 갖다'의 의미에서 '먹다'를 뜻하게 된 그리스어 어근 *phag*는 다음과 같은 어휘를 구성한다.

aphagia	['not'+'eat'] 무섭식증
macrophage	['large'+'eater'] 대식세포

bacteriophage	['bacteria'+'eater'] 살균바이러스
esophagus	['carry'+'eat'] 식도
sarcophagus	['flesh'+'eat'] 석관(石棺)

PIE root **bhag* 'to share out, to get a share'
Greek → *aphagia, esophagus, sarcophagus, bacteriophage, macrophage*

마시다

SYMPOSIUM, POTION

**pō*(*i*)- 'to drink[마시다]'

우리가 통상 '토론회'로 알고 있는 symposium은 원래 음주가 곁들인 향연이었다. symposium은 *syn-*['together']과 *pino*['drink']가 결합된 어휘이다. 고대 그리스인들은 저녁 후에 주연[酒宴, symposium]을 즐겼다. 술을 마시며 춤과 음악을 즐기며 학술적이고 지적인 대화나 토론을 하며 즐긴 것에서 지금의 의미로 확장된 것이다.

- 라틴어 어원:

poison	독
potable	음료로 적합한
potation	음주
potion	물약
bever	음료, 술 > 가벼운 식사
beer	맥주
beverage	음료

bib	홀짝홀짝 마시다 > 턱받이
bibulous	술꾼의
imbibe	마시다
imbrue	물들이다

PIE root **pō(i)* 'to drink'
Latin → *potable, potation, potatory, poison, potion, beer, beverage, bib, bibulous, imbibe, imbrue*
Greek → *symposium*

'좌담회', '회의'와 관련된 어휘로 conference[회담], convention[회의], colloquium[학회]등도 참조해보자.

씨리얼

CEREAL, CREATE, CONCRETE, CRESCENT, INCREASE

**ker-* 'to grow[자라다]'

대지에 곡물의 씨를 뿌리면 싹이 터 나오고 곡식은 자라나고 번성하게 된다. 다음 어휘들에서 보듯이 새로운 것을 만드는 개념이나 곡식을 잘 자라게 도와주는 여신 모두 이 어근과 관련된다.[59)]

create	창조하다
cereal	곡물
Ceres	로마신화에서 농업의 여신인 케레스

59) 라틴어 *crescere.*

increase[늘다], crescent[초승달], crescendo[점점 세게]는 자라나고 커지는 이미지를 갖는다. 생물은 자라면서 크기가 커지고 몸통도 커진다. 초승달도 점점 보름달을 향해 커간다. 음악소리도 커진다.

concrete['together'+'grown']는 굳어서 고체가 되면서 모양이 생기고 그래서 '구체적'이라는 의미가 발생한 것이다.[60]

> PIE root **ker* 'to grow'
> Latin → *cereal, Ceres, create, Creole, procreate, crescendo, crescent, accrue, concrete, decrease, excrescence, increase, recruit, sincere*

모교

ALMA MATER, ABOLISH, ADULT, ADOLESCENT, ALIMENT, ALTO, PROLETARIAN

**al-*$_2$ 'to grow, to nourish[자라다, 기르다]' **māter* 'mother[엄마]'

Alma Mater는 라틴어 *almus*의 여성형 *alma*[기르는]와 *mater*[엄마]가 결합된 어휘로 '모교'를 의미한다. *al*은 *ol*과 *ul*의 이형태를 갖는데 abolish[폐지하다], adolescent[청년, 젊은], adult[성인], aliment[음식물], alimony[이혼수당], 여성 이름 Alma도 모두 '성장'과 '양육'이라는 중심의미를 지닌다. *ol*[자라다]에 접두사 *ab-*['off, away from'[61]]이 결합된 abolish는 '자라지 못하게 막다'에서 '폐지하다, 파괴하다'의 의미를 지니게 되었다. *ol*에 '지향'의 의미를 갖는 접두사 *ad-*['to']와 현재 분사형 어미[ending] *-scent*가 결합된 adolescent는 아직

60) 콘크리트 양생(養生) 과정 참조.

61) 영어 전치사 from도 '분리' 이외에 '억제, 방지'의 의미도 있다.

'자라고 있는[growing]', '청년'이나 '젊음'의 의미를 갖는다. 반대로 *ad-*['to']+*ul*에 과거 분사형 어미 *-t*가 붙은 adult는 이미 다 '자란[grown up]', '성인'을 의미하게 된다. '음식물, 양분, 부양'의 의미는 aliment[음식]와 alimony[부양비]에 포함되어 있다.

식물이나 동물이 자라면서 키가 커지고 높아지는 이치에서 다음 어휘에서 라틴어 어근 *alt*는 '성장'에서 '높이'의 의미로 발달한 것을 보여준다. alto는 원래 남자의 높은 음역을 의미했지만, 지금은 보통 여성의 낮은 음역을 의미한다.

alt	('high tone' >) 알토의
alto	알토
exalt	['out'+'high'] 높이다
enhance	['in'+'high'] 높이다
altimeter	고도계
altitude	높이, 고도
haughty	거만한

**al-*$_2$에 접두사 **pro-*['forth']가 붙은 **pro-al*[자식]에서 발달한 라틴어 어근 *prol*[62]을 다음 어휘들에서 살펴보자.

proletarian	['offspring'] 무산계급
proliferate	['offspring'+'bear'] 증식하다
prolific	['offspring'+'make'] 다산의

proletarian[무산계급]은 고대 로마시기에 가진 것이라고는 자식밖에 없

62) 라틴어 *prōlēs* '자식'.

을 정도로 너무 곤궁하여 국가 의무인 세금과 군대를 면제받았던 하위 극빈층을 가리켰다. 라틴어 어근 *prol*자식과 *fer*품다, 나르다가 결합된 proliferate는 '증식하다'를 의미하고, *fic*만들다이 결합된 prolific은 '다산多産의'를 뜻한다.

PIE root *al_2 'to grow, nourish'
    Germanic → *alderman, old, elder, eldest*
    Latin → *alt, alto, haughty, altimeter, altitude, enhance, exalt, alma mater, adolescent, adult, aliment, alimony, alumnus, coalesce, abolish, proletarian, proliferous, prolific*

다음은 '빛'의 의미를 지닌 여러 어근과 이들로부터 파생된 어휘들로, '빛'과 '비추다'라는 기본 의미가 '태양', '날', '낮', '즐거움', '신', '백색', '동쪽', '남쪽', '표시', '환상', '달', '계몽', '이해' 등 다양한 의미로 확장되는 것을 보여준다.

해, 낮, 날

DAY, DIAL, DIARY, DEITY, DIANA, JOURNAL, JOURNEY, SOJOURN, JULY, JUPITER, TUESDAY

**dyeu-* 'to shine비추다', **deiwos-* 'god신'

**dyeu-*의 '빛'은 '태양', '날', '낮', '즐거움', '신' 등의 다의성을 갖는다. 한자어 日날, 일은 '태양'도 의미하고 '날'도 의미하는데, 이러한 다의성은 영어 어휘에서도 동일하게 나타난다.[63] 먼저, '날'이나 '낮'으로

63) 日 '날, 일'에 태양의 광선을 나타내는 표시 ´가 덧붙은 글자가 白(하양)인데, 태

해석되는 어휘들에서 하루 동안 혹은 낮 동안 벌어지는 행위에서 어떤 의미들이 함축적으로 생겨나 새로운 의미로 발달했는지 살펴보자.

per diem, *per* day, a day 모두 하루 단위나 일당의 의미를 갖는다. diurnal은 '낮의', '주행성의' 의미를 갖고, dial[다이얼]은 지금과 달리 원래는 '해시계'를 의미했었다. diary[일기]도 원래는 '일당'을 의미했는데 지금은 하루를 기록하는 '일기'의 의미로 변했다. 비슷한 의미의 journal[일기, 신문]은 프랑스어에서 차용된 어휘이다. adjourn[*ad*-'to'+'day'] 의 의미 '연기하다, 휴정하다'는 원래 '(다른) 날로 옮기다'에서 발달하였다. 문자 그대로 'middle of the day[한낮]'인 meridian은 '자오선, 정오, 최고점, 전성기' 등의 의미를 갖는다.

'bad/evil days'를 의미하는 dismal['days'+'bad'] 은 첫번째 의미 요소인 '날'은 사라지고 두 번째 의미 요소만 남아 '음침한, 우울한'의 의미가 되었다. '국회, 의회' 또는 '회기'를 의미하는 diet[64]도 원래는 '일과[日課]'와 정치 및 종교적 '회합'이라는 의미에서 발달하였다. 매일 함께 모여 직무를 한다는 의미에서 '모임'의 의미만이 강화된 것 같다. 사람은 대개 밤에 쉬고 낮에 길을 이동하고 일정을 진행하기에 journey가 '여행'이라는 의미를 얻게 되었다고 할 수 있다. sojourn은 '하루를 보내다'라는 의미에서 '묵다, 체류하다'로 확장되었다.

둘째, '빛'은 '신'으로 의미가 확장된다:

양이 온 세상을 환히 비추어 '하얗게' 만든다는 것을 생각하면 이 글자의 형성 원리가 이해될 것이다. 영어에서도 '태양 빛'이 '백색'의 의미로 발달한 것을 보면, '해' > '비추다' > '백색'의 의미 전이는 보편적인 현상으로 한국어 '희다, 햐얗다'도 '해'에서 파생되었다고 미뤄볼 수 있다.

64) 동음이의어 diet '식습관, 다이어트' 비교.

deity	신
deific	신격화하는
deism[65]	자연신론
divine	신의
Dis	저승의 신
Deva	천신
Diana	달의 여신

diva도 원래 '여신'에서 '주연 여가수'의 의미가 되었다. *adieu*와 *adios*는 각각 프랑스어와 스페인어 차용어로 'to'를 뜻하는 *ad*-와 결합하여 '신에게'를 의미했지만 지금은 '안녕'이라는 작별 인사로 의미가 변했다. Jove주피터, Jupiter주피터, Zeus제우스신는 모두 동일한 신으로 '최고의 신'을 의미한다. 이들로부터 유래된 고유명사 Julia, Juliet, Julius와 '7월'의 July도 모두 원래 '빛'의 의미를 품고 있는 것이다. '화요일'인 Tuesday는 게르만족의 신인 'Tue(Tiw)의 날'을 의미했다.

마지막으로 Jove와 관련된 jovial유쾌한에서 보듯이 '빛'은 '즐거움'의 의미와도 관련된다.[66]

PIE root **dyeu* 'shine', **deiwos* 'god'
Germanic → *day, Tuesday*
Latin → *dial, diary, dismal, meridian, diurnal, journal, diva, Diana, divine, deity, Jupiter, Jove, jovial, Julia*
Greek → *diet, Zeus*

---

65) 세상은 신이 창조한 것이지만 세상의 운용에는 관여하지 않고 자연 자체의 법칙에 따라 세상이 움직인다고 보는 18세기의 사상.

66) '빛나다'는 의미를 갖는 어휘 beaming도 '기쁨에 넘쳐 있다'는 의미가 있다. 한국어에도 '얼굴이 밝다, 얼굴에서 빛이 나다'라는 것은 단순히 안색을 의미하는 것이 아니다. 기쁨이라는 감정을 빛으로 이해하고 표현하는 것은 문화적으로나 언어적으로 보편적인 은유 현상이다.

양초

CANDLE, CANDIDATE, CANDID, CHANDELIER, CHANDLER

**kand-*, **kend-* 'to shine'

라틴어 어근 cand^'to shine, to glow'^이 포함된 다음 어휘들의 의미를 하나씩 풀어가 보자.

- incandescent '빛나는, 열의에 불타는': 물리적으로 강렬한 빛은 비유적으로 열정적이고 강렬한 감정을 의미하게 된다.
- incendiary '방화의, 선동적인': 1차적 의미인 '불을 지르다'는 은유적으로 확장되어 어떤 행위의 불을 지피는 '선동'의 의미가 된다.
- $incense_1$ '향, 향을 피우다', $incense_2$ '몹시 화나게 하다': incense는 두 의미가 있는데 서로 같은 어원을 공유함을 알 수 있다. $incense_1$는 문자 그대로 불에 태워 향을 피우는 것이다. 그리고 사람들은 흔히 '분노'라는 감정을 '불'로 표현한다. 물건이 아닌 사람의 마음에 불을 지르니 $insense_2$의 '분노'의 의미는 금세 이해가 된다.
- candid '흰, 순결한' > '솔직한': candid는 원래 '희고 순결한' 것을 의미했었고, 지금은 '솔직한' 것을 의미한다. 어둠과 달리 빛은 '희고 깨끗하고 순결한'이라는 의미와 관련된다. 또한 환한 백주 대낮에는 가림과 숨김이 없이 모든 것이 다 드러나는 법이다.
- candidate '후보자', candidacy '입후보': candidate과 candidacy엔 '흰색의 의복'이라는 의미가 담겨 있다. 고대 로마에서 공직에 출마하는 후보자는 순결과 선함을 상징하는 흰색 토가를 입었던 것에서 비롯된 어휘이다.

- candle '양초', chandler '양초 제조 판매자', chandelier '샹델리에': 이 세 어휘는 모두 빛을 밝히는 물건과 관련이 있다.

PIE root **kand~ *kend* 'to shine'	
Latin	→ *candelabrum, candent, candescence, candid, candida, candle, candor, incandesce, incendiary, incense, frankincense, candidacy, candidate*

금[金]

GLITTER, GOLD, GLEAM, GLIDE, GLIB

**ghel-* 'to shine'

원시인구어 어근 **ghel-*[비추다]은 *gl-*로 시작하는 많은 영어 어휘에 자취가 남아 있는데, 원래 '빛'과 관련된 의미에서 '밝은 색(노랑과 황록색)', '황록색의 담즙', '빛나고 밝은 색을 지닌 금속, 금', '광택', '유리처럼 매끈함', '활주', '유창함', '즐거운 감정', '불빛', '눈빛' 등 다양한 의미로 나타난다.

다음 어휘 그룹은 모두 '빛나고, 반짝이다'라는 기본적인 의미를 갖는다. 빛나는 것도 강도의 세기, 순간성, 반복성에 따라 다양한 종류의 빛으로 분화될 수 있다.

gleam	희미하게 빛나다
glimmer	희미하게 깜박이다
glisten	반짝이다, 번들거리다
glister	반짝반짝 빛나다
glitter	반짝반짝 빛나다, 번들거리다

glint	반짝거리다, 번득이다
gloaming	땅거미, 희미한 빛
glow	빨갛게 빛나다, 타다

yellow, gold[금], gild[도금하다]와 gall[담즙]은 '빛'과 관련된 '황색'이나 '엷은 황록색'과 관련된다.[67] 그리스어 차용어 Chloe[여성 이름]와 chloride[염화물], chlorine[염소], chlorophyll[엽록소] 등에 들어 있는 *chlor*도 빛과 관련된 '황록색'의 의미가 있다.

다음 어휘 그룹은 '불빛'이 '눈빛'으로 은유화된 것이다. '등불'은 '눈'이 되고 그 빛이 향하는 광선이 우리의 눈이 향하는 시선으로 이해된 것이다. 물론 광선의 강도나 지속 정도가 시선에서도 적용된다. 예를 들어, 원래 빛이 희미하게 번쩍이는 것을 의미하는 glimpse[흘끗 봄]는 흘끗 쳐다보고, 더 나아가 대충 알아채는 의미로 발달했는데, 빛의 희미한 강도가 희미한 시선, 희미한 이해의 의미로 은유화된 것을 보여준다. 반면 빛의 강도가 센 glare나 glower는 바라보는 강도도 세서 '노려보다'의 의미를 지닌다.

glim	등불, 눈
glimpse	희미한 번쩍임, 흘끗 봄, 어렴풋이 알아챔
glance	섬광, 힐끗 보다
gloat	혼자 빙글거리다
glare	눈부시게 빛나다, 노려보다
glower	빛나다, 노려보다

'얼굴에서 빛이 난다'라는 한국어 표현과 You are beaming이라는 영

67) 고대영어 *geolu, geolwe* > yellow.

어 표현이 있듯이 빛은 기쁨의 의미를 갖게 된다. glad[기쁜]와 glee[기쁨]의 '기쁨'의 의미는 '빛'에서 나온 것이다.

'빛'의 의미는 '광택'과 '매끄러움'으로 확장되어 glass[유리]와 glaze[광내다,] glide[활주]뿐만 아니라 말을 매끄럽게 잘한다는 의미의 glib[유창한]을 설명할 수 있다.

PIE root **ghel* 'to shine'
  Germanic → *yellow, gold, gild, guilder, gowan, gall, gleam, glimpse, glimmer, glint, glitter, glitz, glisten, glister, glass, glaze, glazier, glare, gloss, glance, glad, glee, glow, glower, gloat, gloaming, glide, glissade, glitch, glib*
  Greek → *chloro-, chole-, choler, cholera, acholia, melancholy*

오스트리아, 오스트레일리아

AUSTRIA, AURORA, EAST, EASTER, EOS, AUSTRALOPITHECUS, AUSTRALIA

**aus-* 'to shine, dawn[비추다, 새벽]'

'새벽의 빛', '여명'을 뜻하는 어근 **aus-*는 '동쪽' 뿐만 아니라 '남쪽'의 의미로도 확장되었다.

그리스 신화에서 여명의 여신인 Eos[에오스]가 로마신화에서는 Aurora[오로라]로 불린다. 소문자 aurora는 '오로라, 여명'이다. Austria는 '동쪽에 있는 왕국, 영토'라는 독일어 Österreich의 라틴어식 표현이었다. 게르만어인 east는 '동트는 쪽'이고 지금은 '부활절'로 알려진 Easter 역시 '동쪽'과 관련되고, 소문자 easter는 '동풍'을 의미한다.

해가 뜨는 곳이 동쪽이라면 해가 계속 비추고 있는 곳은 '남쪽'이다.

Australopithecus[오스트랄로피테쿠스]는 라틴어 australis[남쪽]와 그리스어 pithekos [원숭이]가 결합된 어휘로 **남**아프리카공화국에서 발견된 화석인류를 지칭한다. **Austra**ilia[호주]도 지구의 **남**반구에 있는 곳이라는 것이 금세 짐작된다.

PIE root **aus* 'shine, dawn'	
Germanic	→ *east, easter, ostmark, Ostrogoth*
Latin	→ *aurora, Aurora, Austria, Australia*
Greek	→ *Eos*

깃발, 유령

BANNER, FANTASIA, PHANTOM, PHOTOGRAPH

**bhā-*$_1$ 'to shine'

물건에 빛을 비추면 모습이 나타나고 다 보이게 된다. 어근 **bhā-*는 형상이 나타나고, 보이고, 또한 이를 보여주기 위한 '신호'나 '표시'의 의미를 가진다.

- 영어 고유어

banner[깃발]나 beacon[횃불, 봉화]은 어떤 정보를 시각적으로 전달하는 '신호'이고, beckon[신호하다]도 손짓이나 몸짓으로 신호를 보내는 것이고, buoy[부표]는 물에 띄워 정보를 표시하는 부표[浮標]이다.

- 그리스어 > 라틴어 유래

'빛'이 있으면 '형상, 이미지'가 나타나 보이게 된다.

fantasia 환상곡
fantastic 환상적인
fantasy 환상
phantasm, fantasm 환상, 유령
phantom, fantom 환상, 유령
phenomenon 현상
phase 양상, 단계
epiphany 예수 공현

식물이 빛 에너지를 이용하여 이산화탄소와 수분으로 유기물을 합성하는 것을 뜻하는 photosynthesis[광합성]와 '빛의 기록'이라는 원뜻의 photography[사진촬영]에 들어 있는 어근 photo[빛]도 기억하자.

PIE root *bhā$_1$ 'to shine'
Germanic → *beacon, beckon, buoy, banderilla, banderole, banner, banneret*
Greek → *phos-, phot-, fantasy, phantasm, phantom, phase, phenomenon, emphasis, sycophant, theophany, epiphany, tiffany, phosphene*

표백

BLAZE, BLANK, BLANKET, BLANCH, BLEACH, MONT BLANC, BLACK

**bhel-*$_1$ 'to shine, flash, burn[비추다, 번쩍이다, 태우다]', 'white[백색]'

blaze[불길]는 '불타다'의 의미가 있는 반면, blank[빈칸, 공백], blanket[담요], blanch[희게하다, 데치다], bleach[표백하다], Mont Blanc[몽블랑]은 모두 '백색'의 의미를 갖는다. '담요'의 blanket은 예전에 **흰색**의 리넨으로 만들어졌기 때문이고, '빈 공간'을 뜻하는 blank는 당연히 **하얀** 공간으로 언제든 채워질 곳이다. 그러나 '흰색'이 아닌 '검은색'의 black도 아이러니하지만 서로 같은 조상을 갖는다. 불이 타오르면 빛이 나고, 환해지고 **하얗게** 되지만, 타버리고 나면 결국 **검은** 재로 남는다는 경험에서 '백색'과 '흑색'의 의미가 공존할 수 있다.

한편 '백색'은 '뚜렷하지 않은 색조, 창백함, 섞여서 흐릿함, 얼룩짐'의 의미까지도 확장된 것 같다.

bleak	황량한, 창백한
blemish	결점, 더럽히다
blend	섞다
blind	눈먼
blond	금발의
blue	푸른, 우울한
purblind	시력이 흐린

*bhel-$_1$[빛]에서 기원한 라틴어와 그리스어 어휘에서 '불'의 의미가 어떻게 발전되었는지 확인해보자.

flame

flame	불꽃
flagrant	불타는, 극악무도한
flambeau	횃불
flamboyant	화려한
flamingo	홍학
fulminate	폭발하다, 호통하다

flambeau

inflame	불을 붙이다, 흥분시키다
inflammation	점화, 염증
phlegm	가래, 침착성

PIE root *bhel₁ 'to shine, flash, burn, white, bright colors'
Germanic → *blue, bleach, bleak, blaze, blemish, blind, blindfold, purblind, blend, blond, blench, blanch, blank, blanket, blush, black*
Latin → *fulgent, fulgurate, effulgent, refulgent, fulminate, flagrant, conflagration, flavo-, flavin, flavone, flambeau, flamboyant, flame, flamingo, flammable, inflame*
Greek → *phlegm, phlegmatic, Phlegethon*

달

LIGHT, LUNATIC, LUCY, LUCIFER, LEUKEMIA

**leuk-* 'shine, light, brightness[비추다, 빛, 밝음]'

라틴어 *lūmen*[빛], *lucēre*[비추다], *lustrāre*[밝게 하다], *lūna*[달]과 그리스어 *leukos*[백색], 고유어 light는 모두 원시인구어 어근 **leuk-*로부터 파생되었다. 각 라틴어 어근의 의미를 중심으로 어휘들을 모아보면 다음과 같다.

1. 라틴어 어근 *lun*은 '달'을 의미한다.

Lunarian	달나라 사람, 달 연구자
lunate	초승달 모양의
lunation	태음월(太陰月)
lunette	초승달 모양의 물건
sublunary	달 아래의

lunatic

demilune	['1/2'+'moon'] 반달
Luna	달의 여신
lunar	달의
lune	달, 반달 모양의
loony	미친
lunatic	미친

서양에서는 낮을 밝히는 '태양'이 긍정적인 개념이라면 태양의 반대편에서 밤에 뜨는 '달'은 부정적인 개념을 갖는다. 우리가 보름달에 대한 시각이 둥글고 따뜻한 이미지인 반면, 서양에서는 '불길함'이나 '광기'와 연결된다. 서양 영화에서 보름달이 뜨면 늑대가 울부짖고 공포스러운 장면이 등장하는 것을 보았을 것이다. 보름달이 뜨면 밖이 환해서 잠을 못 자게 되어 결국 '정신이상'과 관련되는 것은 아닐까. 더구나 늘 같은 모양의 태양과 달리 주기적으로 변덕스럽게 변하는 달의 모습처럼 사람의 기분이 불안정하게 변한다고 생각했을지도 모른다.

2. 라틴어 어근 *lumen~lumin~lum*의 의미는 원래 '빛'과 '밝음'인데, '명료함, 해석, 이해, 계몽' 등의 의미로 확장되었다. 빛을 통해 우리는 사물의 구체적인 형상 면면을 밝혀서 파악하고 이해한다. 또한 bright라는 영어 어휘가 '빛이 밝다'라는 뜻도 있지만 '똑똑하다'라는 의미로도 쓰이는 것처럼 '총명'의 의미도 갖는다.

lumen	광속의 단위
luminescence	발광
allumette	[*ad*- 'to'+'to shine'] 성냥
illuminometer	조명계

luminary	발광체 > 선각자, 지도자
illuminate	비추다 > 계몽하다 (밝혀) 설명하다
luminous	빛을 내는 > 명백한, 명료한, 총명한
illuminati	자칭 도통했다고 하는 사람

3. '빛'을 뜻하는 라틴어 어근 *luc* 역시 '계몽, 설명, 이해, 총명' 등의 의미와 관련된다.

lucifugous	['light' + 'flee'] 햇빛을 피하는
lux	조도
lucent	빛나는, 투명한
Lucifer	샛별, 악마
elucidate	['out'+] 밝히다 > 설명하다
luciferous	빛나는 > 계몽하는
luculent	선명한, 빛나는 > 명료한, 명백한
lucid	빛나는> 명쾌한, 명석한
pellucid	['across'+] 투명한 > 명료한, 명석한
translucent	['across'+] 반투명한 > 명쾌한
Lucy	여성이름

4. illustrate[예를 들어 밝히다], luster[광채, 명예]에서처럼 라틴어 어근 *lustr~lust*[빛]는 '설명, 해설' 뿐만 아니라 '명예'와도 연결됨을 보여준다.

5. leukemia['white'+'blood'+'disease'] 백혈병]에서처럼 그리스어 어근 *leuk*[빛]은 '백색'의 의미를 갖는다.

PIE root **leuk-* 'light, brightness'
Germanic → *light, lightning, lea, levin*
Latin → *luculent, lux, Lucifer, lucent, lucid, elucidate, noctiluca, pellucid, relucent, translucent, luminary, luminous, illuminate, limn, lumen, Luna, lunar, lunate, lunatic, lune, lunula, luster, illustrate*
Greek → *leukemia, link, lynx*

백색

WHITE, WHEAT, -WEISS

**kweit-, *kweid-* 'white, to shine'

wheat[밀]은 '하얀 것'으로 white와 관련된다. edelweiss는 '고귀한 백색'이라는 의미의 독일어 *Edelweiß*[noble+white] 의 차용어이다.

Edelweiss

PIE root **kweit~ *kweid* 'white, to shine'
Germanic → *white, Whitsunday, edelweiss, wheat*

앨범

ALBUM, ALBINO, ALBUMEN, ALBUQUERQUE

**albho-* 'white'

album[앨범], albino[백변종], albumen[알의 흰자위], '흰 떡갈나무[white oak]'를 의미하는 미국 뉴멕시코 주[New Mexico] 중부의 도시 이름인 Albuquerque, 그리고 발칸반도의 유고슬라비아와 그리스 중간에 있는 공화국인 Albania 모두 '백색'을 의미하는 *alb*를 품고 있는 어휘들이다.

album

PIE root **albho-* 'white'	
Latin	→ *abele, alb, albedo, albescent, albino, album, albumen, daub*

태양

SUN, SOUTH, SUSSEX, PARASOL, SOLAR, SOLSTICE, HELIOTROPE, HELIUM

**sāwel-* 'the sun[해]'

라틴어 *sol*, 그리스어 *heli*, 영어 sun은 모두 '태양'을 의미한다. 라틴어 어근 *sol*[태양]은 Sol[로마신화의 태양신], solarium[일광욕실], solar[태양의], insolate[햇빛에 쐬다],

parasol['defense'+'sun'] 양산과 같은 어휘를 구성한다. solstice['sun'+'stand'] 하지, 동지는 태양이 적도에서 멀어져 북쪽과 남쪽으로 치우쳐 계속 서있는 것을 의미한다. 북반구에서 하지는 summer solstice이고 동지는 winter solstice이다. 그리스어 동족어 *heli*는 heliocentric태양중심의, helium헬륨[68], heliolatry태양 숭배 등에 포함되어 있다. *peri-*near와 *heli*가 결합한 perihelion은 태양계의 천체가 태양에 가장 가까워지는 위치인 '근일점'을 의미하는 반면, *apo-*away, apart가 붙은 aphelion은 태양에서 가장 멀리 떨어진 위치인 '원일점'을 의미한다.

라틴어 유래어 girasole해바라기은 또 다른 말로 sunflower인데 '회전'을 의미하는 *gyre*와 '태양'을 의미하는 *sol*이 결합된 어휘로서, 말 그대로 '해를 따라 도는' 꽃이다. 이와 문자적으로 동일한 의미를 갖는 그리스어 차용어 heliotrope도 해를 따라 도는 '향일성 식물'을 의미한다.

고유어 sun과, 태양이 비추는 방향을 의미하는 south남쪽, 앵글로색슨의 7왕국의 하나였던 Sussex서섹스에 모두 '해'의 의미가 포함되어 있다.

PIE root **sāwel* 'the sun'	
Germanic	→ *sun, sundew, Sunday, south, southern*
Latin	→ *Sol, solar, solarium, girasol, insolate, parasol, solstice, turnsole*
Greek	→ *helio-, helium, anthelion, aphelion, parhelion, perihelion*

68) helium은 1868년에 만들어진 신조어인데, 1868년 일식 때 태양 스펙트럼 상에서 발견된 원소를 그리스어를 따다 만들어졌다고 한다.

근원

ORIGIN, ABORIGINE, ABORT, ORIENT, RISE, ARISE, REAR, RAISE, HORMONE

*er- 'to move, to set in motion[움직이다, 움직이게 하다]'

원시인구어 어근 *er-의 '움직임'의 의미는 '일어남, 발생, 기원', '양육', '충동, 자극' 등의 의미로 분화되었다.

사물이나 동물이 일어나고 움직이게 되는 것은 사건이 시작된다는 의미와 연결되고, 해가 떠오르면 새로운 날이 시작된다. 그리고 해가 뜨는 쪽은 '동쪽'이 된다. 동서양을 막론하고 해가 뜨는 방향인 동쪽은 좋은 쪽이 된다. 그래서 우리는 동쪽을 바라보고 가급적 머리를 동쪽으로 두고 잔다. 물건 같은 것도 동쪽을 향해 두고자 한다. 이렇게 우리가 통상적으로 '지향'하는 방향은 해가 뜨는 쪽이다.

라틴어 *orīrī*[일어나다]의 어간 *or*는 우리에게 친숙한 많은 어휘에서 발견된다. orient는 해가 떠오르는 방향이라는 점에서 '해가 뜨는', '동쪽', '동양', '동쪽으로 향하다' 등의 의미가 되었고, 이어서 특별히 '동쪽'의 의미 없이 '-를 지향하게 하다'와 '-에 적응시키다'라는 의미로 더욱 발달하였다. oriental은 '동양인, 동양의'를 의미한다.

또한 origin[기원]과 original[최초의]은 해가 뜨면 하루가 시작되고, 만물이 일어나고 생기게 되니 행위의 '근원'이나 '시작', '발생'이라는 의미를 지니게 된다. 접두사 *ab-*['from']과 origin이 결합된 구절 *ab origine*[처음부터]과 (어느 지역에 처음부터 살아온) aborigine[원주민]에서 '시작, 처음'이라는 의미가 읽힌다. abort[유산하다]는 원래 공간적 '분리'를 갖는 *ab-*[from]이 '억제'의 의미로 해석되어 '발생을 막다'에서 '유산'의 의미가 발달한 것이다.[69]

---

69) keep from, prevent from에서 보듯이 영어 전치사 from도 '억제'의 의미가 있다.

고유어 rise[오르다]와 arise[일어나다], raise[올리다], rear[기르다]에서는 모두 '상승'의 이미지를 갖는다.

마지막으로 우리 몸이 잘 돌아가도록 (자극)하는 물질을 가리키는 그리스어 차용어 hormone[호르몬]도 무엇인가를 움직이게 하는 의미를 갖는 원시인구어 어근 **er*-에서 발달한 것임을 참고하자.

PIE root **er* 'to move, set in motion'
  Germanic → *are, art, earnest, rise, arise, rear, raise*
  Latin → *orient, origin, original, abort*
  Greek → *hormone*

하늘

SKY, WELKIN, HEAVEN, CLOUD, FIRMAMENT

*(*s*)*keu*- 'to cover, conceal[가리다]', **welg*- 'wet[젖은]', **kem*- 'to cover[가리다]'
**gleu*- 'lump[덩어리]', **dher*- 'to hold firmly, to support[단단히 붙들다, 지탱하다]'

'하늘'은 여러 어휘로 표현된다. 보통의 '하늘'은 sky이고 '하늘'을 좀 더 문학적으로 멋스럽게 쓰고 싶으면 welkin이나 firmament라 하고, '천국'의 의미가 있는 '하늘'은 heaven으로 표현한다.

그런데 sky와 welkin은 고대영어시기에는 '하늘'이 아니고 '구름'을 의미했다. sky는 원래 '구름'을 의미했고 14세기 이후에야 '하늘'이 되었다. welkin도 처음엔 '구름'이었고, '구름'은 '구름이 있는 곳'이 되었다가 나중에 '하늘'이 된 것이다.

cloud는 고대영어(*clūd*)에서 '구름'이 아니고 '언덕, 바위'를 의미하였다. 하늘에 떠있는 수증기 덩어리인 구름이 큰 바위처럼 생겨서 '구름'

을 비유적으로 '바위덩어리'라 지칭하게 된 것이다.

sky와 heaven의 '하늘'의 뜻은 모두 '덮다, 가리다'의 의미에서 시작되었다. 하늘을 덮고 있는 '구름'이 sky였고, heaven은 지구를 위에서 덮고 있는 '하늘, 천국'이었다.

라틴어 기원의 firmament[창공, 하늘]는 지구의 천장인 하늘이 강건한 구조라는 생각에서 나온 것 같다.

지금 '하늘'과 '구름'을 의미하는 어휘들의 의미 변화를 요약하면 다음과 같다.

- sky: *(*s*)*keu-* 덮다, 가리다 ⇒ 구름 > 구름 낀 곳 > 하늘
- heaven: **kem-* 덮다 ⇒ 하늘
- welkin: **welg-* 축축한 ⇒ 구름 > 하늘
- firmament: **dher-* 받치다, 단단히 붙들다 ⇒ 하늘
- cloud: **gleu-* 덩어리 ⇒ 바위 > 수증기 덩어리, 구름

이제 이들 원시인구어 어근에서 기원한 동족어들을 살펴보자.

1. *(*s*)*keu-* '덮다, 가리다'

'구름(> 하늘), 거품, 보호, 가죽, 세포' 등의 의미는 기본적으로 덮거나 가리는 것에서 비롯된다.

sky	(구름 >) 하늘
skim	(액체 위에 뜬 기름기 등을) 걷어 내다
skim-milk	지방을 걷어낸 우유
scum	거품, 인간쓰레기
obscure	[*ob-*'over'+*-scure* 'covered'] 어둑한, 흐릿한, 불명료한

custody	보호, 구속, 관리
cuticle	표피, 각피
hut[70)]	오두막
$hide_1$	덮다, 감추다
$hide_2$	짐승의 가죽
hose[71)]	과거에 남자들이 입던 몸에 딱 붙는 바지, 호스
hoard	비장(하다)
leucocyte	[‘white’+‘cell’] 백혈구
phagocyte	[‘eat’+‘cell’] 포식세포
cytemia	[‘cell’+‘blood’+‘disease’] 이세포혈증(異細胞血症)

2. **kem*- ‘덮다, 가리다’

chemise^슈미즈 드레스^와 camisole^캐미솔^는 몸을 덮는 의복을 뜻하는 어휘로 heaven과 동족어이다.

3. **welg*- ‘젖은’

‘구름’과 ‘하늘’을 뜻하는 고대영어 *weolcan*에서 발달한 welkin은 고어투의 문체에서 ‘하늘’을 의미한다. 어휘 wilt^시들다^도 동일한 어근 welg-에서 유래하였다.

4. **dher*- ‘단단히 붙들다’

원시인구어 어근 **dher*-에서 발달한 어휘 firm^단단한, 회사^과 farm^농장, 경작^은 서로 관련된다. 라틴어 *firma*^고정 지불금, 고정임대^ > 프랑스어 *ferme*^소작 계약, 소작지^에서 발달한 어휘로 의미에서 엿보이듯이 고정된 임대료를 내고

70) 그림의 법칙 *k > h 참조.

71) 아마도 스타킹의 모양과 호스의 모양이 유사한 데서 두 번째 ‘호스’라는 의미가 발달한 것으로 추정된다.

토지를 경작한다는 의미에서 '경작'과 '농장'의 의미가 발달한 것으로 추정된다. infirm은 부정접두사 in-이 붙어 '허약한'의 의미로 해석된다. confirm[확실히하다]과 affirm[확언하다]도 참조하자.

5. **gleu-* '덩어리'

'덩어리' 모양의 cloud는 clod[(흙)덩어리], clot[응혈]와 관련된 것으로 보인다.[72)]

그밖에 celestial[천상의]와 Urania, Uranus[천왕성], uranium[우라늄]에서도 '하늘'의 의미를 찾을 수 있다.

PIE root *(s)*keu* 'to cover'
Germanic → *sky, skim, scum, hide*$_1$, *hide*$_2$, *hose, hoard, hut, huddle*
Latin → *obscure, cutaneous, cuticle, cutis, cutin, custody*
Greek → *-cyte, cyto-*

PIE root **kem* 'to cover'
Germanic → *heaven, chemise*
Latin → *camisole*

PIE root **dher* 'to hold firmly, to support'
Latin → *farm, fermata, firm*$_1$, *firm*$_2$, *firmament, affirm, confirm, infirm, infirmary*
Greek → *throne*

PIE root **welg* 'wet'
Germanic → *welkin, wilt*

PIE root **gleu* 'lump'
Germanic → *cloud, clod, clot*

72) Online Etymology Dictionary에 따르면, cloud는 PIE 어근 **gleu-* '덩어리'에서 유래된 clod '흙덩어리'와 clot '엉긴 덩어리, 응혈'과 동족어이다. 또한 접착성이 있으면 서로 달라붙어 뭉쳐지게 된다는 점에서 clay '점토', glue '접착제', gluten '글루텐', glutinous '끈적끈적한', agglutinate '들러붙다', conglutinate '유착시키다' 같은 어휘들과도 관련될 것이다.

사람

HUMAN, HUMBLE, HUMILIATE

**dhghem-* 'earth[땅]'

높은 곳에 존재하는 신과 달리 그보다 낮은 지구에는 인간이 산다. 라틴어 어근 *hum~humili*는 '낮음, 땅, 인간(적인)'을 의미한다.

- '땅':

exhume	파내다
inhume	매장하다

- '낮음':

humble	겸손한
humility	겸손
humiliate	굴욕감을 주다

- '인간':

human	인간(의)
humanity	인류애, 인류
Homo sapiens	인류
homicide	살인
hominid	원인
humane	자비로운
bonhomie	온후, 쾌활
homage	존경

주위 환경에 따라 몸의 색깔이 바뀌는 파충류 Chameleon[*khamai* 'on the

ground'+'lion'] 카멜레온은 문자 그대로 '땅에 붙어 기어다니는 사자'를 의미하고, chamomile 또는 camomile[*khamai* 'on the ground'+*mēlon* 'apple'] 캐모마일은 '땅위의 사과'라는 뜻을 갖는다.

고유어에서 ***dhghem***의 흔적은 bridegroom[*brȳd* 'bride'+*guma* 'man'] 신랑의 두 번째 요소인 groom에 남아 있고 신과 같은 천상의 존재가 아닌 '지구상의 존재'라는 의미로 '사람'을 뜻한다.

PIE root **dhghem* 'earth'	
Germanic	→ *bridegroom*
Latin	→ *humble, humiliate, humility, humus, exhume, inhume, homage, hominid, Homo, ombre, bonhomie, homicide, human, humane*
Greek	→ *chameleon, chamomile*

외계인
EXTRATERRESTRIAL, THIRSTY
**ters-* 'to dry[말리다]'

'건조'를 의미하는 인구어 어근 **ters-*는 마른 곳인 '육지, 땅'을 가리키게 되고, 바싹 마르게 하는 '볶다', '굽다', '태우다', '목타게 하다' 등의 의미로 확장되었다.

라틴어 어근 *terr~ter*의 의미인 '땅, 육지'는 '건조함'을 뜻하는 인구어 어근 **ters-*까지 그 근원이 거슬러 올라간다. 다음 어휘들에는 모두 '땅'이라는 기본 의미가 포함된다.[73)]

73) 라틴어 *terra* '땅'.

Terra Cotta	['earth'+'baked'] 테라코타, 적갈색
tureen	큰그릇
inter	['in'+'earth'] 매장하다
disinter	['undo'+'inter'] 발굴하다
extraterrestrial	['outside'+'earth'] 외계의
Mediterranean	['middle'+'land'] 지중해
terra incognita	['land'+'unknown'] 미지의 나라, 미개척의 영역
Terran	지구인
territory	영토

'흙을 구워 만든 도기'라는 의미의 *terra cotta*처럼, 수프 등을 담는 뚜껑 달린 움푹한 큰 그릇인 tureen도 '흙으로 만든 그릇'을 가리킨다.

**ters*-는 극한 건조함이나 탈 듯한 뜨거운 상태에서 더 나아가서 타는 듯한 감정, 즉 열렬한 감정도 의미한다. 극심한 더위와 건조함의 의미는 '목마름'을 뜻하는 고유어 thirst와 thirsty 뿐만 아니라, 다음과 같은 라틴어 유래 어휘 toast[굽다]와 torrid[타는 듯이 뜨거운, 열렬한], '급류'를 뜻하는 torrent에도 그 흔적이 남아 있다.[74] torrent는 원래 torrid와 마찬가지로 '바싹 마르게 하다'에서 '푹푹 찌는, 끓어오르듯 몹시 더운'이라는 의미였으나, 이로부터 '격렬함, 사나움, 맹렬함'의 특정 의미가 발달하였고, 이로부터 '격렬한 물의 흐름'이나 '감정의 폭발'을 뜻하게 되어, 원래의 타는 듯한 건조함의 의미는 사라졌다.

toast	굽다
torrid	몹시 건조한, 타는 듯한, 열렬한
torrent	급류, 호우, 감정의 폭발

74) 라틴어 *torrere* '바싹 마르게 하다, 굽다, 볶다, 태우다'.

PIE root **ters* 'to dry'
Germanic → *thirst*
Latin → *terrace, terrain, Terran, terrene, terrestrial, terrier, territory, tureen, inter, mediterranean, subterranean, terrigenous, toast, torrent, torrid*
Greek → *tarsus*

별

STAR, ASTER, DISASTER, STELLAR, CONSIDER, DESIRE

**ster-* 'star[별]'

그리스어 어근 *aster, stell*과 영어 고유어 star의 '별'은 '우주, 천체, 별자리, 운명' 등을 가리킨다.

stardust	우주진
starfish	불가사리
starlet	작은 별
starlight	별빛
starry	별의
aster	과꽃
disaster	[*dis-* 'ill'+*aster* 'star' > 'bad star/planet' >] 재난
asterisk	별표
astral	별의
astrobiology	우주생물학
astrolatry	['star'+'worship'] 천체숭배
astrology	['star'+'study'] 점성학
astromancy	['star'+'divination'] 별점

astronaut	우주비행사
astronomy	['star'+'law'] 천문학
stellar	별의
constellation	별자리
interstellar	행성간의
stellate	별모양의

'별, 별자리'는 astrology^{점성술}, astromancy^{별점}에서처럼 '운명'을 나타낸다. 부정적인 의미를 뜻하는 접두사 *dis*-와 '운명'의 aster가 결합된 disaster는 불운한 '재난, 재앙'을 뜻한다.

흥미롭게도 consider^{숙고하다}, considerable^{상당한}, desire^{원하다}에 '별'을 뜻하는 라틴어 동족어 어근 *sider*가 숨어 있다. *con*-^{'with, together'}과 *sider*^별가 결합된 consider는 원래는 별이 모여 있는 '별자리'를 의미하였고, 여기에서 '별자리를 관찰하다'가 되었는데 '천체'나 '별'의 의미는 사라지고 '고찰하다, 숙고하다'의 의미로 일반화되었다. 또한 하나의 별과 달리 별이 모여있는 별자리나 별 무리는 규모가 크니 관찰하고 고찰할 가치가 있다는 점에서 형용사형 considerable은 '중요한, 상당한, 수량이나 크기가 적지 않은'을 뜻하게 되면서, '별'의 의미는 완전히 사라졌다. 적고 작은 것보다는 많은 양과 큰 규모에 우리가 더많은 관심을 갖는다는 이치를 생각하면 될 것 같다. 또한 우주를 구성하는 '별'은 결국 '거대한' 우주를 상징하게 된다. 우주의 '거대함'은 또다른 어휘 astronomical^{천문학의, 어마어마한}에서도 발견된다.[75] 한국어에도 '천문학적'이라는 말은 천체^{天體}를 연구하는 학문과 관련된 것을 뜻하기도 하지만 '수가 엄청나게 큰' 것을 의미한다.

---

75) '별'이 전체인 '우주'를 나타내는 것은 [부분이 전체를 대신함] 환유의 사례이다. astronomical figures '천문학적인 숫자' 참조.

desire[욕구]는 *de-*['from']가 결합되어 '별에서'가 원뜻인데, 별에게 소원을 빈다는 표현 wish upon a star처럼, 별(하늘)이 뭔가를 가져다주기를 바란다는 것에서 '별'은 사라지고 '바라다'를 뜻하게 되었다. Esther라는 이름도 '별'의 의미를 지닌다.

PIE root **ster* 'star'
- Germanic → *star*
- Latin → *stellar, constellation, interstellar, consider, desire*
- Greek → *asterisk, astronaut, astrology, astronomy, disaster, asteroid, astral*

흑색

MELANCHOLY, DENIGRATE, BLACK

**melh-* 'black, of darkish color', **nek^{w}-t* 'night', **bhel-$_{1}$* 'to shine, flash, burn'

그리스어 어근 *melan*은 '검고, 어두운 색'을 의미하지만, 은유적으로 '우울한' 감정을 나타내기도 한다.

melancholy	['black'+'bile'] 우울함
melanin	멜라닌, 검은색소
melanism[76)]	흑색증
melanoma	['black'+ *-oma* '종양'] 흑색종
melatonin	멜라토닌
Melanesia	['black'+'islands'] 오스트레일리아 대륙 북동쪽의 군도
Melanie	여자이름

76) albinism '백색증'.

'밤'은 어둡고 깜깜하니 '밤'에서 '검은색'을 의미하게 된 형태소 *nigr*가 있다. '정치적으로 옳지 않은' 표현인 *negro*흑인가 있고,[77] 한국말에서도 '이름에 먹칠하다'라고 하는데, denigrate검게 하다, 더럽히다, 모욕하다처럼 명예나 체면 따위를 더럽히는 것을 '검은색'으로 표현한다.

black은 앞서 언급했듯이 '빛나다, 불타다'라는 의미에서 발달한 어휘이다.

PIE root **melh* 'black'
Greek → *melano-*

밤

NIGHT, SENNIGHT, NOCTURN, EQUINOX

**nekw-t-* 'night밤'

고유어 night와, 라틴어 동족어 *noct*, 그리스어 동족어 *nyct*는 모두 '밤'을 의미한다. '7 nights'를 뜻하는 sennight은 '1주간'이고, '14 nights'의 fortnight'forteen nights'은 '2주간'을 의미한다.

라틴어 어근 *noct*밤는 다음과 같은 어휘에 포함되어 있다:

noctule	박쥐의 일종
nocturn	저녁기도
nocturnal	야행성의
Nox	로마신화에서 밤의 여신

77) African American으로 부른다.

문자 그대로 'equal nights'인 라틴어 차용어 equinox는 밤과 낮의 길이가 같은 '추분'이나 '춘분'을 지칭하다.

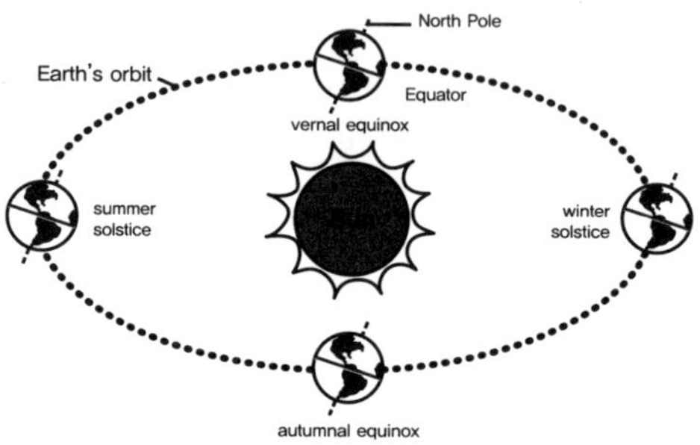

summer/winter solstice와 equinox

조금 어려운 어휘인 nyctophobia는 '밤'과 '공포'의 의미가 결합된 '어둠 공포증'을 가리킨다.

PIE root *nekwt* 'night'		
	Germanic	→ *night, fortnight*
	Latin	→ *nocturn, Nox, Negro, niello, nigella, denigrate, film noir, Pinot Noir*
	Greek	→ *nyctophobia*

고귀함

EDEL-

*edel-*은 고귀함과 관련된 게르만어 어근이다. 누구나 노래를 들어 잘 알고 있는 꽃 이름 edelweiss['noble'+'white'] 에델바이스의 원 의미는 '숭고한 백색'이다.

'숭고한 늑대'라는 의미를 지닌 Wessex[웨섹스]의 왕의 이름 Æthelwulf처럼 *Aethel-*이 붙은 고대영어시기 귀족이나 왕족의 이름은 다음과 같다.

Æthelstan	Kent의 왕
Æthelswith	Mercia의 여왕
Æthelbald	Wessex의 왕
Æthelberht	Wessex의 왕
Æthelred	Wessex의 왕

Adelaide, Adeline, Adolph, Albert, Alphonso, Athelstan, Audrey, Ethel, Ethelbert, Ethelred와 같은 이름에 '귀족, 숭고함'이라는 의미가 있다.

상인
COMMERCE, MERCENARY, MERCY

'장사, 거래, 고용, 보수, 보상, 선물, 자비, 동정'의 의미 스펙트럼을 갖는 어근 *merc*는 다음과 같은 어휘를 구성한다.

merchant	상인
merchandise	매매하다
commerce	무역
mercenary[78)]	용병
mercy	자비

78) mercenary '용병'은 돈을 받고 고용되어 일한다.

가축, 재산

PECULIAR, PECUNIARY, FEE, FELLOW

**peku-* 'cattle가축'

peculiar독특한, 특이한의 의미는 원래 '가축'과 관련된다. 원래 '가축'을 뜻하는 라틴어 어근 *pecu~pecun*은 peculate횡령하다, pecuniary금전상의, impecunious무일푼의에서 보듯이 '재산, 돈'의 의미를 지닌다. 개인이 소유한 가축은 곧 그의 자산이기 때문이다. peculiar는 '개인의 재산'이라는 의미에서 '개인이 가진 속성', 즉 '독특함'의 의미로 확장되었다.[79)]

라틴어 *pecu*의 영어 동족어는 그림의 법칙을 겪은 f로 시작된다.[80)] 다음 고유어 어휘들도 모두 '가축' > '돈, 재산, 땅'이라는 의미를 갖게 된 것이다. fellow친구는 '함께 투자한 사람'이라는 의미에서 '친구'의 의미가 되었고, fief영지, 봉토와 feudal영지의, 봉건제의은 봉건 영주가 봉사 의무를 요구할 목적으로 봉신에게 준 '땅'이 중심 의미이다. '땅' 역시 '재산'이다.

fee	요금, 영지
fief	영지
feudal	영지의, 봉건적인

79) 영어 어휘 property도 '재산'과 '성질, 속성'의 의미가 다 있다.

80) 고대영어 *feoh*.

동물원

ZOO, ZODIAC, VIVID, VITAL, BIOLOGY

g^wei- 'to live, alive, life[살다, 살아 있는, 생명]'

'동물', '생명'을 의미하는 그리스어 어근 *zo*는 우리가 아주 잘 알고 있는 어휘 zoo[동물원]의 구성성분이다. *-latry*[숭배]가 결합된 zoolatry는 '동물숭배'를 뜻한다. 12개 동물의 기호로 운명을 보는 '황도대'는 zodiac이다.

zodiac

azoic	['not, without'+] 무생물시대의
zodiac	황도대, 12궁, 범위, 한계
zoo	동물원
zoolatry	[+'worship'] 동물숭배
zoology	[+'study'] 동물학
zoomorphic	[+'form'] 동물모습을 한
microzoon	['small'+] 극미동물, 극소동물
protozoon	['first'+] 원생동물

g^wei-[살다]로부터 또 다른 그리스어 어근 *bio*와 라틴어 어근 *vit~viv*가 파생되었다.

aerobic	['air'+'life'] 호기성의
biology, symbiosis	['together'+'life'] 공생
amphibian	['both'+'life'] 양서류
survive	생존하다
vital	생명의
vitamin	비타민
vivid	생생한
vivisection	생체해부
viva	만세

그리고 다음 *qui*-로 시작되는 고유어에서 보듯이 살아 있다는 것은 생기가 넘치는 것이고 이는 빠른 속도와도 관련된다.

quick	빠른
quicken	빠르게 하다
quicksilver	수은, 활발한 성질
quiver	떨다

이 인구어 어근은 라틴어 *aqua vitae*[생명의 물]를 차용 번역한 게일어 Gaelic[81] whiskey['water'+'life'] 위스키]에도 흔적이 있다.

PIE *gwei- 'to live, alive, life'
- Germanic → *quick, quicksilver*
- Latin → *vivid, vivisection, convivial, revive, survive, vital, viable, vitamin, viper, viand, victual, viva, vivacious*
- Greek → *bio-, biology, zoo, zodiac, zoon*

81) 켈트어의 한 어파.

소, 버터

BUTTER, BUCOLIC, BOVINE, BEEF, COW

*g^w*ou-* ‘ox, bull, cow[소]’

소가 ‘음메’하고 우는 소리를 모방한 것으로 보이는 원시인구어 *g^w*ou-*[소]에서 첫 자음 *g*가 *k*로 변한 고유어 cow[암소]와 kine[암소]이 있다.[82]

‘소’를 의미하는 어근을 갖는 차용 어휘들을 살펴보자. butter는 초기 라틴어 *butyrum*에서 프랑스어를 통해 차용된 어휘이다.[83] bulimia[*bous*-‘ox’ > ‘intensive’+*limos*‘hunger’] 대식증의 문자 그대로의 의미는 ‘ox-hunger’이다. 그러나 *bous*는 힘이 센 ‘수소’라는 의미에서 강조의 의미를 갖는 접두사가 되었고 *limos*[‘hunger’]와 결합하여 ‘엄청 허기짐’ > ‘대식증’의 의미를 갖게 된 것이다. bucolic[양치기의, 전원적인]은 *bu*[소]와 colony[식민지], culture[재배, 문화], cultivate[경작하다]의 주요 어근 *col~cul*[키우다]이 결합된 어휘이다. boustrophedon[‘ox’+‘turn’]은 황소가 땅을 가는 것처럼 글을 쓸 때 왼쪽에서 오른쪽으로 쓰고 그 다음 줄은 오른쪽에서 왼쪽으로 쓰는 ‘좌우 교대 서법’을 일컫는다. bovine[소의, 느린]은 ‘소’와 관련된 의미와 소처럼 ‘느리고 둔하다’는 의미를 갖는다. 이밖에도 ‘소’와 관련된 어휘로 beef[소고기], buffalo[아메리카 들소], bugle[(소)뿔로 만든 피리, 나팔]가 있다.

PIE *g^w*ou-* ‘ox, bull, cow’
Germanic → *cow, kine*
Latin → *beef, bovine, bugle, bovid*
Greek → *bucolic, boustrophedon, bulimia, butter, butyric, buffalo*

---

82) 그림의 법칙.

83) 더 멀리로는 그리스어의 *boutyron*[‘cow’+‘cheese’]에서 유래되었다.

백신

VACCINE, BUCKAROO

**wak-* 'cow'

우리가 잘 알고 있는 vaccine[백신]은 '소'를 뜻하는 또다른 라틴어 vacca[소]에서 파생되었다. 원래 '소'와 관련된 '우두[牛痘, cowbox]'로, 천연두를 예방하기 위해 소에서 뽑은 면역물질인 우두 바이러스를 희석시킨 물질이다. 또한 라틴어 *vacca*에서 유래된 스페인어 *vaquero*와 영어 변이형인 buckaroo는 'cowboy[목동]'를 뜻한다.

말, 기사

HORSE, EQUUS, HIPPOPOTAMUS, CAVALIER

**ekwo-* 'horse[말]'

원시인구어 어근에서 파생된 영어 horse[말]의 그리스어와 라틴어 동족어는 어떤 형태인지 비교해보자.

그리스어 어근 *hippo*[말]가[84] 붙은 어휘들은 hippocampus['horse' +'sea monster'] 해마, hippopotamus['horse'+'river'] 하마뿐만 아니라, '말을 좋아하다'는 원뜻이 있는 고유명사 Philip[*phil*-'love'+'horse'] 필립, 스페인 왕 필립2세의 이름을 따서 'Philip의 섬'이라 부른 국가 이름 Phillippines[필리핀]이 있다.

라틴어의 '말'은 *equus*[말속]인데 지금은 단종이 된 모 자동차회사의 최고급 라인의 차종의 이름이었다. 역시 단종이 된 또 다른 자동차 모델

84) 그리스어 *hippos* '말'.

이름이 pony[조랑말]였다. pony는 foal[새끼당나귀]과 filly[암망아지]와 함께 원시인구어 어근 **pau-*[작은, 적은]에서 파생된 '아주 작은 말'이라는 의미를 지닌다. 다시 equus로 돌아가서, 형용사 equine[말의], equestrian[기수(의), 기사(의)], equites[기병대, 기사단] 등을 기억하자.

라틴어 *cavalus*도 '말'을 의미한다. 이 어휘에서 유래된 cavalier[기사도], cavalry[기병대], cavalryman[기병], cavalcade[(기말)행렬]과 프랑스 차용어 chevalier[기사]도 참고하자.

horse　　hippopotamus　　hippocampus

PIE **ekwo-* 'horse'
　Germanic → *horse*
　Latin → *equine, equestrian*
　Greek → *hippopotamus, hippodrome, hippocampus*

쥐, 근육, 홍합

MOUSE, MURINE, MUSCLE, MUSSEL, MYECTOMY

**mūs-* 'mouse[쥐]'

적지 않은 인구어에서 '생쥐'는 '근육'의 의미를 동시에 갖는데, 이는 근육의 모양이 생쥐의 생김새와 비슷했기 때문에 '근육'을 '생쥐'라고 불렀던 것이다.

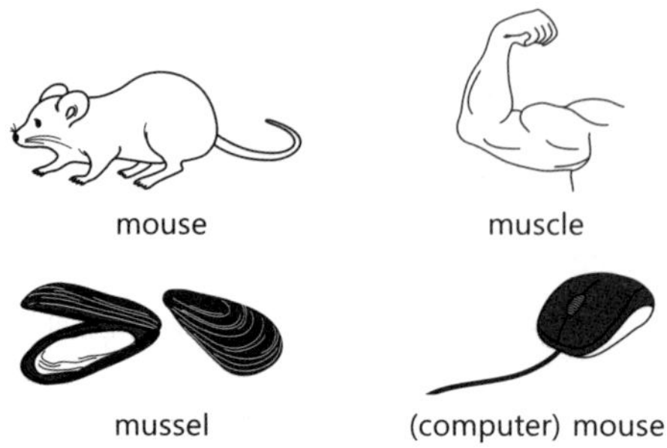

mouse는 '생쥐'와 동시에 '(팔) 근육'을 의미했던 고대영어 *mūs*에서 발달하였다.[85)]

mouser	쥐를 잡는 동물
mousetrap	쥐덫
mousy	쥐같은
dormouse	산쥐류

라틴어 동족어 *mūs, mūr*[86)] 역시 '생쥐'를 의미했고, *mus*에 지소사 *-cle*이 붙은 muscle[근육]과 mussel[홍합] 모두 '작은 생쥐'와 모양과 크기가 비슷해서 각각 '근육'과 '홍합'이 되었다.[87)] 우리가 향수로 잘 알고 있는 musk[사향] 역시 사향노루 생식기 앞 주머니 모양의 기관 생김새가 생쥐와 비슷했던 이유에서 musk라 불리게 되었다.

murine	쥐과의 (동물)
mustelid	족제빗과의 (동물)

---

85) 장모음의 *mūs*[u:]는 16세기 이후 대모음추이(Great Vowel Shift)를 겪어 이중모음 mouse [aw]로 발음된다.

86) R-전환.

87) 라틴어 *musculus*.

그리스어 동족어 *mys, my(o)*도 문자 그대로는 '생쥐'이지만 '근육'을 의미한다.

myomancy	[+'divination'] 쥐점
myalgia	[+'pain'] 근육통
myasthenia	[+'weakness'] 근무력증
myocardium	[+'heart'] 심근
myology	[+'study'] 근학

PIE root **mūs-* 'mouse'
Germanic → *mouse*
Latin → *murine, muscle, mussel*
Greek → *myomancy, myalgia, myasthenia, myology, myocardium*

침식

RAT, ERODE, RODENT, RAZOR, ERASE

**rēd-* 'to scrape, scratch, gnaw[긁다, 갉아먹다]'

고유어 rat[쥐]은 물론이고, 라틴어 어근 *rod*[갉아먹다][88]가 포함된 어휘들은 쥐가 먹이를 조금씩 갉아먹는 이미지를 갖는다.

rodent	설치류 동물
rodenticide	['gnaw' > 'rat'+'kill'] 쥐약
corrode	['intensive'+'gnaw'] 침식하다
erode	['out'+'gnaw'] 부식하다

88) 라틴어 *rodere* '갉아먹다'.

다른 어근 *rad*[문지르다89)]로 구성된 어휘들은 긁고 문지르는 행위로 인해 사물이 지워지고 파괴되는 것을 의미한다.

raze	지워버리다, 말살하다
razor	면도칼
corrade	침식하다
erase	지우다
abrade	닳게 하다
rascal	악당
rash	발진, 뾰루지

rascal은 현재는 '악당'을 의미하는데, 원래는 **긁어낸** 부스러기나 쓰레기 같은 취급을 받았던 비천한 신분의 천민을 일컬었다. rash는 가려워서 **긁어 벗겨진** 비듬과 같은 '피부발진'을 의미한다.

PIE root **rēd* 'to scrape, scratch, gnaw'
Germanic → *rat*
Latin → *rodent, corrode, erode, rostrum, radula, rascal, rash, raze, razor, abrade, corrade, erase*

아래
INFRARED, INFERNO

접두사 *infra*-는 '아래, 뒤, 작음, 열등' 등을 의미한다. infrastructure는 '하부구조'이고, infrared는 '적외선', 비교를 나타내는 접미사 *-or*

89) 라틴어 *radere* '문지르다'.

이 붙은 inferior는 '하위의, 열등한', infrahuman은 '인간보다 하위의', infrasonic는 '초저주파의', infrasound는 '초저주파 불가청음'을 의미한다. 마지막으로 지옥은 땅 아래에 있는 곳으로 인식되어 infernal은 '지옥의', inferno는 '지옥'을 뜻한다.

사람들은 낮은 곳을 부정적으로 이해하고 높은 곳은 긍정적으로 이해하는 보편적인 경향을 갖는다. 이런 사고방식이 어휘에도 반영된 것이다.

새로움

NEW, NOVA, NOVEL, NOVELTY, NOVICE

**newo-* 'new[새로운]'

*nov*는 '새로움'을 의미한다. nova은 '새로운 별'이고, novilunar['new'+'moon'] 는 '초승달'로 달이 시작되는 새로운 모습에서 조어된 어휘이며, novice는 어떤 일을 새로 시작하는 '초보자'를 가리킨다. 우리가 어떤 것에 novelty[진기함, 신기로움]를 느끼는 것은 새롭기 때문이다. novel[소설]은 새롭게 만든 것이다. innovate[혁신하다]와 renovate[개조하다]도 '새롭게 하다'라는 중심 의미를 갖는다.

neonatal['new'+'birth'] 신생아의, neoclassic[신고전주의의], neolith['new'+'stone'] 신석기, neologism['new'+'word'] 신조어, neophyte['new'+'planted'] 신참자를 구성하는 그리스어 어근 *neo*도 '새롭다'는 뜻을 갖는다. 고유어 new[새로운]와 news[새로운 사실, 뉴스]는 물론 renovate[새롭게 하다]와 이중어인 renew[새롭게 하다]도 '새로움'이 중심의미이다.

PIE root **newo* 'new'
Germanic → *new*
Latin → *novel, innovate, renovate*
Greek → *neoclassic, neologism, neonatal, neophyte*

젊음
YOUNG, JUVENILE

**yeu-* 'vital force, youthful vigor활력'

원시 어근이 갖는 '젊은이의 활력'이라는 의미는 young젊은, junior후배(의), Juventas유벤타스(성년 남자의 수호신), juvenescence젊음, juvenile젊은, 청소년, rejunvenate회춘하다에 포함되어 있다. 이름 Juno와 June6월에도 '활력, 젊음'의 이미지가 들어 있다.

PIE root **yeu* 'vital force, youthful vigor
Germanic → *young, youth, junker, younker*
Latin → *junior, June, Juno, juvenile, rejuvenate*

노인
SENESCENT, SIR, SENATOR, GERONTOLOGY

**sen-* 'old늙은' **gere-* 'to grow old나이들다'

어근 *sen*노인, 나이든은 다음 어휘들을 구성한다:

senescent	['old'+'present participle'] 늙어가는
senile	노망한
senility	노년
senior	고위의, 연장자
seniority	연상
senate	상원
senator	상원의원
senopia	['old'+*opi*- 'eye'] 노화로 인한 근시안 개선
sir	선생님, 경
surly	['sir'+] 'like a sir' > 심술궂은, 험악한

*ger*도 '노령, 노인'의 의미를 갖는 그리스어 어근으로 다음 어휘들을 구성한다:

geriatrics	['old age'+'healer, physician'] 노인병학
gerontocracy	노인정치
gerontology	노인학

PIE root **sen* 'old'
Latin → *seignior, senate, senescent, senile, senior, senopia, signore, signory, sir, sire, surly*

PIE root **gere* 'to grow old'
Greek → *ageratum, geriatrics, gerontology*

연결

JOIN, JUNCTION, SUBJUGATE, CONJUGAL, YOKE, YOGA, ZYGAL

**yeug-* 'to join^연결하다'

다음 어휘들을 구성하는 라틴어 어근 *jug~jung~junct*[90]는 '연결'의 의미를 갖는다.

conjugal	['together'+'join'] 부부의
conjugate	결합시키다, 활용하다
conjunct	결합된
conjoin	결합하다
junction	연합
juncture	접합
juxtapose	['closely connected > beside'+'put'] 병치하다
join	결합하다
adjoin	['to'+] 접하다
joint	공동의, 연결부위
subjugate	['under'+] 멍에 밑에 두다 > 예속시키다
subjugation	예속

그리스어 어근 *zyg*도 '연결, 멍에'의 의미를 갖는다.

zygal	멍에 형태의
syzygy	['together'+'join'] 연접
zeugma	액어법[91]

90) 라틴어 *jungere* > 고대 프랑스어 *joindre*.

91) 하나의 형용사 또는 동사를 가지고 다른 종류의 2개 이상의 명사를 억지로 수

zygote	접합체

고유어 yoke[멍에]와 '멍에'나 '결합'이라는 의미에서 출발한 산스크리트어 차용어 yoga[요가]도 참고하자.

PIE root **yeug* 'to join'
- Germanic → *yoke*
- Latin → *jugate, jugular, jugum, conjugate, subjugate, jostle, joust, adjust, juxtapose, juxtaposition, join, joinder, joint, jointure, junction, juncture, junta; adjoin, conjoin, conjugal, conjunct, enjoin, injunction, rejoin, rejoinder, subjoin*
- Greek → *zygote, syzygy, zeugma*
- Sanskrit → *yoga*

묶음

LIGATURE, LEAGUE, OBLIGE, RELIGION, RELY, ALLIANCE, ALLY, RALLY, LIABLE

**leig-* 'to bind[묶다]'

라틴어 어근 *lig*[묶다]는 '결합', '연결', '혼합', '의무', '연대', '의지' 등의 묶이는 의미를 갖는다.

colligate	결합하다
ligament	띠, 인대
ligate	묶다
ligature	끈, 연결

식하는 문법 용어.

league	연맹, 리그
alliance	동맹
ally	동맹(하다), 동맹국
alligation	혼합법
alloy	금
obligation	의무
liable	의무가 있는
liability	책임, 빚
rally	['back'+] 집회, 회복
religion[92)	['back'+] 종교
rely	['back'+] 기대다

PIE root *leig 'to bind'
Germanic → *leech*
Latin → *lictor, league, legato, liable, liaison, liana, lien, ligament, ligase, ligate, ligature, alloy, ally, colligate, furl, oblige, rally, religion, rely*

접착

HESITATE, ADHERE, COHERENT

'접착'을 의미하는 어근 *hes~hes*는 hesitate[망설이다], adhere[부착하다], coherent[일관성 있는], inherent[타고난] 등에 포함되어 있다. hesitate[주저하다, 망설이다]는 어딘가에 붙어 있어 적절하게 발을 뗄 수 없는 상황을 일컫는다. 'in'의 *in*-과 *her*가 결합된 inherent[타고난]는 타고날 때부터 붙어 있는 상

92) 접두사 *re*-는 '뒤로'에서 '다시'라는 반복의 의미가 되고, '반복'의 의미는 '강조'의 의미로 더욱 확장된다. religion과 rely에서는 강조인 '단단히'로 해석할 수 있다.

태, 다시 말해서 '내재적인'의 의미를 갖는다. *com*-과 *her*가 결합된 coherent는 말이나 논리에서 모든 것이 잘 붙어 있으니 '일관성이 있는' 것이고, 부정 접두사 'in'이 붙은 incoherent는 '일관성 없는' 것을 의미한다. 'to'의 *ad*-와 *her*가 결합된 adhere는 '-을 향해 붙어 있다'라는 의미에서 '-에 들러붙다, 부착되다'의 의미가 되었다.

평화

PACIFIC, PACT, IMPACT, IMPINGE, PEACE, PAY

**pag*-, **pak*- 'to fasten[고정하다]'

어근 **pag*-[고정]의 의미는 고유어 fang[송곳니, 엄니로 꽉물다]에 들어 있다. 송곳니는 먹이를 고정시키는 역할을 한다. 물건이 고정되는 것처럼 전쟁과 같은 혼란스러운 상황도 조약이나 협정을 통해 진정되고 평화의 국면이 된다는 점에서 pact[['fasten'] 계약, 협정, 조약]의 의미는 쉽게 이해된다. '함께'를 뜻하는 *com*-과 결합된 compact[['together'+'fasten'] 계약, 빽빽한, 소형의]도 '고정'의 의미에서 '계약, 조약'의 의미가 성립되고, 모든 것을 고정하고 동여매면 단단히 압축되어 작아진다는 이치에서 '고밀도'와 '소형'의 의미를 얻었다.

Pacific[태평양]은 그야말로 '평화롭고 잔잔한 바다'이고, 소문자 pacific은 '평화로운' 상태이다. pacifier는 달래주는 '조정자, 고무젖꼭지'를 의미한다. Pax Romana[로마 지배에 의한 평화], Pax Britannica[영국의 지배에 의한 평화], Pax Americana[미국의 지배에 의한 평화]에서 Pax는 '평화의 여신'도 의미하지만 강대국의 힘으로 유지되는 평화 시기를 말한다. peace[평화][93]와 appease[ad-'to'+

93) 라틴어 *pax* > 고대 프랑스어 *pais* > peace.

'peace'] 달래다와 마찬가지로 pay[지불하다, 보수]도 '평화'나 '달래다'의 의미와 관련된다. 예컨대 채권자를 달래고 만족시키려면 돈을 지불하면 된다.

어근 **pag-*[고정]의 의미는 고유어 fang[송곳니, 엄니로 꽉물다]에 들어 있다. 송곳니는 먹이를 고정시키는 역할을 한다.

어휘 impact[충돌, 충격, 영향]와 impinge[충돌하다, 영향을 주다, 침범하다]는 라틴어 *impingere*['fix into']에서 유래된 이중어로, '-에 고정하다, 끼워 넣다, 꽉 밀어 넣다'라는 의미에서 물리적 '충돌'과 정신적 충돌인 '영향'으로 의미가 변했고, impinge는 '침해'나 '침범'의 의미도 갖는다.

PIE root **pag, pak* 'to fasten'	
Germanic	→ *fay, fang, newfangle*
Latin	→ *compact, impact, impinge, pace, pax, pay, peace, appease, pacific, pacify, pact, patio, pale, palisade, pawl, peel, pole, impale, travail, travel, palette, peel, pagan, peasant, page, pageant, propagate*
Greek	→ *pectin, pegmatite, Areopagus, mastopexy*

휴전, 정거장

STAND, STATION, STATE, STATUE, ARMISTICE

**stā-* 'to stand, make or be firm[서다]'

어근 **sta*[서다, 세우다]는 여러 의미를 갖는다. 서 있다는 것은 '존재'한다는 것이고, 움직이다가 서는 것은 '중지, 멈춤', 움직이지 않고 서 있으니 '상태', '환경', 계속 서 있으니 '지속', '안정', '굳건함', '기준', '불변' 등의 의미가 된다.

계속 서 있으니 stable[안정된]이고, 또한 변함없이 서 있으니 (변하는) 다른 것의 standard[표준, 기준]가 된다. 우리의 인지나 상식적 세계를 넘어 서 있는 것은 superstition[미신]이고, summer/winter solstice[하지/동지]는 태양[sol]이 서 있는 지점이 된다.

We took up arms[우리는 무기를 들어올렸다]가 '전쟁을 하다, 전쟁을 시작하다'를 의미하는 것처럼, armistice['weapon'+'stand'] 는 환유적으로 '전쟁'을 나타내는 무기[arms]가 서 있으니/또는 무기를 세워 놓으니 전쟁을 멈추는 '휴전'의 의미가 된다.

apostasy['off'+'stand'] 는 '-로 부터 멀리 떨어져 서 있다'라는 문자 그대로의 의미에서 '배교, 배신, 탈당' 등을 뜻한다. assist[도와주다]는 어근 자음 s의 영향으로 *ad*-가 *as*-로 동화되었고 '-옆에 서 있다'가 '도와주다'를 의미하게 되었다.[94]

constitute[구성하다], constituent[구성성분]는 '함께 서 있다'는 의미에서 각각 '구성하다', '구성성분'이 되었다. 접두사 *contra*-['against']와 결합된 contrast는 '대조, 대비'로 쉽게 이해된다. constant['together, intensive'+'stand'] 지속되는, 변함없는]는 원래 '함께, 모두'에서 강조 의미로 해석되는 *com*-과 결합한 결과 '서 있는' 상태를 강조하는 '지속'의 의미를 갖는다. 강조의 의미로 해석되는 *de*-도 destination[*de*- 'completely'+'stand'] 목적지]과 은유적 해석을 갖는 destiny[*de*- 'completely'+'stand'] 운명]를 구성한다. 공간상의 '목적지'와 추상적이고 은유적 목적지인 '운명'이 내 앞에 서 있는 것이다. exist[*ec*- 'out'+'stand'] 의 '존재'는 '세상에 나와 서 있는' 것이다.

가까운 거리는 짧은 시간이 되기에 instant['in'+'stand' > 'stand near'] 즉시의]는 '즉시성'의 의미를 갖는다. insist['in'+'stand' > 'stand still'] 주장하다]의 의미는 어떤 공간에 굳건하게 계속 서 있는 것에서 은유적으로 생각을 고집하는 의미로

94) stand by 참조.

변한 것이다.

영어 전치사 through[-통하여]가 I got wet through[흠뻑 젖었다]와 I traveled all through the country[그 나라를 온통 다 여행했다]에서 강조의 의미인 '온통[thoroughly]'으로 읽히듯이, 라틴어 접두사 *per-*['through'] 역시 강조의 의미를 갖는다. persist[['through'+'stand'] 주장하다]는 처음부터 끝까지 의견을 고수하는 것이다.

obstacle[['against'+'stand'+'instrument'] 장애물]은 앞에 서서 진행을 방해하는 '장애물'을 의미하는 반면, 주요 구성성분의 의미가 같은 프랑스어 차용어 oust[['against'+'stand'] 내쫓다]는 '맞서다' > '반대하다' > '없애다', '쫓아내다'의 의미로 발달하였다. *re-*['against']와 결합한 resist는 '저항하다'를 뜻하고, 여성 이름 Anastasia[['again'+'stand']]는 다시 서고 일어서는 '부활'을 뜻한다.

다음 어휘들의 의미도 원래의 어원적 의미에서 다양한 추상적 의미로 은유화된 것으로 그 의미를 추측해보자.

stable$_1$	안정된
stable$_2$[95)]	마굿간
stage	무대
stance	자세, 스탠스
stand	서다
stasis	정체
state	상태
static	정적인
station	정거장
statistics	통계
statue	조각상
stature	키

95) 말이 서있는 곳.

status	상태
statute	법령
stay$_1$	머무르다
stay$_2$	버팀줄
steady	꾸준한
steer	몰고가다
stem	줄기
stoic	금욕주의자
stool	의자, 스툴
standard	[‘stand’+‘hard’] 기준
stalwart	[‘stand’+‘good, worthy’] 튼튼한
establish[96]	[‘stand’] 설립하다
estate	[‘stand’] 토지
solstice	[‘sun’+‘stand’] 동지, 하지
circumstance	[‘around’+] 환경, 상황
consist	[‘together’+‘stand’] 존재하다
cost	[‘together, intensive’+‘stand’] 비용
system	[syn-‘together’+‘stand’] 체계
desist	[de-‘off’+stand’] 중지하다
destitute	[de-‘away’+‘stand’] 버림받은 > 빈곤한
distance	[dis-‘off’+‘stand’] 거리
ecstasy	[‘out’+‘stand’] 무아경
existence	[‘out’+‘stand’] 존재
extant	[‘out’+‘stand’] 현존하는
insist	[‘in’+‘stand’] 주장하다

96) 후기 라틴어에 원래 *sc-*, *sp-*, *st-*로 시작하는 어휘의 발음이 어려워 *e-*가 붙기도 하였다. 이는 주로 프랑스어 차용어에서 발견된다. spirit ‘정신’과 esprit ‘정신’, special ‘특별한’과 especially ‘특히’, spy ‘간첩’과 espionage ‘간첩’, espy ‘찾아내다’, spouse ‘배우자’와 espouse ‘장가들다, 시집보내다’ 등 참조.

instant ‘in’+‘stand’] 즉시의

institute [‘in’+‘stand’] 설치하다

interstice [‘between’+‘stand’] 갈라진 틈

isostasy [‘equal’+‘stand’] 균형

metastasis [‘change’+‘stand’] 전이

obstacle [‘against’+‘stand’] 장애물

obstetric [‘against’+‘stand’ > ‘stand opposite to’] (산모 반대편에 서다) > 산과(産科)의

obstinate [‘against’+‘stand’] 완고한

oust [‘against’+‘stand’] 내쫓다

persist [‘through’+stand’] 고집하다

post [*pro-* ‘forth’+‘stand’] 기둥

prostitute [‘front’+‘stand’] 매춘부

resist [*re-* ‘against’+‘stand’] 저항하다

rest [*re-* ‘back’+‘stand’] 나머지

arrest [*ad-* ‘to’+‘stand back’] 체포하다

restore [*re-* ‘back’+‘stand’] 반환하다

subsist [‘under’+‘stand’] 살아가다

substance [‘under’+‘stand’] 물질

substitute [‘under’+‘stand’] 대체하다

superstition [‘under’+‘stand’] 미신

understand 이해하다.

덧붙여, Paki**stan**[파키스탄], Afghani**stan**[아프가니스탄], Uzubeki**stan**[우즈베키스탄], Kazakh**stan**[카자흐스탄] 등의 서아시아 및 중앙아시아 지역 국가명에 붙은 *-stan*[스탄]은 페르시아어로 ‘(사람이) 서 있는 곳’인 ‘땅, 나라’를 뜻하고 원시인구어 어근 **sta-* (> **sta-no-*)에서 비롯하였다.

동화(Assimilation)

assimilate(< *ad-* + *similate*), **im**possible(< *in-* + *possible*), **cor**relation(< *com-* + *relation*), **col**lect(< *com-* + *lect*)는 접두사의 자음이 결합되는 어근 첫 자음에 완전히 동화되거나 부분적으로 동화되는 것을 보여준다.

PIE root **stā* 'to stand'

Germanic → *steed, stud, stool, stand, understand, standard, stound, staddle, stall, starling, stalwart, stem, stalag, stead, stadholder, stow, stud, starboard, steer, stern*

Latin → *stage, stance, stanch, stanchion, stanza, stative, stator, stay, stet, arrest, circumstance, constant, contrast, cost, distant, extant, instant, obstacle, obstetric, oust, rest, restive, substance, station, armistice, solstice, destine, obstinate, estate, stage, state, statistics, statue, stature, status, statute, constitute, destitute, institute, prostitute, restitute, substitute, superstition, constable, establish, stable, assist, consist, desist, exist, insist, interstice, persist, resist, subsist, post, store, instauration, restore*

Greek → *stasis, static, astasia, apostasy, diastase, ecstasy, epistemology, hypostasis, iconostasis, isostasy, metastasis, prostate, system, stoa, stoic, stylite, amphistylar, peristyle, hexastyle*

의자

SIT, SET, SETTLE, SEAT, SADDLE, SEDAN, SESSION, PRESIDE, CATHEDRAL, CHAIR

**sed-* 'to sit[앉다]'

원시인구어 어근 **sed-*['to sit']에서 파생된 고유어 sit[앉다] set[놓다], settle[앉히다, 정착하다], seat[좌석] 등은 모두 '앉다'나 '앉는 자리'의 의미를 갖는다. soot[검댕이]

도 그을음이 앉은 것이다.

다음은 '앉다'를 뜻하는 라틴어 어근 *sed~sid~sess*가 들어 있는 어휘들이다.[97)]

sedan	의자가마, 승용차
sedentary	앉아 일하는
sedate	차분한
sediment	앙금, 침전물
session	회기
dissident	반체재의, 반체제인사
preside	사회하다
president	회장, 대통령
reside	살다
resident	거주자
residue	나머지
saddle	안장
cathedra	주교좌(主教座)
cathedral	주교좌성당, 대성당
chair	의자

sedan[세단형 자동차]은 앉아서 가니 '의자 가마'를 의미했었고 지금은 '승용차'를 뜻한다. '앉아 일하다'의 의미를 갖는 sedentary[앉아 일하는, 정착한]는 떠돌아다니지 않으니 '정착'의 의미도 갖는다. sedate[침착한]도 앉아 있으니 '차분하고, 엄숙하다'는 의미를 지니게 되었다. sediment는 아래에 가라앉은 '침전물, 앙금'을 의미한다.

dissident[['apart'+'sit'] 반체제 인사, 반대하는]는 생각이 다른 사람들과 따로 떨어져

97) 라틴어 *sedēre* '앉다'.

앉는 경험을 생각하면 그 뜻이 쉽게 이해된다. 사람들 앞에 앉아 있다는 것은 그들의 대표로 회의를 주도하고 다른 사람을 이끈다는 점에서 preside[['before'+'sit'] 주재하다]와 president[대통령, 의장]의 의미가 풀이된다.

reside[살다]와 resident[거주자]는 '반복, 계속'을 뜻하는 *re*-와 결합되어 '정착'과 '거주'의 의미를 지니고, residue[나머지]는 계속 앉아 머무르니 '남는 것'이 된다.

assess[평가하다]는 *ad*-['to']와 *sed*가 결합되어 문자 그대로는 '-을 향하여 앉다'를 뜻하고, 조수가 재판관 옆에 앉아 벌금이나 세금 액수를 정해주던 것에서 '평가하다'의 의미가 되었다.

그리스어 *hedrā*[좌석]에 접두사 *kata*(*cata*)['down']가 붙어 말 그대로 '의자'를 뜻하는 *kathedra*가 라틴어에 *cathedra*[주교좌]로 차용되고, cathedral은 '주교좌가 있는 성당'이라는 의미로부터 '주교좌 교회', '대성당'이 되었다.[98] chair[의자, 의장]는 그리스어 *kathedra*[자리] > 라틴어 *cathedra*에서 발달한 프랑스어 차용어이다.

이 밖에 session[회기], subsidy[보조금], subsidize[매수하다, 보조금을 지급하다,] polyhedron[['many'+'sides'] 다면체]과 같은 어휘에도 '앉다'라는 기본의미가 들어 있다. 결국 **sed*-에서 파생된 많은 어휘들에서 보듯이 '앉다'가 '의자', '침전', '대표', '의견', '정착', '거주' 등의 다양한 의미로 발달하였음을 알 수 있다.

---

98) chair가 '의자'이면서 '의장'을 의미하고, '왕좌를 차지하다'라는 말이 단순히 '왕의 의자'가 아니라 '왕권' 쟁취를 의미하고 '주교좌'가 '주교가 앉는 의자' 자체가 아니라 '주교의 권위'나 '교구의 중심이 되는 성당'을 의미하는 것처럼, '의자'는 환유적으로 '권력'이나 '권위'를 의미한다.

PIE root **sed* 'to sit'
Germanic → *sit, set, beset, settle, seat, saddle, sitzmark, nest, soot*
Latin → *sedentary, sederunt, sedile, sediment, sessile, session, sewer, siege, assess, assiduous, assize, dissident, insidious, obsess, possess, preside, reside, subside, subsidy, supersede, surcease, sedan, sedate, subsidy, dissident, president, resident, residue, soil, niche, nick, nide, nidus, nidicolous, nidify, sedate*

착용

VEST, INVEST, WEAR

**wes-* (< **eu-*) 'to dress[입히다]'

차용어 vest[조끼, 옷을 입히다]와 고유어 wear[의복, 착용(하다), 닳다99)]는 '의복'과 관련된 의미를 갖는다. divest[*dis-*'off'+'clothe'] 와 invest['in'+'clothe'] 는 원래의 의미 '옷을 벗기다'와 '옷을 입히다'에서 각각 '박탈하다'와 '투자하다'가 되었다.[100) 또한 프랑스 차용어 travesty[*trans-*'across'+'clothe'] 희화화(하다)]는 원래 '변장하다'에서 '진지한 것을 우스꽝스럽게 만들다'라는 의미가 되었다.

이밖에도 vestments[의복, 의상], revetment[방벽], vestry[교회의 제복실]의 의미를 참조해 보자.

PIE root **wes* 'to clothe'
Germanic → *wear*
Latin → *vest, devest, invest, revet, travesty*
Greek → *himation*

---

99) 옷을 계속 입고 있으면 닳고 해어진다.

100) 접두사 *in-* 'in'과 *vestigare* '추적하다'가 결합된 investigate '조사하다'와 혼동하면 안 된다. vestige '흔적, 자취' 참조.

생각

THINK, THANK

**tong*- 'to think, feel[생각하다]'

고유어 thank[감사하다]는 think[생각하다]와 같은 어원에서 출발했다. 역시 bethink[숙고하다], thought, methinks[(내게는) …라고 생각된다]도 참조하자.

> PIE root **tong* 'to think, feel'
> Germanic → *thank, bethink, think, thought, methinks*

마음

MANIA, MIND, MUSIC

**men*- 'to think'

라틴어 어근 *men~mon*과 그리스어 어근 *mn*의 어근이 포함된 다음 어휘들은 '마음', '생각', '말', '기억', '회상', '경고' 등의 정신적 활동과 관련된다.

amnesia	['not'+'remembering'] 건망증
mnemonic	기억을 돕는
automatic	['self'+'thinking'] 자동의
comment	언급하다
dementia	치매
dement	미치게 하다
mania	열광
mantic	예언의

-mancy	-점(占)
memento	기념품, 기억
mental	정신의
mention	말하다
mentor	스승
admonish	꾸짖다, 경고하다
monitor	충고자
monster[101)]	괴물
premonition	사전경고, 전조
mind	마음
Minerva[102)]	로마신화에서 지혜와 용맹의 여신
reminiscence	회상
monument	기념품
Muse	그리스신화의 뮤즈
muse	숙고하다
music	음악
museum	박물관
summon	소환하다
remind	상기시키다

PIE root *men* 'to think'

Germanic → *mind*

Latin → *mental, amentia, dement, mention, memento, reminiscent, monitor, premonitor, admonish, comment, Minerva, monish, monition, monitor, monster, monument, muster, admonish, demonstrate, premonition, summon*

Greek → *nmenomic, mania, maniac, manic, mentor, -mancy, mantic, mosaic, Muse, museum, music, amnesia, amnesty, anamnesis*

Sanscrit → *mandarin*

101) 원래 의미는 '불행의 전조'.

102) 그리스 신화의 Athena에 해당한다.

기억

MEMORY, REMEMBER

*(s)mer- 'to remember[기억하다]'

다음은 라틴어 어근 *memor*[기억하다]가 포함된 어휘들이다.

commemorate	기념하다
memo	메모
memoir	회고록
memorable	기억할 만한
memorandum	메모
memorial	기념물, 기념의
memorize	기억하다
memory	기억
remember	기억하다
mourn	슬퍼하다, 애도하다

PIE root *(s)mer 'to remember'
Germanic → *mourn*
Latin → *memorable, memorandum, memory, commemorate, remember*

인지

KNOW, CUNNING, IGNORE, NOBLE, NOTORIOUS, DIAGNOSIS

**gnō-* 'to know[알다]'

원시인구어 어근 **gnō-*가 게르만어, 라틴어, 그리스어로 분화되면서 많은 어휘들이 발달하고 영어에 차용되었다.

먼저 그림의 법칙이 적용된(*g > k) 고유어부터 살펴보자. know[알다], cunning[노련한>교활한], couth[알려진>고상한, 세련된], ken[알다, 지식], kith[친지] 뿐만 아니라 현재 조동사로 쓰이는 *can-*[알다 > -할 수 있다]은 모두 고대영어 *cunnan*[알다]에서 파생된 어휘들이다.

cunning의 원뜻은 '잘 알고 있다'로, 일에 대해 잘 알고 있어 노련하고 능숙하게 일을 처리한다는 의미에서 부정적인 의미가 강화되어 (너무 능란하게 잘하니) '교활하다'는 의미를 지니게 되었다.

우리는 보통 잘 알고 있는 대상이나 사람에 대해서는 평안을 느끼는 반면, 잘 모르고 낯선 상대에 대해서는 어색함이나 불편함을 느낀다. couth[고상한, 예의바른]는 '낯익음, 친숙'의 의미에서 '예의바름'의 의미로 발달한 반면, 부정접두사 *un-*이 붙은 uncouth[무례한, 거친]는 '낯설음'에서 '이상함', 더 나아가 '천함'의 부정적인 의미를 갖게 되었다.

현재는 조동사로 쓰이는 can도 원래 '-할 줄 **알다**'에서 '-할 수 있다'가 된 것이다.[103] 영국의 북부와 스코틀랜드 지역에 남아 있는 ken[알다, 아는 범위]과 현재 kith and kin[일가친척]의 표현에만 남아 '지인, 지기'를 의미하는 kith도 모두 '알다'의 의미에서 시작한 것을 기억하자.[104]

'알다'를 뜻하는 어근 *gn~gnos~gnor~not*이 포함된 차용 어휘들을 살펴보자. '강조'의 의미를 갖는 접두사 (*com-* >) *co-*가 붙은 cognition은 '인지'와 '지식'을, cognoscible은 '인식할 수 있는'을, connoisseur는 '감정가'를, 어기[base] *cogn*에 'again[다시]'의 *re-*가 붙은 recognize는 '알아보다', reconnaissance는 '정찰, 답사'를 의미하다. acquaint는 접두사 *ad-*['to']가 붙어

---

103) 한국어에서도 '나 수영할 줄 알아'가 '나 수영할 수 있다'는 능력의 의미로 해석되는 것은 우연이 아니다.

104) kin은 고대영어 *cynn* '가족, 종족'에서 유래되었다. 원시인구어 **gene-* '낳다' 참조.

축약된 형태로 '알게 하다'를 의미한다. noble은 '잘 알려진'에서 '고결한, 웅장한, 상류층, 귀족'의 의미를 갖게 되었다. notorious는 원래의 '유명한'의 의미가 부정적으로 변하여 '악명 높은'이 되었고, notify는 '알리다'를 의미한다.

ignoramus[무식한 사람], ignore[무시하다], incognito[익명의]와 같은 어휘들은 부정 접두사 *i-~in-*과 결합되어 '알지 못하다'라는 기본 의미를 갖는다.

diagnosis는 '철저히 알다'에서 '진단'이라는 의미가 되었다.[105] 부정 접두사 *a-*가 붙은 agnostic[불가지론자]의 원뜻은 '알 수 없다'이다.

PIE root **gnō-* 'to know'
- Germanic → *know, knowledge, acknowledge, ken, kenning, kith, can, cunning, couth, uncouth, kith*
- Latin → *ignore, ignorant, noble, notorious, notify, notice, notion, incognito, cognition, cognizance, connoisseur, recognize, reconnaissance, reconnoiter, quaint, acquaint, ignorant, ignore, narrate*
- Greek → *gnosis, Gnostic, agnosia, agnostic, diagnosis*

학습

LEARN, LORE, LAST, DELIRIUM

**lois-*, **leis-* 'furrow, track[발고랑]'

고랑, 발자취, 길 따위와 관련된 은유는 다음 영어 고유어의 의미를 잘 보여준다.

---

105) 접두사 *dia-*는 I got wet through '흠뻑 젖었다'의 영어 전치사 through의 의미와 유사하다.

- last '지속하다': 공간에서 길을 따라 계속 간다는 것은 은유적으로 시간의 축을 따라가는 '지속'의 의미로 발달하였다.
- learn '배우다', lore '전설, 학문, 지식, 가르침', folklore '민간전승': 무언가를 배워나간다는 것은 은유적으로 길을 발견하고 따라가는 것으로 이해할 수 있다.

라틴어 차용어 delirium['off'+'furrow, track'] 섬망은 정상적인 정신 상태에서 벗어나는 것을 은유적으로 길을 벗어나는 것으로 표현한 것이다.[106)]

PIE root **lois, leis* 'track, furrow'
Germanic → *last, last, lore, learn*
Latin → *delirium*

자유
LIBERTY, DELIVER

'자유롭게 하다'를 의미하는 라틴어 어근 *liber*가 들어간 어휘들은 다음과 같다.

liberalism	자유주의, 진보주의
liberality	관대함
liberalize	자유화하다
liberally	자유로이
liberate	해방시키다

106) 영어 표현 off the track은 열차가 탈선하거나 주제에서 벗어나는 것을 의미한다.

liberation	해방
libertine	방탕한 사람
liberty	자유

지금까지 보았듯이, 어떤 단어든지 단일한 의미가 아니라 맥락에 따라 다양한 의미로 해석되는 것을 알 수 있었다. 예를 들어 *de-*'from'와 *liber*'free'의 결합인 deliver는 '(물건을) 배달하다', '연설하다(즉, 말을 전하다)', '(결과를) 내놓다', '아이를 낳다', '(배의 짐을) 내리다', '(-을) 구제하다', '판결을 내리다', '(무언가를) 넘겨주다' 등의 다양한 의미를 갖는다.

다음은 deliver의 핵심적 의미인 '-로부터 자유롭게 하다'를 ○이 □으로부터 분리되는 도식으로 나타낸 것이다. □에서 분리되는 ○은 '말'이나 '아기', '짐', '판결', '물건' 등이다.

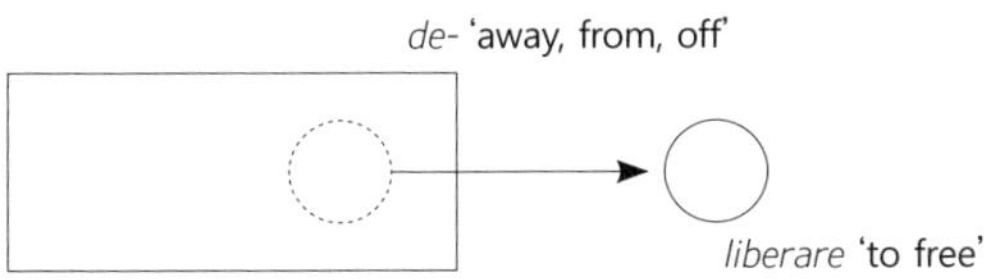

싸움

MARS, MARTIAL ART

로마신화의 '전쟁의 신'은 Mars이고 이를 그리스 신화에서는 Ares라고 부른다. Mars는 '전쟁'과 '화성'도 일컫는다. March3월[107], Martian화성인, martial전쟁의, martial art무술, 남성 이름 Martin과 Martis 모두 '전쟁의 신'과 관련된다.

---

107) 고대 로마 달력에서는 1월이었다.

승리

VICTORY, VINCIBLE

**weik-* 'to fight, conquer[정복하다]'

라틴어 어근 *vict~vinc*는 '승리'와 '정복'의 의미를 갖는다. victory[승리]는 싸움에서 이기는 것이다. 반면 강조의 의미를 갖는 *com-*이 붙은 convince[확신시키다]는 말싸움, 언쟁에서 이겨서 상대방을 확신시키고, 납득시키는 것이다. convince와 문자적 의미가 동일한 convict는 원래 '논쟁에서 이기다'를 뜻했으나, 현재는 '유죄를 증명하다, 유죄를 선고하다'로 의미가 변하였다. evict[쫓아내다]는 'out' 혹은 '강조'의 의미를 가진 *e-*와 *vict*[이기다]가 결합된 어휘로 말 그대로 '이겨서 쫓아내다'가 되었다.

반면, 같은 의미 구조의 evince는 '분명히 나타내다'를 의미한다. 고유명사 Vincent와 Victor, Victoria는 모두 '승리'의 뜻이 들어 있다. vincible은 '이길 수 있는' 것을, invincible은 '이길 수 없는' 것을 의미한다. vanquish는 '정복하다'를 뜻한다. 그런데 예상과 달리 win[이기다]는 **wen-*[갈망하다]에서 파생된 어휘로 victory[승리]와는 계보가 다르다.

PIE root **weik* 'to fight, conquer'
　Germanic → *wight*
　Latin → *vanquish, victor, vincible, convict, convince, evict, evince*

웃음

SMILE, SMIRK, COMITY, MIRACLE, ADMIRE, MARVEL, MIRROR, MIRAGE

**smei-* 'to smile, laugh[웃다]'

고유어인 smile[미소짓다]과 smirk[능글맞게 웃다] 모두 웃는 행위나 동작을 지칭하는데 후자는 부정적인 의미를 갖는다. **smei-*에서 발달한 라틴어 어근 *mir~mar*는 miracle[기적], admire[감탄하다], Miranda[여자 이름], marvelous[놀라운]에서 '놀라움, 경외'의 의미로, mirror[거울]와 mirage[신기루]에서는 '보다'의 의미를 갖는다. 원래 '놀라다, 경탄하다'에서 '경이로운 눈으로 보다'를 거쳐 '보다'로 의미가 변한 것으로 볼 수 있다. '예의, 예절'을 뜻하는 comity의 원뜻은 '함께 웃다'였다.[108)]

PIE root **smei* 'to laugh, smile'
Germanic → *smirk, smile*
Latin → *marvel, miracle, mirage, mirror, admire, comity*

이름

NAME, NOUN, ONOMATOPOEIA, ACRONYM, JEROME

**no-men-* 'name[이름]'

'이름'을 의미하는 고유어 name부터 'holy name'을 의미하는 고

108) PIE **ko(m)* 'together'+**smei* 'smile'.

유명사 Jerome까지 원시인구어 **no-men*은 그리스어 어근 *onom~onym~onomat*[이름]과 라틴어 어근 *nom*[이름] 등의 형태로 많은 어휘에 남아 있다.

acronym	['top'+] 두음문자
autonym	['self'+] 본명
allonym	['other'+] 별명
anonym	['without'+] 익명
cryptonym	['secret'+] 익명
pseudonym	['false'+] 가명, 익명
eponym	['after'+] 이름의 시조가 되는
metonym	['change'+] (이름을 바꿔 부름 >) 환유어
onomancy	[+'prophecy'] 성명판단
onomatopoeia	['name'+'make'] 의성어
patronymic	['father'+] 아버지의 이름을 딴
homonym	['same'+] 동음이의어
synonym	['together'+] 동의어
antonym	['against'+] 반의어
noun	명사

PIE root **no-men* 'name'

Germanic → *name*

Latin → *noun, nominal, nominate, nominal, agnomen, anomia, binomial, cognomen, denominate, ignominy, misnomer, nomenclator, pronoun, renown*

Greek → *anonymous, synonym, homonym, eponym, metonymy, onomatopoeia, matronymic, patronymic, pseudonym*

정상

NORM, ABNORMAL, ENORMITY, SUBNORMAL, SUPERNORMAL

normal[정상의], abnormal[비정상적인], enormous[거대한], subnormal[정상 이하의], supernormal[비범한] 등을 구성하는 어근 norm[자, 기준]은 원래 목수의 '직각자'를 의미했던 라틴어 *norma*에서 유래되었다. '분리'를 의미하는 접두사 *ab*-이 붙은 abnormal은 말 그대로 '규칙, 규범에서 벗어나다'를 뜻하니 '비정상적인' 것을 의미한다.

'-밖'을 뜻하는 접두사 *e*-와 결합된 enormous[거대한, 극악한]와 enormity[거대함, 악독] 역시 크기나 정도가 통상적 기준 밖에 있다는 점에서 '거대함'과, 도덕적 기준 바깥에 있는 '악독'의 의미도 갖는다.

이제 각각 '아래'의 *sub*-과 '위'의 *super*-와 결합한 subnormal[정상 이하의]과 supernomal[비범한]의 의미도 쉽게 이해될 것이다.

모순

OXYMORON

**ak*- 'sharp[날카로운]'

paradox[역설]와 oxymoron[모순어법]은 둘 다 앞뒤가 맞지 않는다는 의미를 지니고 있다. 모순[矛盾]이라는 한자 어휘는 창과 방패는 속성상 서로 양립될 수 없다는 것에서 유래하였다. 당착[撞着]이라는 어휘도 '치고 붙다'는 의미의 어휘가 결합되어 '서로 맞부딪치다'는 의미로 모순의 의미를 갖는다.

영어 어휘 paradox는 원래 그리스어 paradoxon에서 유래된 어휘로 '반대'라는 의미의 접두사 *para-*와 '의견'의 *doxa*가 결합된 것으로 '역설, 모순'이라는 의미가 된 것이다.

'모순어법' 또는 '당착어법'으로 풀이되는 또 다른 어휘 oxymoron은 '모순어법' 또는 '당착어법'으로 풀이되는데, a wise fool현명한 바보, faultily faultless하자투성이면서 흠없는[109], make haste slowly서서히 서둘러나(급할수록 돌아가라), polite discourtesy예의바른 결례, cruelly kind잔인하게 친절한와 같은 표현처럼 서로 모순된 말을 나란히 배치하여 특별한 효과를 노리는 수사법을 가리킨다. 어원적으로 보면 oxy는 '날카로운, 뾰족한'을 뜻하고 *moron*은 '둔한'을 의미한다. 날카롭고 둔한 게 같이 있으니 서로 모순된 성질이 함께 있는 것이다. 위의 한자어 모순矛盾이라는 단어의 형성법과 매우 유사하다. oxy는 다양한 어휘에서 발견되는 형태소 어근으로 oxygen산소, dioxin다이옥신 등을 구성한다.

*oxy*는 원시인구어 어근 **ak-*뾰족한, 날카로운에서 발달한 것으로, 이밖에도 **ak-*는 *ac~acerb~acid~acr~acu~ag~eg* 등 다양한 형태로 나타난다. 공통적으로 '뾰족하다'는 의미에서 맛이 시거나, 통렬하거나, 꼭대기, 가장자리, 고통, 바늘, 총명, 예민함 같은 다양한 의미 등으로 확장된 것을 보여주는 다음 어휘들의 의미를 확인해본다. 어근 *acr*높은, 꼭대기, 첨단와 *phobia*공포증가 결합한 acrophobia는 '고소공포증'을 의미하고, *acr*와 *bat*가다이 결합된 acrobat은 '곡예사'를 의미한다.

acacia[110] 아카시아

---

109) *Faultily faultless, icily regular, splendidly null, dead perfection; no more*(Alfred Lord Tennyson의 Maud(1855)에서).

110) 아카시아나무를 보면 뾰족한 가시가 있다. '가시가 있는 이집트 나무'라는 의미

acute	뾰족한
acupuncture	침술
acid	산성의
acetic	신맛의
vinegar	식초
acne	여드름
acumen	예민, 총명
ague	학질
acrid	혹독한
acerbic	신
exacerbation	악화
acrimony	신랄함
mediocre	평범한
acrobat	곡예사
acrophobia	고소공포증
acme	절정
acronym	두문자어
paragon	모범
eager	열망하는
edge	가장자리
ear	이삭

PIE root **ak* 'sharp'
Germanic → *edge, egg, ear, hammer*
Latin → *acuity, aculeate, acumen, acupuncture, acute, aglet, ague, eglantine, acerate, acrid, acrimony, eager, vinegar, acerbic, exacerbate, acid, acetic, mediocre*
Greek → *paragon, acrophobia, acrobat, amphioxus, oxalis, oxygen, oxytone*

의 그리스어 *akakia*에서 라틴어 *acacia*로 발달하였다.

티켓

TICKET, ETIQUETTE, STICK

**steig-* 'to stick, pointed[찌르다, 뾰족한]'

인구어 어근 **steig-*[찌르다, 뾰족한]에서 유래된 고유어 stick은 명사로 '막대기, 나뭇가지'를 뜻하고, 동사로는 '찌르다', '꽂다', '고정시키다', '붙(이)다' 등을 의미한다. 뾰족하게 생긴 도구인 막대기로 물건을 뚫거나 찌를 수 있고, 못이나 막대기를 꽂아 물건을 고정시킬 수 있다. 이런 이유로 '뾰족함', '막대기', '찌름', '고정' 등의 의미가 서로 연결된다.

'고정'의 의미는 etiquette[예법]나 ticket[표, 입장권]에도 들어 있다. 프랑스어 차용어 etiquette는 원래 법정이나 군인 숙박 시설에서 지켜야 할 행동 지침이 적힌 '쪽지'나 '메모'를 가리켰고 벽이나 문에 **붙어** 있었다고 한다. 즉, etiquette는 문자 그대로 '붙인 것'에서 '(벽에 붙여놓은) 행동 지침 쪽지, 메모'를 뜻하고 결국 '예법'의 의미로 변했다. 한편 ticket은 etiquette의 축약형이고 지금은 '표, 입장권'을 뜻한다.

다음 어휘들도 뾰족한 막대기나 바늘 모양을 가리키거나, (뾰족한 것으로) 찌르거나, 뚫거나, 쑤셔대고, 고정하는 의미를 갖는다.

stickleback	큰가시고기
sting	찌르다
stitch	바느질
distinguish[111)]	구별하다
extinguish	불을 끄다, 없애다
extinct	불이 꺼진, 멸종된

---

111) '분리'의 *dis-*와 '뚫다'의 *stinguere*가 결합된 라틴어 어휘 *distinguere* '작은 구멍을 뚫어 구별하다'에서 유래되었다.

instigate	부추기다, 선동하다
instinct	본능
stigma	낙인
tiger[112)]	호랑이
steak[113)]	스테이크
thistle	엉겅퀴

PIE root **steig* 'to stick, pointed'
Germanic → *stickleback, stitch, stick, etiquette, ticket, steak, thistle*
Latin → *distinguish, extinguish, instinct, instigate*
Greek → *stigma, astigmatism, tiger*

찌르다

POINT, PUNCTURE, PUNCH

**peuk-, *peug-* 'to prick[찌르다]'

찌르는 것은 날카롭다. 날카로움은 비유적으로 자극적이고 신랄함을 의미하게 되고, 바늘이나 칼처럼 날카롭고 뾰족한 도구로 뚫어 점이나 구멍을 만든다. 말이나 문자 텍스트에 점을 찍는 것은 구두점이라고 부른다. 누군가를 가리켜 점을 찍어 지정[指定]하거나 낙점[落點]하고 바늘침처럼 정확하게 행동하니 엄격함이 된다. 칼로 찌르는 행위는 공격이 되고 주먹은 공격이나 싸움의 좋은 도구가 된다. 마음이 찔리니 가책을 느끼게 된다.

---

112) 호랑이는 몸에 막대기 같은 줄무늬가 있다.

113) 꼬챙이에 꽂혀 구워진 고기.

pink	찌르다
point	점, 가리키다, 겨냥하다
puncture	펑크
poniard	단검
punch	구멍뚫는 기구
puncheon	구멍뚫는 기구
pointillism	점묘주의
acupuncture	['needle'+'prick'] 침술
pungent	날카로움
poignant	날카로운, 통렬한
punctuate	구두점을 찍다
punctuation	구두점
expunge	지우다
interpunction	구두점
pounce	구멍을 뚫다, 맹금류의 발톱, 달려들다
punch	구멍을 뚫다, 주먹질
impugn	공격하다
oppugn	공격하다
pugilism	권투
pugilist	권투선수
pugnacious	호전적인
repugn	['back'+'fight'] 저항하다
repugnance	반감
repugnant	불쾌한
appoint	지명하다
punctilious	꼼꼼함, 엄격함
punctual	엄수하는
compunction	양심의 가책

PIE root **peuk-*, **peug-* 'to prick'
Latin → *pugilism, pugnacious, impugn, oppugn, repugn, pink, poignant, point, pointillism, pounce, pounce, puncheon, punctilio, punctual, punctuate, puncture, pungent, compunction, expunge, spontoon*
Greek → *Pygmy*

바보

MORON, DULL, DIM-WIT, IMBECILE, FOOL

우리는 사람의 영리함이나 우둔함을 물체의 날카롭거나 둔한 모양새로 기술한다. 칼날처럼 날카롭다는 의미를 갖는 sharp은 예민한 성격이나 영리함을 의미하지만, 둔하고 뭉툭한 형상의 dull은 우둔함을 의미한다. 역시 '둔함'을 의미하는 그리스어 어근 *mor(o)*[둔한, 멍청한]가 포함된 어휘들도 살펴보자.

dull-witted	(머리가) 둔한
dull-brained	(머리가) 둔한
dullard	멍청이
dolt	바보
doltish	멍청한
moron	멍청이
sophomore[114)]	['wise'+'stupid'] 대학 2학년생

114) 대학 4년 중에서 신입생 시절을 막 지난 대학 2년생은 현명한 척하지만 아직 어리석다! 아직 미숙한 시기이다. 3학년인 junior는 문자 그대로 '후배, younger'이고 4학년은 senior, 즉 '선배, older'의 의미를 갖는다. 참고로 영어 비교급을 나타내는 접미사 *-er*은 라틴어에서는 *-or*에 해당한다.

moria 치매

'어리석음, 바보'의 의미와 관련된 어휘들을 좀 더 소개해본다. 원시인구어 어근 **gno-*[알다]는 영어 어휘 know의 형태의 원조이다.[115] ignorant[무지한]는 부정의미의 접두사 *i-*가 *gno*에 붙어 알지 못하니 '무식한'을 의미하고, ignoramus는 '무식한 사람'을 뜻한다.

원시인구어 어근 **weid-*가 '보(이)다'와 같은 시각 의미와 '알다'라는 인지 의미를 동시에 갖는 것은 I see의 '보이다'가 '알다'라는 의미로 풀이되는 것과 같은 이치이다. **weid-*의 '보다'의 의미는 vision[시력, 시각], video[비디오]와 같은 어휘에서 보이고, '알다'의 의미는 wise[현명한], wisdom[지혜], wit[재치, 알다]와 같은 어휘에 있다. wit는 다음과 같이 다른 의미의 어근과 결합하여 '어리석음'의 개념을 전달한다.

dimwit 바보
nitwit [nit 'nothing'+'know'] 바보
half-wit 바보
slow-witted 이해가 더딘
dull-witted 둔한

silly[어리석은]는 지금의 뜻과 달리 원래 좋은 의미를 가진 형용사였다. '행복한' > '축복받은' > '경건한' > '순진한' > '무해한' > '가련한' > '몸이 약한' > '정신적으로 약한' > '어리석은'으로 점차로 의미가 변해온 것이다.[116]

원시인구어 어근 **stupe-*[때리다]에서 유래된 stupid[어리석은]는 세게 맞고 기

115) 그림의 법칙 *g > k 참조.

116) 고대영어 *gesælig* 'happy, fortuitous, prosperous'.

절하여 멍한 상태를 떠올리면 된다. 이런 의미에서 '어리석은'으로 발달한 것으로 볼 수 있다. stupe는 '얼간이'를 의미한다.

imbecile[우둔한]도 원래는 '몸이 허약하다'의 의미에서 마음이 나약하니 '어리석다'는 의미로 변했고, 원시인구어 어근 **bak-*[막대기]이 주요 의미성분으로 포함된다. 신체 상태를 의미하던 어휘가 정신 상태를 의미하게 되는 것은 매우 보편적인 (은유적) 현상임을 다시 한번 기억하자. 어휘 imbecile의 의미를 분석하자면, 부정접두사 *in-*['not']과 *bacillum*[막대기]이 결합하여 문자 그대로 '지팡이(막대기)가 없다'를 뜻한다. '지팡이가 없으면 몸을 제대로 지탱할 수 없는 허약한 몸 상태'라는 의미가 결국은 정신적으로 허약하다는 의미로 전이되어 '어리석음'을 가리키게 된 것이다. 여기서 어근 **bak-*[막대기]은 다음 어휘들의 기원이기도 하다.

bacillus	['staff'+'small'] 바실루스, 간균
bacteria	['staff'+'small'] 박테리아, 세균
debacle	[dis-'off'+'bar' > 'unbar'] 붕괴, 대홍수, 대재해, 대실패

bacillus나 bacteria는 모두 '작은 막대기' 모양을 갖고 있는 세균을 의미하고, debacle은 빗장[bac]이 무너지면 그 속에 갇혀있던 것들이 제어되지 않고 쏟아져 나오는 상황이 되어 '붕괴, 재해'라는 의미로 발달한 것 같다. 우리는 가느다란 직사각형의 막대기 형태로 깎은 보석이나 빵을 baguette['stick'+'small'] 바게트]라고 부른다.

원시인구어 어근 **bhel-*$_2$[불다, 부풀다]에서 기원한 fool[바보]과 '머리가 나무토막처럼 단단하다'는 의미를 갖는 blockhead[돌대가리]도 '바보'이고 idiot, goof, numbskull, simpleton, ninny, ninnyhammer, nincompoop도 모두 '바보'를 뜻한다.

주머니
PURSE, BURSE, BUDGET, POUCH, BAG, SACK

먼저 고유어 purse와 (라틴어와) 프랑스어 차용어 burse는 모두 '주머니'라는 의미를 갖는다. 다음에서 보듯이 burse와 purse 모두 '가방, 돈 주머니'로부터 주머니 모양을 가진 '낭포, 유대류'라는 의미뿐만 아니라 '돈, 장학금, 주머니사정, 재원, 재산, 회계, 증권거래소' 등 '돈'과 관련된 의미로 확장되었다.

burse	작은 주머니, 지갑, 카톨릭에서 성체포를 넣은 성포 주머니, 증권 거래소, 스코트랜드 대학의 장학금
bursa	동물의 낭
bursar	(대학의) 회계 담당자, 스코틀랜드대학의 장학생
bursary	(대학의) 장학금, (대학의) 회계과
bourse	(파리의) 증권 거래소
imburse	['in'+'purse' > 'pay'] 지불하다
reimburse	['back'+'pay' > 'pay back'] 배상하다, 갚다
disburse	['from'+'purse'] 지출하다
purse	주머니, 지갑, 낭, 재산
purser	선박, 항공기의 사무장, 해군의 재무관
cutpurse	소매치기

어원적 의미 '불다, 부풀다'로부터 유래되어 '가죽 주머니'를 가리켰던 budget이 지금은 '예산'을 의미한다.[117)]

원시 게르만어 어근 **puk*-에서 유래된 poke^작은 주머니^와 pocket^호주머니^,

117) PIE root **bhel-*$_2$ 'to swell, blow'.

pouch주머니는 모두 '주머니'를 뜻한다.[118] poach수란는 달걀 노란자를 흰자가 주머니처럼 둘러싼 형태에서 기인한다. 문자 그대로 '포켓에 넣다'라는 의미를 가진다.

이밖에도 '주머니'와 관련된 어휘로 bag자루, baggage수하물, marsupial주머니의, 유대류의 포유 동물, sack큰가방, satchel작은 가방도 참조하자.

거치

POSITION, POSTPONE, COMPOSE, COMPOST

*_apo-_ 'off, away분리'[119]

원래 '물리적 공간에 구체적인 물건을 두다'를 의미하는 라틴어 어근 _pon_은 놓이는 물건이 몸이나 생각, 시간처럼 추상적 물건이 되기도 한다.[120] pose자세(를 취하다)는 공간에서 내 몸이나 자세를 놓는 방식이고, position위치, 입장은 물건뿐만 아니라 생각이나 태도가 놓이는 위치나 방식을 의미한다. posit놓다, 가정하다도 물리적 공간에 물건을 '설치'하거나, 논리적 공간에 생각이나 이론을 두어 '가정'한다는 의미를 갖는다. positive명확한, 긍정적인는 물건을 두어 자리가 잡히면, 그 정체가 분명하고 확실하게 된다는 점에서 '확신하다', '긍정적이다'라는 뜻을 갖게 되었다. postpone연기하다는 문자 그대로 '물건을 (공간의) 뒤에 놓다'의 의미가 '일정을 (시간의) 뒤에 놓다', 즉 '시간을 연기하다'의 은유적 해석을 갖

---

118) PIE root *_beu-_ 'to swell', pouch는 프랑스어 차용어이나 게르만어 기원을 갖는다.

119) 라틴어 접두사 _ab-_, _post-_, 그리스어 접두사 _apo-_, 고유어 전치사 of, off, after도 동족어이다.

120) 라틴어 _pōnere_.

게 되었다.[121)]

'놓다'를 뜻하는 어근의 이형태 *pon~pos~pound*에 다양한 접두사가 결합된 어휘들을 좀 더 살펴보자.

- '-에'의 *ad*-가 붙은 어휘:

appose	나란히 놓다

- '함께'의 *com*-이 붙은 어휘:

compose	작곡하다, 작문하다, 구성하다
compost	비료
composite	합성물, 합성의
component	구성요소
composure	침착
compound	혼합하다, 합성의, 복합체

- '분리'의 *dis*-가 결합된 어휘:

dispose[122)]	배치하다, 배열하다; -을 하고 싶게 하다
disposed	배치된, -할 마음이 있는
disposition	기질

- '아래' 또는 '분리'의 *de*-가 결합된 어휘:

depose	높은 지위에서 물러나게 하다
deposit	퇴적물, 보증금; 예치하다

---

121) put off 참조.

122) 마음을 군대나 물건처럼 배치하는 것이다.

- '밖'의 *ex*-가 결합된 어휘:

expose	노출하다, 폭로하다
expound[123)]	자세히 설명하다

- '안'의 *in*-이 결합된 어휘:

impose	부과하다, 강요하다

- '뒤'를 의미하는 *post*-가 붙은 어휘:

postpone	미루다
postposition	후치(사)

- '앞'을 의미하는 *pre*-가 붙은 어휘:

preposition	전치사

공장

DO, FACTORY, SYNTHESIS

**dhē*- 'to set, put[두다]'

원시인구어 어근 **dhe*-[놓다, 두다]에서 라틴어 *facere*[만들다, 하다], 그리스어 *tithenai*[놓다], 고유어 do, deed가 파생된 것으로 보인다. '어떤 장소에 놓다'라는 의미는 '어떤 상태가 되게 하다', '어떤 일이 일어나게 하다', '어떤 일이 일어나게 만들다'라는 의미로 확장된다.

---

123) 영어 I see에서처럼 [아는 것은 보이는 것이다]라는 개념적 은유가 적용된 경우로, '물건을 밖에 꺼내어 놓다'라는 것은 결국 그 물건의 정체가 어떤 것인지 보여주고 알게끔 설명한다는 의미이다.

먼저 라틴어 어근 *fac~fec~fic*는 '만들다, 하다'의 의미를 기본적으로 갖는다. satisfy[만족하게 하다]나 simplify[단순하게 만들다]에서처럼 동사화 접미사 *-fy*는 '-로 만들다, -하게 하다'의 의미를 갖는다. fact[사실]는 라틴어 *facere*의 과거 분사형 *factus*에서 나온 명사인데 문자 그대로 '이미 만들어진 것, 이미 실행된 것'이니 '사실'을 뜻하게 된 것이다. facsimile[복사]는 비슷하게 만드는 것을 의미하고, factor[요인]와 factory[공장]는 '행위자, 제조자'라는 의미에서 '요인'과 '공장'의 의미를 갖게 되었고, 모든 잡일을 하는 사람은 factotum[['do'+'all'] 막일꾼]이고, 손으로 물건을 만드니 이 행위는 manufacture[['hand'+] 제조]이다. artifact[['skill'+] 인공물]와, artificial[인공적인], artifice[기술, 책략]는 기본적으로 사람의 기술로 만든다는 의미를 갖는다. facile[쉬운]과 facility[솜씨, 설비]는 힘 안들이고 일을 쉽게 한다는 의미가 기본적으로 들어 있고, faculty[능력]는 쉽게 할 수 있으니 '능력'을 의미한다.

부정의 의미를 갖는 *dis*-와 *fic*가 결합한 difficulty[어려움]는 할 수 없으니 어려운 일이 된다. fashion[양식]은 일을 하는 방식이다. 라틴어 부정 접두사 *dis*-가 결합된 defeasance[파기]와 defeat[처부수다]는 원래 '원상태로 돌리다[undo]'에서 '파기'나 '파괴'의 의미가 되었다. 접두사 *per*-[완전히]가 fect에 붙어 일이 완료된 perfect는 '완벽한' 것을 의미하는 반면, *de*-['down, away']가 '부정'의 의미로 해석된 defect[결함], deficit[결손], deficient[부족한]는 어떤 일을 제대로 못한 결과 '결함, 결핍, 결손'의 의미를 갖는다.

'결과'의 의미를 갖는 *ex*-['out']가 들어 있는 effect[['out'+] 효과, 결과]와 efficient[효과적인]는 어떤 행위의 '효과'나 '결과'의 의미를 갖고, 'to'를 뜻하는 *ad*-가 붙은 affect[[ad-'to'+ 'do'] 영향]는 무언가에 '영향'을 준다는 의미가 된다. confection[['together'+'make'] 제조, 과자]의 문자적 의미는 '혼합하여 만들다' 정도가 된다. benefit[['good'+'deed'] 이익]과 beneficial[유익한]의 문자 그대로의 의미는

'좋은 행위'이다. proficient[*pro*-'forward'+'make, do'] 능숙한]는 문자 그대로 전진하고 진행할 수 있는 능력에서 '능숙하다'라는 의미가 발달한 것으로 볼 수 있고, profit의 의미인 '이익' 역시 전진하여 성취한 것으로 보면 된다. office['work'+], feasible[실행할 수 있는], malefactor['bad'+] 죄인], malfeasance[위법행위]도 '일'과 관련된 어휘들이다.

face[얼굴], surface[표면], facade[정면] 등의 어휘에서 fac는 '표면'과 '얼굴'을 의미한다. '만들어진 것'은 '형태'이고 그 형태는 내용보다는 '표면'을 의미하고, 여기에서 '얼굴'의 의미로 더욱 확장되었다. deface['apart'+'face'] 외관을 훼손하다]와 efface['out'+'face'] 지우다]도 참조하자.

고유어 do[124)]와 deed[행위]는 인구어 어근에서 자음 변이를 겪은 것으로 문자 그대로는 각각 '놓다'와 '놓여진 것'에서 '행동하다'와 '행위'의 의미를 지니게 되었다. 부사 indeed[참으로]는 원래 전치사구 in dede가 한 단어로 축약된 것으로 in fact의 의미와 같다. doom['thing put down'] 운명]이란 이미 놓여 정해진 것이다. deem[판단하다]은 '판단'이나 '의견'과 같은 추상물을 내놓은 것이다. 생각을 표명하는 것은 물건을 두는 것으로 이해한 은유라고 생각하면 된다.

또한 don[모자/옷을 걸치다]과 doff[모자/옷을 벗다]는 역사적으로 각각 do on['to put on']과 do off['to put/take off']가 축약된 것으로 원시 어근 **dhē*-의 의미 '놓다'가 do에서 읽히는 경우이다.

다음 그리스어 어근 *the*가 포함된 어휘들에서 보듯이 말이나 생각, 주장을 제안하는 것은 구체적인 물건처럼 (내려) 놓고 두는 것으로 비유된다.

---

124) do는 *dhē*-에서 o-모음으로 교체된 **dhō*-이고, doom은 여기에 접사가 붙은 형태 **dhō-mo*-에서 발달하였다.

epithet	['in addition'+'put'] 별칭
synthesis	[*syn*-'together'+'put'] 종합, 합성[125]
theme	주제
thesis	논지, 논문
parenthesis	[*para*- 'beside'+ *en*- 'in'+'to put'] 괄호, 삽입구
hypothesis	['placing under'] 가설
metathesis	['change'+'put'] 음위전환

PIE root **dhē* 'to set, put'

Germanic → *deed, indeed, do, doom, deem, -dom*

Latin → *abdomen, abscond, incondite, recondite, condiment, fact, faction, factitious, factitive, factor, factory, fashion, feasible, feat, feature, fetish, affair, affect, affect, affection, artifact, artifice, beatific, benefaction, benefic, benefice, beneficence, benefit, chafe, comfit, confect, confetti, counterfeit, defeasance, defeat, defect, deficient, discomfit, edifice, edify, effect, efficacious, efficient, facsimile, factotum, feckless, forfeit, infect, malefactor, malfeasance, manufacture, misfeasance, officinal, orifice, perfect, pluperfect, pontifex, prefect, proficient, profit, refect, refectory, sacrifice, suffice, sufficient, surfeit, façade, face, facet, facial, facies, deface, efface, surface, office, facile, facilitate, faculty, difficulty, multifarious, omnifarious, -fic, -fy*

Greek → *apothecary, boutique, bibliotheca, thesis, thetic, anathema, antithesis, diathesis, epenthesis, epithet, hypothecate, hypothesis, metathesis, parenthesis, prosthesis, prothesis, synthesis, thematic, theme*

125) 'put together, 모두 합쳐 만들다'를 뜻하는 라틴어 차용어 compost '혼합물, 비료', composition '합성' 참조.

신

FANATIC, FESTIVAL, PROFANE, THEOLOGY, DOROTHY, THEODORE, ATHEIST

**dhēs* (< **dhē-* 'to set, put[두다]') 'religious concept[종교적 개념]'

종교적 개념을 의미하는 인구어 어원 **dhes*-에서 우리가 잘 알고 있는 fanatic[광신자], festival[잔치], fiesta[축제], profane[불경스러운], theology[신학]와 같은 어휘들이 파생되었다.

'신전'을 의미하는 라틴어 어근 *fanat~fan*은 신과 관련된 다양한 의미를 갖게 되었다.[124)] fanatic[광신자]은 신에게 영감을 받아 열광하거나 광적으로 된 사람이다. 배우나 가수, 운동선수들을 열광적으로 좋아하는 사람을 지칭하는 fan은 fanatic의 준말로 '선풍기'를 뜻하는 fan과는 무관하다. profane[신성모독의, 불경한]은 'before'의 *pro*-와 결합되어 문자 그대로 '신전 앞', 즉 신전 밖에 있는 것은 세속적이어서 불경스러움의 의미로 연결된 것이다. '신전'은 또한 '축제'의 의미로도 확장이 되었다. festival[잔치]이나 feast[축제], festive[축제의, 흥겨운]에서처럼 신을 기념하는 축제는 즐겁고 행복하다.

**dhes*-에서 파생된 그리스어 어근 *theo*[신]는 theology[신학]나 atheist[['not'+'god'] 무신론자]를 구성한다. 우리에게 친근한 이름 Dorothy[['gife'+'god']]와 Theodore[['god'+'gift']]는 '신의 선물'을 의미하고,[127)] Timothy[['honor'+'god']]는 '신을 경외'한다는 의미를 갖는다.

---

126) 라틴어 *fanum* '신전'.

127) PIE root **dō*- 'to give' 참조. ad**d**, **d**ata, **don**ate, **dos**e, **dow**ry, en**dow**, Pan**dora**, tra**dit**ion, traitor, treason 등이 모두 '주다'의 의미로 관련된다.

PIE root *dhēs* 'religious concept'
Latin → *fair, feria, feast, fest, festal, festival, festive, fete, fiesta, fanatic, profane*
Greek → *apotheosis, atheism, enthusiasm, pantheon, polytheism, theophany, tiffany*

허구

FICTION, FIGMENT

**dheigh-* 'to form, build[형태를 만들다, 짓다]'

앞에서 본 **dhē-* 'to set, put[두다]'에서 유래된 라틴어 어근 fac[만들다]과 형태나 의미가 모두 유사해 보이지만, 아래에 소개될 어근 *fic~fig*[만들다]은 **dheigh-* 'to form, build[짓다]에서 파생하였다.

fact[사실]와 fiction[허구] 모두 '만들어진 것'이라는 공통의미를 갖는데, 전자는 '사실'이고 후자는 '허구, 소설'로 완전히 다른 의미를 갖는다. 도구를 내려놓는 행위는 비유적으로 도구로 수행하는 행위의 종료나 완료를 의미한다. fact가 'things done'이라는 의미에서 더 이상 변하지 않는 '사실'의 의미가 되었다면, fiction은 그냥 '만들어진 것'이다.[128)]

fiction과 유사하게 figment도 '허구'를 의미한다. '형태를 만들다'의 의미를 갖는 *fig~fic*이 들어간 어휘들은 다음과 같다.

configure	구성하다
disfigure	모양을 손상하다

128) 라틴어 *fingere* '만들다'의 과거형 참조. 혹자는 fact와 fiction의 어원을 동일하게 다루기도 한다.

effigy	우상
fictile	점토로 만든
fictitious	허구의
figure	모양, 숫자
figurine	작은 조각상
prefigure	예상하다
transfigure	변형하다

'형태를 만들다'라는 의미는 그림의 법칙을 겪고 자음 *d*-가 된 고유어 dough[가루반죽], diary[낙농장], lady[숙녀]에 존재한다. '밀가루 반죽'을 성형해서 빵을 만드는 것에서 dough의 의미가 설명된다. 빵 반죽을 하는 것은 주부나 하녀가 하는 일이었고, 우유를 짜는 일도 여성이 했던 것 같다. dairy는 '빵 반죽하는 사람(여자)' > '우유 짜는 여자'라는 의미의 중세영어 *daie*에 '장소'를 뜻하는 접미사 *-ary*가 붙어 '낙농장'의 의미를 지니게 되었다. 흥미롭게도 lady[숙녀]의 역사적인 의미 뒤에도 '반죽하여 빵(형태)을 만드는 여자'라는 의미가 숨어 있다. 지금 '빵 한 덩이'를 의미하는 loaf의 고대영어 형태 *hlaf*는 '빵'을 의미했다. 이 *hlaf*[빵]와 *-dige*[빵반죽하는 사람]가 결합된 *hlafdige*는 '빵 만드는 여자'를 의미했고, 후에 형태는 lady가 되고 의미도 '숙녀'로 바뀐 것이다. lord[주인]의 원형과 원뜻은 *hlaf*와 *weard*['ward']가 결합된 *hlafweard*, '빵을 지키는 자'였다.

PIE root ***dheigh* 'to form, build'
Germanic → *dough, dairy, lady*
Latin → *figure, figurine, configure, disfigure, prefigure, transfigure, faint, feign, feint, fictile, fiction, figment, effigy*

시인

POET, POEM, ONOMATOPOEIA

**$k^w ei\text{-}_2$ 'to pile up, build, make[짓다, 만들다]'

poet[시인], poem[시], poetry[시가]는 '창조'를 의미하는 그리스어 어근 *poe*가 들어 있다. *onomat-*[이름]과 *poeia*가 결합한 onomatopoeia는 '의성어'를 의미한다.

PIE root *$k^w ei_2$ 'to pile up, build, make'	
Greek	→ *poem, poesy, poet, poetic, epopee, onomatopoeia*

수난

PASSION, PASSIVE, PATIENT, COMPASSION, FIEND

**pē(i)-* 'to hurt[고통을 주다]'

'고통 받다', '견디다'를 의미하는 라틴어 어근 *pati~pass*는 다음과 같은 어휘를 구성한다.

passible	감동하기 쉬운
passion	고통, 열정
passive	수동의
patient	참을성 있는, 환자
compassion	동정심

**pē(i)-*는 게르만어에서 '증오'의 의미가 되어 영어 고유어 fiend[악마]가

원래 증오의 대상인 '적'을 의미했지만, 지금은 '악마'의 의미를 지니게 되었다.

PIE root **pē*(*i*), *pē*, *pī* 'to hurt'
Germanic → *fiend*
Latin → *passible, passion, passive, patient, compassion*

동정
PATHOLOGY, SYMPATHY, EMPATHY

**k*^{w}*ent*(*h*)- 'to suffer[겪다]'

'느끼다', '고통받다', '질병'을 의미하는 그리스어 어근 *path*는 다음 어휘를 구성한다.

antipathy	[anti- 'against'+'feeling'] 반감, 혐오
apathy	[a-'not, without'+'feeling'] 무감정
empathy	['in'+'feeling'] 감정이입
sympathy[129)]	['together'+'feeling'] 동정
pathetic	애처로운
pathology	병리학
pathos	비애감

PIE root **k*^{w}*ent*(*h*) 'to suffer'
Greek → *pathetic, pathic, pathos, apathy, pathognomonic, sympathy*

129) 라틴어 compassion은 그리스어 sympathy를 문자 그대로 번역한 차용번역(loan translation)이다.

고통

PENALTY, PAIN, PUNISH,

*k^{w}ei-$_{1}$ 'to pay, atone, compensate지불하다, 보상하다'

라틴어 어근 *pen~pun*은 '벌'과 '고통', '고행', '회개'를 뜻하는 어근이다. '벌'을 주는 목적은 지은 죄를 '고통스러운', '고행'을 함으로서 '후회'하고 '회개'하게 하는 데 있다.

penalty	형벌
punish	벌하다
punitive	징벌의
impunity	처벌을 받지 않음, 무사
penology	교정학(矯正學)
pain	고통
pine	슬픔이나 질병 등으로 수척해진다 > 갈망하고 그리워한다
repine	불평하다
penance	참회, 고행
penitence	참회
repent	회개하다

PIE root *k^{w}ei$_{1}$ 'to pay, atone'
Greek → *pain, penal, penalty, pine, punish, impunity, penology, punitory, repine*

종이

PAPER, PAPYRUS

paper[종이]의 원료는 이집트 원산지 식물 papyrus[파피루스]였다.

적음, 작음

PAUPER, PAUCITY, PUPIL, FEW

*pau- 'few, little[적은, 작은]'

pauper[빈민], paucity[결핍, 소수, 소량], pupil[제자, 미성년자, 눈동자], few[적은]에 공통적으로 들어 있는 의미는 '작다'나 '적다'이다. 적은 것은 빈곤이나 결핍으로, 작은 것은 어린 동물, 어린 사람이나 약한 것으로 연결된다. poco는 음악 용어로 '약간, 조금'이라는 의미를 갖고, poor[가난한]와 poverty[빈곤], impoverish[가난하게 하다] 모두 '부족'을 의미한다.

작은 것은 보통 약하다. pusillanimous[소심한]는 pusillis[아주 약한, 작은]와 animus[정신, 용기]가 결합된 어휘로 '소심한, 겁 많은, 약한'의 의미가 되었다.

*pau-의 '작다'라는 의미는 털 자란 작고 어린 생물체에도 적용된다. 그래서 다음과 같이 '번데기', '어린 동물', '아이' 뿐만 아니라 '인형', 심지어 '동공'의 의미까지 확장되었다. pupa[번데기]나 pony[조랑말], pullet[어린 암탉]은 털 자란 어린 생물체이다. 지금은 poultry가 닭, 오리, 거위 따위의 일반적인 '가금'을 의미하지만 원래는 '어린 새'를 의미했다.

pupil은 '어린 학생'을 의미하는데, 라틴어 *pupus*[사내]에 지소사가 결합된 *pupillus*에서 발달한 어휘이다. 흥미롭게도 동일한 형태로 '눈동자,

동공'을 의미하는 pupil은 라틴어 *pūpa*[소녀, 인형]에 지소사가 결합된 *pupilla*에서 유래된 어휘로 원 의미는 '작은 여자 인형'이었다. 우리가 다른 사람의 눈을 보면 우리의 형상이 다른 사람의 **눈동자**에 **작은 인형**의 모습으로 맺혀 있는 것이 보인다. 즉 '작은 소녀/인형'에서 '동공'으로 의미가 바뀐 것이다.

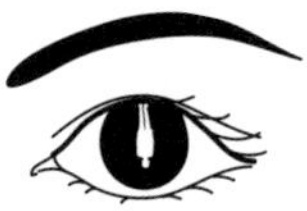

pupil

puppy[강아지]나 puppet[인형, 꼭두각시] 역시 라틴어 *pūpa*[소녀, 인형]에서 발달하였다. 르네상스 시대의 장식적인 조각으로 큐피드 등 발가벗은 어린이의 상을 지칭하는 putto(putti는 복수형)는 라틴어 *putus*[소년]에서 발달하였다.

puer[사내, 어린아이]도 **pau-*[작다]에서 유래된 어근으로 다음의 어휘를 구성한다.

puericulture	육아학(育兒學)
puerile	어린 아이 같은
puerility	유년, 유치
puerperal	분만(分娩)의

Paul이라는 이름에도 '작다'라는 의미가 담겨 있으며 '아이'를 의미하는 그리스어 어근 *ped*도 **pau-*에서 발달하였다. orthopedics[*ortho-*'straight'+'child'] 정형외과]와 orthopedist[정형외과 의사]는 원래 아이들 몸의 기형을 똑바르게 고쳐 주던 것에서 유래되었다. pedagogue['child'+'lead'] 교사]는 아이들을 이끈다.

hypnopedia	['sleep'+'child'] 수면 학습(법)
encyclopedia	백과사전

p > f로 자음변화를 겪은 고유어 few나 filly[암망아지], foal[망아지]도 참고해 보자.

PIE root **pau* 'few, little'
  Germanic → *few, foal, filly*
  Latin → *paraffin, parvovirus, pauper, poor, poverty, depauperate, impoverish, puerile, puerperal, poltroon, pony, poulard, poultry, pullet, pusillanimous, putto, pupil, puppy*
  Greek → *pedo-, encyclopedia, orthopedics*

교사

PEDAGOGUE, EDUCATOR, TEACHER

**pau-*'few, little', **ag-* 'to drive', **deuk-* 'to lead', **deik-* 'to show, point out'

작은 사람인 아이들을 좋은 길로 이끌고 몰고 보여주고 지적해주는 pedagogue[130]와 educator, teacher는 모두 '교사'를 의미한다. pedagogy는 *pedo*[아이]와 *agog*[이끌다]가 결합되어 말 그대로 '아이들을 이끌다'에서 '교육학, 교수법'을 의미하게 되었다.

*agog*가 포함된 또 다른 어휘로 '민중[demo]'을 이끄는 demagogue[선동정치가]가 있다. *syn-*이 결합된 synagogue는 '유대교 회당'을 의미한다.

educate[교육하다]는 educe[이끌어내다]와 이중어로 문자 그대로의 주요 의미는 '밖으로 이끌다'이다. 그러나 전자는 '교육하다'로 발달한 반면, 후자는 '끌어내다'의 의미를 그대로 갖고 있다.

teach[가르치다]는 '보여주다, 지적하다, 엄숙하게 말하다'를 의미하는 원시인구어 어근 **deik-*에서 유래된 것으로 누군가에게 올바른 것을 보여주고 지시하는 행위에서 비롯된 것으로 보인다.

130) pedagogue는 원래 '소년들을 학교에 데려다 주던 노예'라는 의미에서 '교사'라는 의미로 변했다.

돌진

COMPETE, MESOPOTAMIA, PEN, FEATHER, HELICOPTER

*pet- 'to rush, to fly[돌진하다, 날다]'

1. 돌진, 발생, 추진, 충동, 구함

돌진함[rushing]은 힘으로 무언가를 밀어붙이며 앞으로 나아가는 이미지를 가진다. 이런 이미지는 '추진', '요구', '발생', '충동' 등의 의미로 연결된다.

symptom	['together'+'fall' > 'happen'] 증상
perpetual	['through'+'seek'] 영구의
impetuous	충동적인
impetus	물건을 움직이는 힘
compete	['together'+'rush at'] 경쟁하다
competent	유능한

compete

*pet-의 일차적 의미인 '돌진'에서 돌진하며 몰아쳐 흐르는 물인 '강'을 나타내거나, 하늘로 새가 비상하는 것에서 '날개, 깃털'의 의미로 연결된다.

2. 강

그리스어 어근 *potamo*는 '강'을 의미한다. hippopotamus['horse'+'river'] 하마는 '강에서 사는 말'이고 potamoplankton은 '하천 플랑크톤'을 가리킨다. Mesopotamia['middle'+'river'] 메소포타미아는 고대 문명발생지의 하나인 서남아시아 티그리스 강과 유프라테스 강 사이의 지역을 가리킨다.

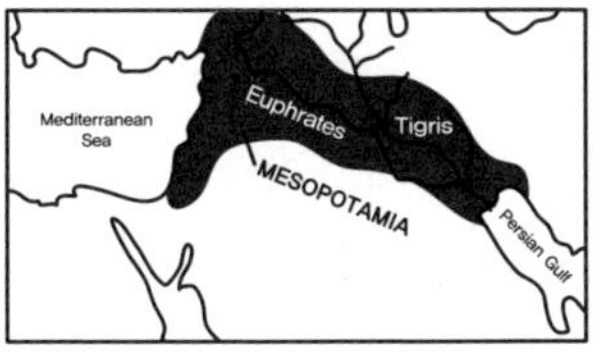

3. 날개, 깃털

pen펜의 원래 의미는 무엇이었을까? 처음부터 지금 우리가 알고 있는 필기도구인 펜이 아니었다. pen은 라틴어에서 유래된 어휘로서 영어 feather깃털와 동족어이다. 첫 자음 *p*-와 *f*-는 *p*자음을 그대로 유지한 라틴어와 그림의 법칙에 따라 *f*로 변한 게르만어의 차이이다. 지금은 의미가 달라졌지만 라틴어 차용어 pen과 고유어 feather가 영어에 이중어로 공존한다. 옛날에는 필기도구가 지금처럼 공학적 설계로 잉크가 자동으로 나오도록 고안된 펜이 아니라 공작과 같은 새의 깃털 심을 잘라 잉크에 찍어 쓴 도구인 '깃펜'이었다. 일종의 환유현상으로 '깃'이 '필기도구'가 된 것이다.

pen

여기서 좀 더 나아가면, 깃펜의 끝은 바늘처럼 뾰족했다. pin은 '못'이나 '핀'을 의미하게 되었다. pinion날개과 pinnate깃모양의는 원래의 '날개' 의미가 있다. 문자 그대로 '작은 깃털'에서 '뾰족함'으로, 다시 '꼭대기'로 발달한 pinnacle꼭대기, 정상도 참조하자.

그리스어의 '날개'는 *pteron*이다. 의외로 우리가 아주 어렸을 때부터 잘 알고 있는 그리스어 차용어가 있다. helicopter[헬리콥터]는 '나선형'이라는 의미의 *helic*과 '날개'의 *pter*가 결합되어 '나선형 날개'를 뜻하는 어휘이다. *pter*는 apteryx라는 어휘에도 숨어 있는데 그리스어에서 *a*-는 부정이나 결핍의 의미를 나타내는 접두사이고 *pter*는 날개이니, 말 그대로 '날개가 없는'이 된다. 여기에 '것'이라는 의미인 접미사 *-yx*가 붙어 날개 없는 것, 즉 날개 없는 새인 '무익조[無翼鳥]'로 kiwi[키위]라고 부르기도 한다. 그렇다면 아주 옛날에 살았던 모든 새의 시조인 '시조새'를 archaeopteryx라고 부르는 것도 금방 이해될 것이다.

PIE root **pet* 'to rush, fly'

Germanic	→ *feather*
Latin	→ *petition, petulant, appetite, compete, impetigo, impetuous, impetus, perpetual, repeat, pen, penna, pennate, pennon, pin, pinna, pinnacle, pinnate, pinnule*
Greek	→ *apteryx, archaeopteryx, monopteros, pterygoid, symptom, hippopotamus, potamology*

깃털

PLUME, PLUMAGE

**pleus*- 'to pluck, a feather, fleece[깃털, 뜯다]'

앞에서 pen이 원래 '깃털'이라고 했는데, '날개'와 관련된 또 다른 어휘는 plume[깃털]이다. 날개가 없고 발이 두 개인 동물인 인간을 animal bipes inplume라고 일컫는다.

흐르다

FLOW, PNEUMONIA, FLOOD, FLOAT, FLEET, FLY, FULL-FLEDGED

**pleu-* 'to flow[흐르다]'

인구어 어근 **pleu-*[흐르다]에서 파생된 어휘들은 '흐름', '비', '항해', '부유(물)', '폐', '물의 범람', '재산, 부[富]' 등의 의미를 갖는다.

비는 하늘에서 내려오는 물이고, 이 물이 너무 많이 와서 강둑을 흘러넘치면 홍수가 된다. '돈이 넘치다'라는 부의 개념은 '물의 범람'이 은유적으로 해석된 것이다.

flow	흐르다
flood	홍수
pluvial	비의
pluvious	비의
plutocracy	['overflowing>wealth'+'rule'] 금권정치

어원적으로 '폐'는 다른 장기와 달리 물에 뜨는 '부유물[floater]'이라는 뜻을 갖고 있다.[131)] 라틴어 *pulmo*와 동족어인 그리스어 (*pleumōn* >) *pneumōn*은 '허파'를 의미한다:

pulmonary	폐의
pneumonia	폐렴
pneumonic	폐의

131) PIE root **pleu*에 접사가 붙은 **pl(e)umon* 참조. 또한 어원적으로 '가벼운 장기'라는 의미를 가진 lights와 lungs 참조.

'심폐소생술'을 뜻하는 **c**ardio**p**ulmonary **r**esuscitation은 통상 CPR로 줄여 말하는데, *cardio*는 '심장', pulmonary는 '폐의', resuscitate는 '소생'을 의미한다.[132)]

누구나 인생이 강물처럼 순식간에 흘러가 버려 무상하다는 생각을 할 것이다. 함대나 부표는 물에 떠있는 것이다. 그리고 새는 공중에 뜨기 위해 날개를 퍼덕거리게 된다:

fleet_1	흘러가/날아가 버리다; 빠른/무상한
float	뜨다
fleet_2	함대
flotsam	표류물
flutter	펄럭이다

pleu-의 '흐르다'는 '날다'의 의미로 더욱 확장되었고 이로부터 '도망가다', '화살', '깃털', '새' 등의 의미를 갖는 어휘가 파생되었다. a full-fledged noun이라는 언어학 용어가 있는데 이는 '자격을 다 갖춘 명사'라는 뜻을 갖고 있다. 어린 새가 깃털이 다 나서 풍성해지면 이제 비상을 할 수 있는 '자격을 제대로 갖춘' 것이다. 아직 깃털이 자라지 않은 어린 새는 fledgling['feather'+'little'] 햇병아리이라고 부른다.[133)] unfledged[미숙한]는 깃털이 다 나지 않은 상태로 '미숙'의 의미를 갖는다.

fly	날다, 파리
flight	날기

132) resuscitate '소생하다/소생시키다'는 '다시'를 뜻하는 *re*-와 '일으키다'를 뜻하는 *suscitate*가 결합된 어휘이다. suscitate는 다시 '아래에서 위로'를 뜻하는 *sub*-과 '소환, 호출'을 의미하는 *cit*가 주요 성분이다.

133) duckling '오리새끼'에서 접미사 *-ling*은 지소사이다.

flee	도망하다
flight	도주
fletcher	화살제조인
fledge	깃털이 다 나다
fowl	가금

PIE root **pleu* 'to flow'
Germanic → *flow, flood, fly$_1$, fly$_2$, flee, fletcher, fledge, flight, flight, fowl, float, fleet, fleet, flotilla, flotsam, flutter, flit*
Latin → *plover, pluvial, pluvious, pulmonary*
Greek → *pleuston, pyelitis. pneumonia, pneumonic, Pluto, plutocracy*

채우다

COMPLETEF, DEPLETE, FILL, FULL, FOLK

**pelə-*$_1$ 'to fill[채우다]'.

**pelə-*$_1$ 'to fill[채우다]'에서 파생된 라틴어 어근 *ple~pli, pleb, plu~plur*와 그리스어 어근 *pleth, pleo, poli*가 포함된 어휘들, 그리고 *f-l* 형태의 고유어가 어떤 의미를 갖는지 살펴보자.

용기를 채우면 양과 수가 많아진다(plenty, plural, plus, plethora, polyandrous, plebeian, folk). 우리는 일이나 임무를 은유적 공간으로 이해하여, 공간을 채우는 것처럼 임무도 채운다고 말한다. 다시 말해 일을 **실행**하는 것도 채워가는 것으로 생각할 수 있다(implement). 그릇 따위를 다 채운다는 것은 비유적으로 어떤 과정을 **완전하게** 이룬다는 것을 뜻하는 것이며(complete, accomplish), 반면 덜 채워지거나 비워지면 **고갈**된다(deplete). 또한 무엇인가를 완전히 채우려면 부족한 부분만 **보충**하면 되고

(complement), **칭찬**이나 **선물**도 상대방에 대한 예의나 존경의 표현을 완성하는 보충물로 이해할 수 있다(compliment).

- 라틴어 어근 *ple~pli* 'full, to fill'이 들어간 어휘:[134)]

plenary	충분한
plenitude	충분, 완전
plenty	충분(한)
plenum	충만, 총회
plenty	많은
manipulation	['hand'+'full'] 조종
accomplish	성취하다
complete	완전한
compliment	선물, 칭찬
complement	보충
depletion	고갈
expletive	부가적인; 허사
implement	시행하다; 도구
replete	충만한
replenish	다시 채우다
supply	공급하다

- 라틴어 어근 *pleb* 'people, multitude'가 들어간 어휘:

plebe	('고대 로마의 평민'>) (육·해군 사관학교의) 신입생
plebs	평민
plebeian	평민(의)
plebiscite	['people'+'vote for, decree'] 국민투표

134) 라틴어 *plēnus* 'full', *plēre* 'to fill'.

- 라틴어 *plu, plur* 'more'가 들어간 어휘:[135)]

plus	-을 더하여
nonplus	['no'+'more'] 당혹
surplus	나머지
pluperfect	대과거
plural	복수의

- 그리스어 어근 *pleth* 'full, abundance'가 들어간 어휘:[136)]

plethora	과잉

- 그리스어 어근 *pleo* 'more'가 들어간 어휘:[137)]

pleonasm[138)]	중복어

- 그리스어 어근 *poly* 'many'가 들어간 어휘:

polyandrous	일처다부의
polyclinic	종합진료소
polydactyl	다지동물
polyglot	여러 언어를 사용하는
polygon	다각형
polygraph	등사기
polygyny	일부다처
polyhedron	다면체
polymer	종합체
polymorphous	다형태의

---

135) 라틴어 *plūs* 'more'.

136) 그리스어 *plēthein* 'to be full'.

137) 그리스어 *pleōn* 'more'.

138) 'a false lie'.

Polynesia	['many'+'island'] 폴리네시아
polyp	폴립
polyphony	다음
polysemy	다의성
polysyllabic	다음절의

• 고유어:

fill	채우다
full	가득찬
folk	사람들

PIE root *$pel\partial$-$_1$ 'to fill'
Germanic → *full, folk*
Latin → *plenary, plenitude, plenty, plenum, replenish, plural, plus, nonplus, pluperfect, surplus, accomplish, complete, compliment, comply, deplete, expletive, implement, replete, supply, plebe, plebeian, plebs, plebiscite*
Greek → *plethora, pleo-, poly-*

휴식

QUIET, QUIT, QUITE

**k*^{w}*eiə-*, **k*^{w}*yeə-* 'to rest, be quiet[쉬다]'

quit[그만두다], quiet[조용한], quite[상당히]는 형태와 의미가 조금 다르지만, 어원적으로 서로 관련되어 있다. 인구어 어근 **k*^{w}*eiə-*의 의미 '휴식'은 '평온하고 조용한 것'이다. 그리고 죽음, 하던 일을 그만 두는 것, 빚을 갚고 채무를 청산하는 것 모두 일종의 휴식이다. 또한 '(의무) 청산'이라는 '종료'의 의미는 강조의 '완전히'로 확장되었다. 우리말에도 '끝장나다'

라는 표현이 있는데 어떤 일이 마무리된다는 본래 의미가 부사형 '끝장나게'에서는 '강조'의 의미를 갖는 것과 유사한 이치인 것이다.

acquiesce	묵인하다
acquit	석방하다
coy	수줍어하는
quiescent	쉬는, 조용한
quietude	안식, 정적
requite	갚다
quietus	청산, 죽음
quitclaim	권리포기
quittance	채무면제
requiem	진혼가

PIE root $*k^{w}ei\partial, k^{w}ye\partial$ 'to rest, be quiet'
Germanic → *while*
Latin → *tranquil, requiem, coy, quiet, quit, acquiesce, acquit, quitclaim, quite*

되찾기

REDEEM, RESUME, RANSOM

*em- 'to take, distribute 취하다, 배포하다'

redeem [red-'back'+emere'to take, buy']되사다, 죄에서 구하다과 ransom [re-'back'+'to take, buy']몸값(을 지불하고 구해내다), 속죄, resume [re-'again'+sumere'to take, buy'139)]되찾다, 재개하다은 모두 어원적으로

139) 'back'의 의미를 갖는 *re*-와 *red*-는 이형태이고, 라틴어 *sumere* 'take'는 *sub*-

'되찾다, 되사다[take/buy back]'의 의미를 갖고 있다.

흔히 우리는 물건이나 농산물, 음식과 같은 구체적인 물건뿐만 아니라 추상적인 생각, 기대, 행동 등에 대해서도 구체적인 물건처럼 소유한다고 생각한다.

consume	[*com-* 'intensive'+'take'] 소비하다, 먹다
assume	가정하다
presume	가정하다
resume	재개하다
subsume	포함하다
exempt	['out'+'take'] 면제되는, 면제하다
example	['out'+'take'] 예
exemplary	모범적인
sample	샘플
preempt	선취하다
prompt	['forward'+] 즉각적인
vintage	['wine'+*demere* 'take off'(<*de-* 'from'+*emere* 'take')] 포도 수확 > 포도 수확기, 특정 포도 주의 양조 연도나 지역

그런데, sumptuous[사치스러운]와 sumptuary[비용절감의, 사치금지의]는 매우 헛갈리는 어휘들이다. 원래는 둘 다 주요 어근이 '비용'과 관련된 의미로, 하나는 그 비용을 많이 들이고, 다른 하나는 그 비용을 줄이는 의미로 분화되었다.[140]

'under'와 *emere* 'take'의 결합이다.

140) a sumptuary law '사치 단속령'.

PIE root **em* 'to take, distribute'
Latin → *ademption, example, exemplary, exemplify, exemplum, exempt, impromptu, peremptory, preemption, premium, prompt, pronto, ransom, redeem, redemption, sample, vintage, sumptuary, sumptuous, assume, consume, presume, resume, subsume*

라이벌

RIVAL, DERIVATION, RUN

**rei-* 'to flow, run[흐르다, 달리다]'

rivulet[실개천]은 라틴어 *rivus*[개울]에 지소사 *-let*가 붙어 작은 규모의 하천을 의미한다. 미국과 멕시코 접경에 있는 *Rio Grande*[리오그란데] 강은 그 뜻이 '큰 강'임을 알 수 있다.

그러나 '개울'이라는 의미가 숨어 있음을 우리가 전혀 짐작조차 못하는 어휘들이 있다. rival[경쟁자]은 원래 같은 개울을 사용한 이웃이라는 의미에서 '경쟁'의 의미가 발생한 어휘로, 이제는 '개울'의 의미는 사라지고 '경쟁'의 의미만 남았다. 라틴어 구절 *de rivo*['from'+'stream']에서 나온 derive[유래하다]도 원래 '개울로부터 나왔다'는 의미였으나 역시 '개울'의 의미는 사라졌다. 게르만어 유래 Rhine[라인강]과 rill[실개천], runnel[실개천], run[달리다]도 참조하자.[141]

그런데, 흥미롭게도 우리가 알고 있는 river[강]는 라틴어 *rivus*[개울]가 아니라 *ripa*[강둑, 해안]에서 발달한 어휘이다. riparian[강가의], riviera[해안의 경승지]에는

141) PIE 어근 **pleu-*(fleet, flee, flow)와 **kers-*(car, carrer, course, current) 모두 '흐르다'와 '달리다'를 의미한다.

'해안, 둑, 강가'라는 의미가 있지만, arrive[도착하다]에는 그 의미가 사라졌다. *ad-*['to']와 *ripa*의 결합으로 원래 '해안에 도달하다'를 뜻했는데 지금은 목적지가 어디든 상관없이 '도착하다'가 되었다.

PIE root **rei* 'to flow, run'	
Germanic	→ *run, runnel, rill, Rhine*
Latin	→ *rival, rivulet, derive*

똑바름
RIGHT, CORRECT, REX, RULE, REGULAR
**reg-* 'move in a straight line[직선으로 움직이다]'

직선으로 곧게 움직이며 목적지를 향하는 것은 똑바르고 곧은 자세, 똑바른 생각, 교정, 곧고 옳은 가치, 그리고 오른손과 오른쪽이라는 방향, 그리고 오른손과 관련된 능숙함뿐만 아니라 규칙, 통치, 군주 등의 의미로 더욱 확장된다. 보통 곧은 것은 옳고 좋은 가치와 연결된다. 반면에 굽은 형상은 부정적인 의미를 갖는 crook은 갈고리처럼 굽은 것을 의미하는데 '사기꾼'이라는 의미도 갖는다.

다음 예에서처럼 라틴어 어근 *reg~rec~rig*은 형상이나 정신적으로 '곧은 것'을 의미한다.

correct	옳은, 고치다
corrigible	고칠 수 있는
direct	똑바른, 직접적인
erect	똑바로 선

rectangle 직사각형
rail 레일
rectify 바로잡다
rectitude 정직, 강직

이처럼 똑바르고, 곧은 것은 도덕적으로도 반듯한 것이고, 군주는 바른 규칙과 법으로 백성을 똑바르게 이끌고 다스리는 자이다.

regal 국왕의
royal 국왕의
reign 통치하다
regency 섭정
regime 정권, 제체
regimen 지배
rex 국왕
regina 여왕
region (통치) 지역
rule 규칙
regular 규칙적인
regulation 규정

곧고 똑바른 right[옳은]는 방향으로도 오른쪽(<옳은 쪽), 바른쪽이라고도 할 수 있다. *ad*-와 '오른쪽'의 droit가 결합된 프랑스 차용어 adroit[능숙한]와 달리, '왼쪽'을 의미했던 sinister는 '불길하고 사악한' 것이 되어버렸다. 왼손잡이들에겐 억울하겠지만, 인류 대부분을 차지하는 오른손잡이들은 자기들에게 편리한 쪽(손)을 right (hand) '오른손(< 옳은 손)'이자 '바른손'으로 만들었다.

밖으로 쭉 뻗는 직선의 움직임이나 그런 형상은 외연의 확장을 의미하게 된다. 사람이 팔 따위를 바깥쪽으로 쭉 내어 뻗는 것처럼 어떤 제안이나 요구를 '내뻗는' 것으로 해석할 수 있다.[142)]

abrogate	['from'+'propose, ask'] 폐지하다
arrogate	['to'+'ask'] 침해하다
interrogate	['between'+'ask'] 질문하다
subrogate	['under'+'ask'] 대리하다
surrogate	['under'+'ask'] 대리의

또한 정신적으로 대상에 주의하고 신경을 쓴다는 것도 비유적으로 그 대상에 신경이나 마음을 '내뻗어' 확장한다는 의미이다.

reck	신경을 쓰다, 조심하다
reckless	무모한

PIE root *reg 'to move in a straight line'
Germanic → *right, rake, rack, reckon, reck, reckless*
Latin → *realm, rectitude, recto, rector, rectum, rectus, regent, regime, regimen, regiment, region, address, adroit, alert, correct, direct, erect, incorrigible, porrect, rectangle, rectify, rectilinear, resurge, source, surge, regal, regulus, reign, rex, royal, regicide, vicereine, viceroy, rail, regular, regulate, rule, rogatory, abrogate, arrogate, derogate, interrogate, prorogue, subrogate*

142) 라틴어 *rogare* '요구하다'.

왼손
SINISTER, DEXTROUS

대부분의 문화에서 오른쪽은 긍정적이고, 왼쪽은 부정적 개념과 연결한다. '사악한'을 뜻하는 sinister는 원래 라틴어에서 '왼쪽'을 의미하는 sinister에서 유래되었다. 오른손에 비해 왼손은 느리고, 약한 손으로 인식되었다. 이로부터 불편한 손, 옳지 않은 손, '사악한'으로 확장되었다.

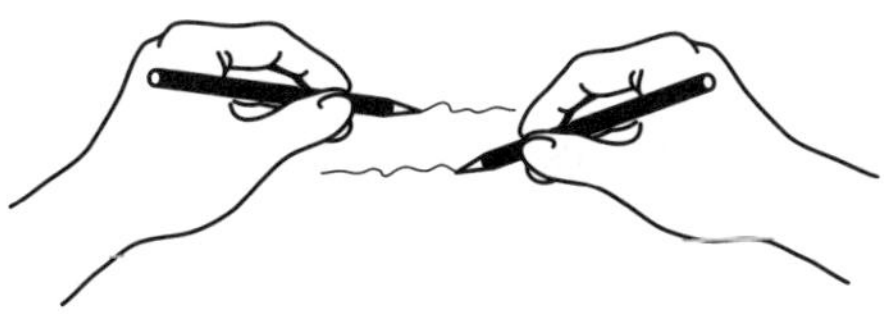

ambidextrous

반면, '오른손'을 의미하는 라틴어 *dexter*는 dexterous[솜씨좋은], dexterity[오른손잡이, 솜씨좋음]에서 '솜씨'를 의미한다. *ambi-*[둘]와 결합된 ambidextrous는 '양손잡이'를 의미하고, dextropedal은 '오른발잡이'가 된다.

창자
SAUSAGE, BOTOX, HOT DOG, INTESTINE, GUT

Botox[보톡스]와 hot-dog[핫도그]는 둘 다 sausage[소시지]와 관련이 있다. sausage는 라틴어 *salsicus*[소금으로 간을 한]에서 유래된 어휘로 '소금'이 의미의 주성분이 된다. 소시지는 소금으로 간한 내장이라고 생각하면 된다. 그런데 라틴어에 또 다른 소시지인 *botulus*가 있다. botuliform은 '소시지 모양'을 의미하고, botulism은 소시지로 인한 식중독으로 일명 '소시지 병, 소시지 독'이라고 한다. 또한 우리가 잘 알고 있는 Botox[보톡스]는 신체 사지를 마비시킬 수 있는 '소시지' 독인 botulinum toxin의 혼성어[blending]로 원래 안면 경련을 치료하는 데 쓰였지만 지금은 주름치료 등에 활용되고 있다.[143)]

hot dog은 19C 미국에서 소시지가 개로 만들어졌다는 소문에서 생긴 표현이라고 한다. 소시지는 우리나라 순대처럼 원래 창자로 만들어진 것으로, bowels는 라틴어 *botulus*[소시지]에 지소사 *-ellus*가 붙은 *botellus*[작은 소시지, 작은 창자]에서 유래한 어휘로 '창자'를 뜻한다. 이밖에도 intestines[창자], entrails[내장], innards[내장] 모두 '안'의 의미에서 '내장, 창자'가 되었고, gut[창자]은 '도관'이라는 의미에서 '내장, 창자'가 되었다.

소금

SALT, SALARY, HALOGEN

**sal*- 'salt[소금]'

'소금'을 뜻하는 라틴어 sal과 그리스어 동족어 hal이 포함된 어휘는 다음과 같다. 샐러드, 소스, 소시지는 소금으로 절이거나 소금을 뿌리고 소금을 간한 음식을 의미하고, 현재 '봉급'을 의미하는 salary는 당시 귀했던 소금을 살 수 있게 로마 병사에게 주던 수당이라는 의미에

143) 혼성어의 또 다른 예로 spork < spoon+fork와 smog < smoke+fog, brunch < breakfast+lunch가 있다.

서 유래한 것이다.

salt	소금, 소금을 치다
sauce	소스
sausage	소시지
salad	샐러드
salsa	살사소스
salami	살라미 소시지
saliferous	소금을 함유한, 소금이 나는
salination	염류집적작용
saline	소금이 든, 염분이 함유된
salary	급여, 봉급, 월급
haloid	할로겐의
halogen	할로겐

PIE root **sal* 'salt'
Germanic → *salt*
Latin → *saline, salary, salami, salad, sauce, salsa, sausage*
Greek → *halogen, halo-*

맛, 선택

GUST, DISGUST, ANGUS

**geus-* 'to taste, to choose[맛보다, 선택하다]'

원시인구어 어근 **geus-*의 의미는 '맛보다'와 '고르다'인데 이로부터 발달한 그리스어 어근 *geus*나 라틴어 어근 *gust*는 '맛'과 관련된 어휘가 발달하였다.

gust	맛, 미각, 풍미, 열정
gusto	맛, 기호, 열정
gustation	맛보기
degust	음미하다
disgust[144)]	혐오
ragout	라구
ageusia	무미각증

한편, 게르만어나 켈트어에서는 **geus*-에서 발달한 choose[고르다]와 choice[선택], Valkyries[발키리], Angus[남자 이름]에서처럼 '선택'의 의미를 갖는다. 북유럽신화에 나오는 Valkyries[발키리]는 *valr*[전쟁에서 죽은 자들]과 *kyrja*[선택자]가 결합된 어휘이다. Odin[오딘]의 12시녀 Valkyries들이 용감한 전사자의 영혼을 Asgard[아스가드]에 있는 Valhalla[발할라]로 인도한 후 영원한 기쁨과 향응을 누리게 한다는 믿음이 있었다.

능력이나 힘이 있다는 것은 선택의 조건이 된다. 어원적으로는 *an-*[하나]과 *gus*[선택]의 결합으로 '유일한 선택, 유일한 힘/능력'이라는 의미를 갖는 Angus는 남자 이름으로 켈트 신화에서 사랑과 젊음과 아름다움의 신이고 현재는 소의 품종을 뜻하기도 한다. '남자+능력, 힘'의 문자적 의미를 갖고 있는 Fergus도 '남자다운 힘이나 능력'을 갖추었다는 의미를 갖는 고유명사이다.[145)]

그런데 '맛'의 taste는 정작 '접촉'을 뜻하는 **tag*-에서 유래되었다. 아마도 맛을 보기 위해서 혀가 대상에 접촉하기 때문으로 생각된다. taste[맛(보다)]는 contact[접촉], contagion[접촉전염], tangible[만져서 알 수 있는] 등의 어휘들과 어원적으로 관련된다.

---

144) distaste, dislike 참조.

145) 아일랜드 전설의 인물.

PIE root **geus* 'to taste, choose'
Germanic → *choose, choice, Valkyrie*
Latin → *gust, gusto, ragout, gustation, degust, disgust*
Greek → *ageusia*

맛, 현자, 흥미

SAPIENT, SAVANT, SAVORY

**sep-* 'to taste, perceive^맛보다, 지각하다'

모르던 것을 보고 나서 이해하는 것처럼, 맛을 보고 알아낼 수 있다. 혀 같은 감각 기관을 통한 지각은 이해와 깨달음이라는 인지의 개념으로 발달하는데, 라틴어 어근 *sapi~sipi*가 '맛'과 '현명함'의 의미를 동시에 지니는 것이 바로 그러한 발달의 사례이다.

sapid^맛있는, sapor^맛, saporous^맛있는, savor^맛, savory^맛좋은는 원래의 '맛'의 의미를 그대로 갖고 있는 어휘들이다. '현명함'이라는 지적 의미와 관련된 어휘는 sage^현자, 현명한, insipient^어리석은, savant^학자, 석학, 서번트, sapient^현명한, 아는 체하는 등이 있다. 인간을 지칭하는 Homo Sapiens^인간는 이성적인 사고를 할 수 있는 존재라는 의미를 갖는다.

또한 '맛'은 '흥미'라는 뜻과도 연관되어 sipid^맛있는, 흥미있는, insipid^맛없는, 지루한가 설명된다.

PIE root **sep* 'to taste, perceive'
Latin → *sage, sapid, sapient, sapor, savant, savor, savvy, insipid*

고기
SARCOMA, SARCOPHAGUS, SARCASM
**twerk-* 'to cut[자르다]'

어원적으로 '(잘린) 고기 조각, 살'을 가리켰던 그리스어 어근 *sarco*는 다음 어휘를 구성한다.

sarcoma	육종
sarcasm	풍자
sarcastic	풍자적인, 냉소적인
sarcophagus	석관(石棺)

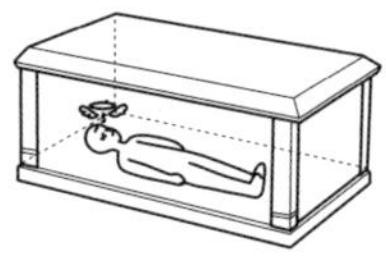
sarcophagus

sarcoma는 '종양'을 뜻하는 *-oma*와 결합하여 '육종[肉腫]'을 의미하고, sarcasm[풍자]은 비꼬고 빈정대는 행위를 살을 까고 벗기는 행위에 비유한 것이다. '살'의 *sarco*와 '먹다'의 *phag*가 결합된 어휘 sarcophagus는 말 그대로 '살을 먹는 것', 다시 말해서 시체를 담아놓은 석관을 은유적으로 표현한 것이다.

분리하다
DIVIDE, INDIVIDUAL

individual[개인]은 라틴어 부정 접두사 *in-*과 *dividere*[나누다]가 결합된 어휘로 더 이상 나눌 수 없는 '원자' 같은 것을 의미했으나 후에 '개인, 개별'의 의미로 발달하였다.[146)]

---

146) 더 이상 자를 수 없는 '원자'를 뜻하는 그리스어 차용어 atom [*a-* 'not'+ *tom* 'cut'] 참조.

카스트, 성城

CASTRATE, CASTE, CHASTE, CASTIGATE, CHASTISE, CASTLE, MANCHESTER, CHATEAU

**kes-* 'to cut'

다음 어휘들은 자르고 제거함이라는 기본 의미를 갖는다.

castrate	거세하다
cashier[147)]	해고하다
cassation	파기
quash	진압하다, 파기하다

caste[카스트]는 사람들의 신분을 **나누는** 인도의 힌두교 계급을 의미한다. 불필요한 것이나 지저분한 것을 잘라 제거하면 깨끗해지고, 정결하고, 정화된다. 즉, 제거의 의미는 도덕적 정결함, 성적 순결함, 간결함의 의미를 가지게 되었다.

caste	카스트
chaste	순결한
chastity	순결

'벌주다, 혹평하다'를 뜻하는 castigate[*cast* 'pure'+*ig* 'do']는 문자적인 의미 '정화시키다'에서 나왔다. 신체적 징벌의 측면에서 혹평이라는 의미뿐만 아니라 문장 첨삭의 의미로까지 확장되었다. 센트럴 프랑스어에서 차용된 chastise[정화하다, 징벌하다]는 castigate와 유사한 의미를 갖는 이중어이다.

---

147) 동음이의어 cashier '출납원' 참조.

'성, 요새'의 뜻을 가진 다음 어휘들도 궁극적으로는 '분리'의 의미에서 유래되었다. castle[성], chateau[성], castellan[성주], chatelaine[여자성주], Castile[스페인 중부의 옛 왕국 카스티야]는 모두 라틴어 *castellum*에서 온 것으로 우선 어원적 뜻인 '분리된 공간'에서 '요새, 군대 야영지'가 되었고 여기서 '요새화된 마을'인 '성'으로 의미가 더욱 변하였다. 현재 Chester, Rochester, Gloucester, Worcester, Exeter, Manchester, Winchester, Lancaster 등의 영국 지명에 남아 있는 *-caster* 또는 *-cester, -chester, -xeter*는 로마군이 요새를 만들어 정착했던 흔적을 보여준다.

PIE root **kes* 'to cut'
Latin → *castrate, alcazar, castellan, castellated, castle, caste, chaste, castigate, cashier*

조각
SCULPTURE, SCALE, SHELL, SKILL, SCHOOL, HALF

**(s)kel-* 'to cut[자르다]'

다음 어휘들은 자르는 행위나, 도구인 '칼'의 의미를 갖는다.

half	반
halve	2등분하다, 반감하다
cutlass	단검
colter, coulter	풀베는 날
cultrate	칼날처럼 끝이 뾰족한
scalpel	해부용 메스, 작은 칼

sculpture 조각

skill은 물건을 자르는 것에서 사물이나 사안을 분별^分別^하고 이해한다는 은유적 의미로 쓰였다가 지금은 '기술, 솜씨'를 뜻한다. 얇게 저며진 모양의 '층리', '껍질', '딱지', '판자'의 의미를 갖는 단어들도 살펴보자.

scale	비늘, 비늘을 벗기다
scall	비듬, 딱지
scalp	두피
shell	껍데기
shale	셰일[148]
shelf	선반
shield	방패

각각 북게르만어 방언과 서게르만어 방언에서 유래한 이중어 school[149]과 shoal은 원래 분리된 '구분, 그룹'이라는 의미에서 물고기의 '무리, 떼'의 의미로 변하였다.

PIE root *s(*kel*) 'to cut'
Germanic → *shell, chip, shale, scale, scalp, scale, shield, skill, school, shoal, shelf, half, halve*
Latin → *colter, cultrate, cutlass, scalpel, sculpture*

148) 셰일 또는 혈암은 주로 입자의 크기가 작은 진흙이 퇴적되어 형성된 퇴적암의 일종으로 층리가 발달했다.

149) '학교'의 school은 동음이의어로 궁극적으로는 그리스어에서 온 scholar와 관련된다.

셔츠, 스커트

SHARE, SHARP, SHORT, SKIRT, SHIRT, SCREEN, SHIELD, CARNIVAL

*(*s*)*ker*-$_1$ 'to cut'

'자르다'를 의미하는 또 다른 인구어 어근 *(*s*)*ker*-$_1$[자르다]도 유사한 의미 경로로 확장되었다.

우선 어원적 의미에서 '날카롭게 베거나 긁는 동작'과, 이를 위한 도구인 '칼', 그리고 '칼'의 환유적 의미인 '싸움'은 의미적으로 서로 연결되어 있다. '나눔'도 물건을 잘라서 지분을 몫으로 갖는 것이다.

scabbard	['sword'+'protector'] 칼집
scrabble	할퀴다
scrape	문지르다
skirmish	충돌
scrimmage	격투
share$_2$	가랫날
sharp	날카로운
shear	베다
share$_1$	나누다, 몫

다음 어휘들은 칼과 같은 날카로운 도구를 사용해서 벗겨낼 수 있는 부분인 '껍질'이나 '가죽'을 의미한다.

cortex	외피, 대뇌피질
decorticate	껍질을 벗기다
excoriate	가죽을 벗기다
scurf	비듬

scar[낭떠러지150)]나 scarp[벼랑]은 땅이 가파르게 잘린 모습이다. shore[해안]도 땅과 물이 나뉘는 지점이다. sheer는 원래 '깎아지른 듯한'이라는 의미에서 '순전한'의 의미로 확장되었다.

물건을 자르면 짧아지고 작아져 조각이나 토막이 된다. 나무와 달리 shrub[관목]과 scrub[덤불]은 키가 작다. scrap은 '조각'을 의미하고, short[짧은, 부족한]는 짧고 작고 부족하다는 것을 의미한다. curt[짧은, 무뚝뚝한]는 문체가 짧다는 의미와 함께 말이 짧아 퉁명스럽다는 의미를 갖는다. curtail[짧게 줄이다]과 curtal[짧은, 짧은 옷의, 꼬리를 자른 개/말]도 참조하자.

북게르만어에서 유입된 방언[dialect] skirt[스커트]와 앵글로색슨어 방언 shirt[셔츠]는 이중어로 둘 다 원래 천을 잘라 만든 '짧은' 옷인 '셔츠'를 의미했지만, skirt는 여성이 입는 '치마'의 의미로 변하였다.

score[20, 표시, 점수, 악보]는 고대 노르웨이에서 큰 수를 셀 때 매 20마다 막대기에 칼로 눈금이나 줄로 표시한 데서 유래하였다. 이런 줄 표시가 '점수'나 '악보'의 의미로 더욱 발달하였다.

'자르다'는 공격, 빛 따위를 '차단'한다는 것이다. screen[스크린, 차단하다]의 원래 용도는 차단하는 것이다.

위에 열거된 어휘들에서 [sk-] 발음과 [sh-] 발음으로 이중어 관계가 되는 어휘들은 각각 북게르만어와 서게르만어에서 유래됨을 보여준다. 원래 같은 게르만어였으나 고대영어시기 영국을 대대적으로 침입한 바이킹족의 방언과 앵글로색슨족의 방언이 섞이게 된 결과 소리와 의미가 유사한 어휘들이 생겨나게 되었다.

흥미롭게도 지금은 '살, 고기, 육체'를 뜻하는 라틴어 어근 *carn*이 원래는 '(잘린) 고기 조각'이라는 의미로 '자르다'라는 어원적 의미에서 출

150) '상처'의 scar는 동음이의어이다.

발하였다.

carnage	대량학살
carnal	육체의
carnival	사육제
carnivorous	육식성의
carrion	썩은 고기
charnel	납골당
incarnate	육체를 갖게 하다, 구체화하다
incarnation	화신

PIE root *s(ker) 'to cut'

Germanic → *shear, sheer, share, plowshare, share, shore, scurf, sharp, scarp, scrap, scrape, scrabble, scrub, shrub, screw, scabbard, scabbard, score, scar, scarf, shard, short, shirt, skirt, scrimmage, skirmish, screen*

Latin → *carnage, carnal, carnation, carnival, carrion, caruncle, charnel, crone, carne, carnivorous, incarnate, corium, cuirass, currier, excoriate, curt, curtal, kirtle, cortex, decorticate*

Greek → *corm, bias*

재단사
TAILOR, DETAIL

'자르다'라는 의미를 갖는 라틴어 어근 *tail~tall*은 다음 어휘들을 구성한다.

detail	세부사항
entail	(부동산의 상속인을) 한정하다, 수반하다

retail	소매하다	
tailor	재단사	
tally[151)]	기록, 부합하다	

tally

원자[原子]

ATOM, ANATOMY, ENTOMOLOGY

**tem-* 'to cut'

'원자'를 의미하는 atom은 '원자'를 의미하는데, 문자 그대로 'not, without'를 뜻하는 그리스어 부정 접두사 *a-*와 '자르다'의 어근 *tom*이 결합된 어휘이다. 더 이상 자를 수 없는 물질의 기본적 구성단위가 된다.

라틴어 (*īnsectum* >) insect['in'+'cut'] 곤충는 그리스어 *entomon*['in'+'cut'] 곤충을 차용 번역한 것이다.

entomology	곤충학
dichotomy	['two'+'cut'] 이분법
anatomy	['up'+'cut'] 해부학

*-ectomy*는 'out'을 의미하는 *ec-*과 'cut'을 의미하는 *tom-*과 접미사 *-y*가 붙은 형태로 '적출, 잘라냄'이라는 의미를 갖는다.

gastrectomy	['stomach'+'cut out'] 위절제

151) tally는 원래 외상이나 지불한 양을 나타내기 위해 눈금으로 표시한 막대기를 의미했다.

appendectomy 맹장수술
mastectomy 가슴절제술
myectomy[152)] 근절제

temple[신전]은[153)] 일반 장소와 구별한 신성한 곳 즉, '성별[聖別]된 장소'라는 의미에서 '신전, 사원' 등의 의미가 되었다. 이발처럼 머리를 자르는 의미를 갖는 tonsorial[이발사의]과 tonsure[삭발]도 참고하자.

PIE root *tem 'to cut'
Latin → *temple, contemplate, tonsorial, tonsure*
Greek → *tmesis, -tome, anatomy, atom, dichotomy, epitome, temple, contemplate*

결심

CONCISE, DECIDE, EXCISE, INCISE, GENOCIDE, CHISEL, CEMENT, SCISSORS

**kaə-id-* 'to strike[치다]'

원시인구어 어근 **kaə-id-*[치다, 때리다]에서 유래한 라틴어 어근 *cid~cis*는 '자르다, 죽이다'를 뜻한다.

concise[간결한]는 *con-*과 *cide*[자르다]가 결합된 것으로, 말 따위를 완전히 자르고 쳐내니 '간결함'을 뜻하게 되었다. '앞'의 *pre-*와 결합된 pre**cise**[정확한]는 군더더기 없이 미리 잘라내고 정리한 것에서 이런 의미가 나

152) *my(o)* '근육'의 원래 의미는 '생쥐'였다.
153) '관자놀이'를 뜻하는 temple은 동음이의어이다.

왔을 것이다. '분리'의 *de*-와 결합된 de**cide**['off'+'cut']도 단박에[at a stroke] 잘라 버리는 것에서 '결정하다, 결심하다'가 되었다. incise['in'+'cut']는 문자 그대로 '잘라 넣으니[cut in]'하니 '새기다'가 되고 excise['out'+'cut']는 말 그대로 '잘라내다'가 된다. chisel[끌]과 scissors[가위]는 깎고 자르는 데 쓰이는 도구이다.

matricide['mother'+'kill'] 모친살해, patricide['father'+'kill'] 부친살해, suicide['oneself'+'kill'] 자살, genocide['race'+'kill'] 집단 학살에서 어근 *cide*는 '죽이다'라는 의미한다.

> PIE root **kaə-id* 'to strike'
> Latin → *caesura, cement, chisel, -cide, scissor, circumcise, concise, decide, excise, incise, precise*

위기

CRISIS, CRITIC, CRITERION, DISCRIMINATE, SECRET, SECRETARY, CERTAIN, ASCERTAIN, DISCERN, CRIME

**krei-* 'to sieve[거르다, 구별하다]'

불필요한 것을 버리고 필요한 것만을 체로 거른다는 것은 분별이나 결정, 판단과 같은 정신적 활동으로 확장된다. **krei-*로부터 파생된 어휘들을 살펴보자.

라틴어 어근 *cern~cert~cret*는 다음 어휘들에서 '거름, 분리, 구분, 이해, 결정' 등의 의미를 갖는다.[154)]

154) 라틴어 *cernere* '거르다, 분리하다, 결정하다'.

concern	['together'+'sift'] 관련(되다), 염려(하게 하다)
concert[155)]	['together'+'sift'] 협조, 합주
discern	['apart'+'sift'] 알아차리다
decree	['from'+'sift'] 판결하다, 법령
discrete	['apart'+'sift'] 별개의
disconcert	['apart'+'sift'] 불안하게 만들다
secern	['apart'+'sift'] 식별하다
secret	['apart'+'sift'] 비밀(의)
secretary	['apart'+'sift'] 비서
certain	확실한
ascertain	확실히하다> 확인하다
excrete	['out'+'sift'] 배설하다
excrement	['out'+'sift'] 배설물

'분리, 판단, 결정'을 뜻하는 라틴어 어근 *cern*과 관련된 *crim*은 '판결, 고발, 불법 행위'를 의미한다.[156)]

discriminate	['off'+'separate'] 구별하다 차별하다
crime	범죄
criminal	범죄의
criminate	고발하다
recriminate	되받아 비난하다

'분리, 결정, 판단'을 뜻하는 그리스어 어근 *cris~crit*이 포함된 어휘

155) 서로 따져보고 논쟁하는 과정에서 합의에 이르고 여기서부터 협조나 합주의 의미가 발생하였다.

156) 라틴어 *crīmen* '판결, 범죄'.

들은 '기준', '위기', '비평가'의 의미를 갖는다.[157)] criterion[기준]은 사물을 구별하는 기준이라는 의미를 지니고, crisis[위기]는 원래 병중 생사가 **갈리는** 전환점인 '위기'를 의미했다. critic[비평가, 평론가]은 사물이나 사안을 구별하고 판단하고 비판할 수 있는 사람이다.

PIE root **krei* 'to sieve, discriminate, distinguish'
Germanic → *riddle*
Latin → *cribriform, garble, crime, criminal, recriminate, discriminate, certain, ascertain, concern, concert, decree, discern, disconcert, discrete, excrement, excrete, incertitude, recrement, secern, secret, secretary*
Greek → *crisis, critic, criterion, diacritic, endocrine, epicritic, exocrine, hematocrit, hypocrisy*

온전[穩全]

WHOLE, HEALTH, HEAL, HALLOW, HOLY

**kailo* 'whole, uninjured, of good omen[전체의, 상하지 않은, 좋은 징조의]'

온전하고 완전하고 건강하고 신성한 것은 서로 통한다. 우리는 전체가 온전한 것은 완전하고 좋은 것으로 생각한다. 반면, 깨지거나 부분적인 것은 나쁜 것으로 생각하게 된다. 건강한 상태는 몸에 결핍이 없이 모든 요소를 다 갖춘 상태이다. 신성한 것 역시 부족함 없이 완벽하고 전체가 다 갖춰진 상태이다. '온전하고, 건강하고, 이롭고, 거룩하다'의 의미를 갖는 다음 단어들은 형태적으로나 의미적으로나 서로 연결되어 있음을 알 수 있다. heal은 '온전하게 하다, 건강하게 하다' 다시

157) 그리스어 *krīnein* '분리하다, 판단하다, 결정하다'.

말해서 '치유하다'의 의미를 갖는다. 여성 이름 Helga와 Olga는 '완전함'의 의미를 갖고, wholefood는 건강에 좋은 '자연식품'이다. hallow신성하게 하다와 holy신성한, Halloween할로윈에는 '성스러움, 거룩함'의 의미가 들어 있다. Halloween핼러윈은 (All)hallow(s)+e(v)en의 축약으로 '모든 성인들을 기리는 만성절萬聖節 전야'를 의미한다.[158)]

whole	전체의, 완전한, 건강한
health	건강
hale	건강한, 건장한
hail	만세, 환영하다
hallow[159)]	신성하게 하다, 성인(聖人)
Halloween, Hallowe'en	['holy'+'eve'] 만성절 전야의 축제
holy	성스러운
halibut	['holy'+'flatfish'] 큰 넙치

PIE root **kailo* 'whole, uninjured, of good omen'
Germanic → *hale, whole, wholesome, hail, wassail, health, heal, holy, halibut, halidom, holiday, hollyhock, hallow, Halloween*

158) Hallowmas는 Allhallowmas의 준말로 만성절(11월1일)을 의미하고, Halloween은 그 전야인 10월 31일이다. Christ**mas**와 Hallow**mas**의 *mas*는 모두 Mass미사와 관련된다.

159) ... **hallow**ed be thy name '아버지의 이름을 거룩하게 하시며(영어 주기도문 The Lord's Prayer)'. hallow와 유사해 보이는 hollow '속이 빈'은 hole '구멍'과 관련된 어휘이다.

벽돌, 골절

BREAK, BREACH, BRAKE, BRICK, FRACTURE, FRACTION, FRAGMENT, INFRINGE, FRAGILE

**bhreg-* 'to break^깨다'

인구어 어근에서 기음화가 사라진 고유어 break^깨다의 라틴어 동족어는 *frangere*^깨다이다.

다음 고유어와 라틴어 차용어에서 보는 것처럼, 깨고 부수는 것은 파괴이며, 움직임을 차단(제동)하는 것, 갈라진 형상이나, 조각이나 파편, 골절, 완전한 수인 정수^integer와 달리 깨진 수를 뜻하는 분수, 빛이 꺾이는 굴절, 규칙이나 약속을 깨는 침해나 위반의 의미 등으로 발달하였다.[160)]

break	깨다
breach	파괴, 터진 곳, 갈라진 틈, 침해, 위반, 절교
brake$_1$	브레이크(제동장치)
bracken	고사리
brake$_2$[161)]	고사리, 덤불
brake$_3$[162)]	대형 써레, 쇄토기 (큰 덩어리의 흙을 잘게 부수는 농기구)

---

160) Oxford English Dictionary에서는 bread '빵'을 **bhreg-* '깨다'에서 파생된 '음식 조각'으로 보고 있지만 다른 곳에서는 **bhreu-* '끓이다, 태우다'에서 파생된 '구워진 음식'이라고 보는 설도 있다.

161) 큰고사리 같은 양치류나 덤불은 이동을 방해하므로, 자동차 브레이크(brake$_1$)처럼 '제어'나 '제동'의 의미가 숨어 있다.

162) 이밖에도 빵가루 반죽기, 아마를 으깨어서 섬유를 분리해내는 도구 등의 의미가 더 있다. 빻고 으깨는 행위도 역시 '파괴'이다.

bray	(맷돌 따위로) 갈다, 빻다
brioche[163)]	브리오슈
breccia	각력암
brick	벽돌
breeches	가랑이가 갈라진 남자들이 입었던 반바지, 승마바지
fragment	파편
fracture	골절
fraction	부분, 분수
fragile, frangible, frail	깨지기 쉬운
infringe, infract	[*in*-+'break'] (법률 · 권리 따위를)위반하다, 침해하다
infrangible	파괴할 수 없는, 범할 수 없는
refract	굴절시키다
refrain	삼가다, 자주 반복되는 말, 후렴
refringent	굴절시키는
irrefrangible	(법률 등) 범할 수 없는, (광선 등) 굴절하지 않는
irrefragable	확실한, 범할 수 없는
diffraction	(빛 · 전파 · 음파 따위의) 회절(回折)
suffrage[164)]	['under'+ 'broken'] 참정권

PIE root **bhreg* 'to break'
Germanic → *break, breach, brick, breeches, brake*$_1$*, brake*$_2$*, brash, brioche, bracken*
Latin → *fractal, fraction, fracture, fragment, fragile, frail, frangible, infringe, defray, diffraction, infract, infrangible, infringe, irrefrangible, refract, suffrage*

163) 브리오슈는 밀가루와 계란, 버터 등으로 만든 달고 작은 빵이라는 프랑스 빵 이름인데, '갈다, 빻다'라는 '파괴'의 의미가 들어 있다.

164) 고대 그리스 시대 '깨진' 타일 조각을 사용해서 투표한 관습이 있었다.

파산

ROUTE, BANKRUPT, INTERRUPT, ABRUPT

**reup-, reub-* 'to snatch[강탈하다]'

고유어 rob[빼앗다], robber[도둑], bereave[(가족, 희망을) 빼앗다], bereft[빼앗긴], reave[빼앗다]는 누군가의 재산, 의복, 가족, 희망을 뺏는 '약탈'행위이다. rover는 '바다의 약탈자'라는 의미의 '해적'을 의미했었다. '의복'을 의미하는 robe도 원래는 '전리품' 혹은 '전리품으로 빼앗은 옷'이라는 의미에서 왔다고 한다.[165)]

이러한 약탈 행위는 당연히 상대를 '파괴'시키고 '궤멸'시킨다. 라틴어 어근 *rupt*[부수다]는 인구어 어근의 의미 '약탈'에서 '깨다, 부수다'라는 파괴의 의미로 확장되어 다음의 어휘들을 구성한다.[166)] rout는 '적을 궤멸하다'를 뜻하고, rupture는 그야말로 '파열'이다. 영어 표현 breakoff가 분리되고 갈라진 형태에서 비유적으로 행위의 갑작스러운 중단을 뜻하는 것처럼, 동일한 의미성분을 가진 abrupt[*ab*-'off'+'break'] 도 깎아지르게 가파르다는 의미에서 행위나 사태가 갑작스럽고 급격하다는 것을 뜻한다. 어근 형태소 *rupt*가 다양한 의미의 접두사와 결합된 어휘들을 좀 더 보면 다음과 같다.

'강조'의 *com*-과 결합된 corrupt	'부패한, 부패시키다'
'분리'의 *dis*-와 결합된 disrupt	'분열시키다, 붕괴하다'

165) American Heritage Dictionary와 달리, Online Etymology Dictionary는 이들 고유어 어휘와 라틴어 어근 *rupt*가 들어있는 어휘들의 PIE 어원을 **runp* '부수다'로 보고 있다.

166) 라틴어 *rumpere* 'to break'.

'밖'의 *e*-와 결합한 erupt[167)]	'분출하다, 터뜨리다'
'중간에' *inter*-와 결합된 interrupt	'방해하다, 중단시키다'
'안'의 *in*-과 결합된 irrupt[168)]	'침입하다'

다음 어휘는 *rupt*의 형태가 다소 변한 것인데, 모두 '깨뜨리다'의 의미가 숨어 있다. 길은 힘으로 부수고 헤쳐 나가면서 만들어진다. 그리고 일단 만들어진 길은 일상적인 경로가 된다.

route	길, 항로
routine	틀, 일상, 일상적인, 보통의

현재는 동음이의어처럼 보이는 '둑'의 bank와 '은행'의 bank[169)], 그리고 bench[긴의자]는 모두 게르만어에서 유래된 동족어이다. 오늘날의 은행원에 해당하는 대금업자가 앉았던 길다란 의자[bench]를 가리켰던 bank는 환유적으로 '대금업자의 가게' 즉, '은행'을 지칭하게 되었다. bank['bench']와 rupt['broken']로 이뤄진 bankrupt[파산170)]의 원뜻은 '부수어진 벤치[a broken bench]'이다. 중세 이탈리아에서 대금업자는 벤치[bench, bank]에 앉아 가게를 운영했는데, 망하면 자기가 앉아서 일했던 벤치를 부수었던 관습이 있었다고 한다. 여기에서 '파산'이라는 의미가 유래되었다. 다시 말하면 부수어진 벤치나 카운터는 파산한 대금업자의 상징이었다.

---

167) break out 참조.

168) break in과 infringe 참조.

169) 게르만어에서 이탈리아어로 차용되었다가 다시 영어에 차용됨.

170) 이탈리아어 *banca rotta*.

PIE root **reup, reub* 'to snatch'
Germanic → *bereave, reave, rob, robe, rip, rover, rubato*
Latin → *erupt, rout, rupture, abrupt, bankrupt, corrupt, disrupt, interrupt, irrupt, usurp*[171)]

획일화

PROCRUSTEAN

**krou(s)-* 'to push, strike, break'

그리스 신화에 Procrustes['before'+'strike'] 프로크루스테스라는 강도가 있었는데, 그가 잡은 사람들을 침대에 묶고 그 침대에 맞추어 몸을 **늘이거나** 자르거나 했다. 문자 그대로 '두드려 펴다, 늘이다'라는 의미를 가진 *Procrustes*로부터 파생된 Procrustean[무리하게 획일적인]은 개인차를 고려하지 않고 지나치게 획일적인 것을 의미하게 되었다.

Procrustean Bed

171) American Heritage Dictionary에서는 usurp를 **reup-* '강탈하다'의 자손어로 보지만, 다른 곳에서는 조금 다른 형태인 **rep-* '강탈하다'에서 발달한 라틴어 어근 *rap*(< *rapere*) '붙잡다'에서 파생한 rapid '빠른', rape '강탈, 강간', rapture '황홀감', raptor '맹금', raven '큰까마귀', ravish '강간하다, 황홀하게 하다', rapine '강탈', surreptitious '몰래하는'의 동족어로 분류하고 있다.

끔찍함, 멋짐

TERRIBLE, TERRIFIC

*tros- 'to make afraid[두렵게 하다]'

terrible[끔찍한]과 terrific[멋진]은 원래 둘 다 무섭고 끔찍하다는 부정적인 의미였지만, terrific은 '멋진, 엄청난'의 뜻으로 변했다. 역시 형태소 *ter*[공포]가 포함된 deter[['from'+'frighten'] 단념시키다]는 '겁먹게 해서 못하게 하다'를 의미한다. terror[공포]와 terrorist[테러리스트]도 참조하자.

긴장

TENSION, TENDON, TENT

*ten- 'to stretch[늘이다]'

끈 따위를 잡아당겨 늘이면 길이가 늘어나지만 얇아지고 가늘어지고 밀도는 약해진다. 그러면서 팽팽해지면 끊어질까 긴장된다. 그래서 어근 *ten~tend~tens*는 물건의 '늘임, 펼침'뿐만 아니라 신축성있는 '끈 모양의 근육', '얇음', '희박', '긴장감' 등의 의미를 갖는다. 여기서도 구체적 의미가 역시 추상적 의미로 확장되는 은유 현상을 떠올리면 된다.

이제 다음 단어들을 살펴보자.

- '늘임'은 '확장'을 의미한다. 싸우는 것도 힘을 상대방의 영역으로 확장하는 것으로 생각할 수 있다.

extend	['out'+'stretch'] 확장하다, 연장하다
distend	['apart'+'stretch'] 확장하다
tent	텐트
contend	['together'+'stretch'] 싸우다

tent

• '늘임'에서 내 발길이나 관심, 마음이 어떤 방향으로 뻗는다는 '이동'이나 '경향', '의도'의 의미가 나온다. 그리고 손을 뻗어 쥐고 있는 물건을 다른 쪽으로 내놓는 '제출'의 의미도 나온다.

attend	[*ad*- 'to'+'stretch'] 출석하다
tend	경향이 있다
intend	의도하다
portend	['forward'+'stretch'] 예고하다
tender$_2$	제공하다, 제출하다
contend	['together'+'stretch'] 싸우다

• '늘임'은 '약화'를 의미한다. 우선 그림의 법칙을 참고하면 *ten*은 고유어 thin에 해당한다. 길이나 폭을 잡아당겨 늘여 펼치면 얇고, 가늘고 약해진다. 유체나 기체도 마찬가지로 그 농도나 밀도가 희석되고, 묽어지고, 희박해진다. 은유적으로는 빈약함과 시시함, 그리고 벌의 경감이라는 의미를 갖는다.

tensile	잡아 늘일 수 있는
tenuous	엷은, 가는, 희박한, 빈약한
attenuate	[*ad*- 'to'+'thin'] 가늘게 하다, 희박하게 하다, 약하게 하다, 희석하다
extenuate	묽게 하다, 경감하다
tender$_1$	연한, 부드러운

- '늘임'은 '긴장감'과 '강렬함'을 의미한다.

tense	팽팽한, 긴장한
tension	긴장
intense	강렬한

- 근육은 신축성이 있다.

tendon	힘줄, 인대
tensor	장근

- 물건을 앞에 펼쳐 놓으면 모습이 표면이 드러나서 보이게 되는데, 때론 과하게 앞에 대놓고 보이니 '과시'가 된다. 또한 거짓 주장이나 행위와 같은 추상적인 물건을 앞으로 펼쳐 놓는다는 의미에서 가식적인 행위도 의미하게 된다.

ostentation	[*ob-* 'in front of'+'stretch' > 'display'] 과시, 겉치레
ostentatious	[*ob-* 'in front of'+'stretch' > 'display'] 과시하는
ostensible	[*ob-* 'in front of'+'stretch' > 'display'] 표면적으로는
pretend	['before'+'stretch'] -척하다

유지

MAINTAIN, TENANT, OBTAIN

**ten-* 'to stretch[늘이다]'

같은 인구어 어근 **ten-*[늘이다]은 앞에서 본 '확장'의 의미뿐만 아니라 '쥐다[hold]'의 의미로도 발달하였다. 다음 어휘들을 구성하는 어근

*ten~tin~tain*의 '쥐고 있다, 잡고 있다'라는 원래 의미는 '보유, 유지, 지속'의 의미로 더욱 확장된다.

tenable	유지되는
tenacious	고집이 센
pertinacious	['intensive'+'hold'] 완고한
tenant	소작인
tenement	건물
tenet	주의
tenor	방향, 방침
tenon	장부
tenure	보유권
tenuto	음을 지속한
abstain	['away from'+'hold' > 'hold off'] 그만두다
detain	['away from'+'hold' > 'hold off'] 붙들어두다, 감금하다, 보류하다, 지체하게 하다
contain	['together'+'hold'] 포함하다
continue	['together'+ 'hold'] 계속하다
entertain	['among'+'hold' > 'hold together, stick together'] 대접하다
maintain	['hand'+'hold'] 유지하다
obtain	[*ob*-'intensive'+'hold'] 얻다
pertain	['through'+'hold'] 속하다, 관계하다
pertinacious	['through'+'hold'][172] 끈질긴, 완강한
retain	['hold back' >] 보유하다
sustain	[sub-'up from below'+'hold' > 'hold up'] 떠받치다, 유지하다

172) pertinacious나 pertinacity의 '끝까지 잡고 있음'이 은유적으로 '불굴'이나 '완고한 고집'을 뜻하게 되었다.

PIE root **ten* 'to stretch' ('thin', 'hold')
Germanic → *thin*
Latin → *tend, tender, tenuous, tenable, tenacious, tenant, tenet, tenon, tense, tent, tenor, tenure, tenuto, attend, attenuate, contend, detent, distend, extend, extenuate, intend, intense, ostensible, pretend, portend, abstain, contain, continue, detain, entertain, lieutenant, maintain, obtain, pertain, pertinacious, rein, retain, retinue, sustain*
Greek → *tendon, tone, baritone, hypotenuse, protasis*

접촉

CONTACT, UNTACT

**tag-* 'to touch, handle[손대다, 다루다]

코로나19 발생 이후 우리는 접촉[contact]을 지양하며 untact[비접촉, 비대면] 시대를 경험하고 있다.

'접촉'을 의미하는 라틴어 어근 *tag*의 이형태 *teg~tig~tang~ ting~tact*는 '촉각', '구체성', '이해', '요령', '전략', '더럽힘', '불완전', '성취', '맛보기' 등의 의미를 갖는다.

우선 손으로 만져볼 수 있는 물건은 구체적이고 실체가 있다. 또한 우리는 사물을 만져보고 나서 좀 더 이해하게 된다. 감촉과 촉감이라는 지각은 사물을 판단하는 인지적 개념의 기초가 된다.

tactile	촉각의, 만져서 알 수 있는
tangible	만져서 알 수 있는, 실체가 있는

tact도 '감촉, 촉감'이라는 일차적 의미 이외에 '약삭빠름, 재치, 요령'의

의미를 갖는다. 손으로 물건들을 정연하게 나열하는 것처럼, 전쟁에서 군대를 배치하고 정렬시키는 기술을 tactics[전술, 병법, 전략]이라고 부른다.

접두사 *com-*[함께]과 결합한 어휘들 contact[접촉, 연락], contiguity[접촉, 인접], contaminate[오염], contagion[(접촉)전염]은 '서로 접촉하다'라는 공통적인 어원적 의미를 갖지만 접촉 대상에 따라 조금씩 의미가 조정된다. contaminate[오염]는 손을 대어서 더러워진 것이고, contagion[(접촉)전염]은 손을 대서 감염되는 것을 의미한다.

우리는 손대지 않은 것이나 건드리지 않은 것은 더럽혀지지 않고 원 상태의 온전하고 완전한 것이라고 생각한다. 통상 귀중한 물건은 '손대지 말라!'고 요구하기도 한다. 이런 이치에서 출발한 어휘들이 있다. intact[온전한]는 문자 그대로 '손대지 않다[untouched]'가 '온전하다, 손상되지 않다'라는 의미가 되었다. '완전한 상태, 정직, 고결한 것은 손대지 않은 것'이라는 은유적 논리에서 'not'을 의미하는 접두사 *in*-과 결합한 integrity[완전한 상태, 고결, 정직], entire[완전한, 전체의]173), integral[완전한, 필수적인], integer[완전한 것, 정수] 등의 의미가 설명된다. 수학에서 integer[정수]란 2, 3, 6처럼 '완전한 수'이고 역시 '손대지 않았다'는 어원적 의미를 갖는다. 반면 fraction[분수]은 1/2, 3/4와 같이 '깨진 수'라는 의미의 '분수[分數]'이다. integrate는 전체로 통합하여 '완전하게 하다'는 의미를 지닌다.

attain[*ad*-'to'+'touch'] [이르다, 달성하다]에서처럼 '손을 대다'는 '성취'의 의미도 갖는다. 나무에 달린 과일과 같은 목표물에 손이 닿은 것이다. taste[맛, 맛보다]는 혀를 음식에 '접촉'하여 맛을 볼 수 있다는 의미를 갖는다. 문자 그대로 우리에게 붙는 부담이나 짐인 task[과업][ta**sk**]는 tax[세금][ta**ks**]에서 마지막 두 자음의 위치가 바뀐 어휘로 원래는 '세금'의 의미가 있었으나

---

173) 고대 프랑스어 차용어.

지금은 '과제'의 의미를 지닌다.[174)]

PIE root **tag* 'to touch, handle'	
Latin	→ *tact, tangent, tangible, task, taste, tax, attain, contact, intact, entire, integer, integrate, integrity, contaminate*

직조

TEXT, ARCHITECT, TEXTILE, TOILET

**teks-* 'to weave, to fabricate, to make[짜다, 만들다]'

**teks-*로부터 발달하여 '건축'과 '기술'을 의미하는 그리스어 어근 *techn~tect*와 '직조'를 의미하는 라틴어 어근 *tex~text*가 포함된 어휘들을 살펴보자.[175)]

technique	기술
technology	과학 기술
architect	['chief'+'builder, carpenter'] 건축가
text	본문, 텍스트
textile	옷감, 직물
texture	직물, 결, 조직
context	맥락
pretext	['before'+'weave'] 위장>구실, 핑계
tissue	조직, 화장지
toil	그물, 올가미

---

174) 음위전환(metathesis) 참조.

175) 그리스어 *techne* 'art, skill'과 *tekton* 'builder', 라틴어 *texere* 'to weave, fabricate'

subtle['under'+'weave'] 정교한, 미묘한은 원래 '(베틀의) 날실 밑을 지나가는 얇은 실'이라는 의미로부터 '아래'의 의미는 사라지고, '옷감이 얇고 섬세하게 짜이다'에서 '얇음', '엷음', '정교함', '미묘함', '예민함'과 같은 의미로 확장되었다.

toil그물에 지소사가 결합된 toilet화장실은 프랑스어 차용어로 처음엔 지금과 다른 의미를 갖고 있었다. 원래는 '옷을 싸는 천 조각'을 의미했으나 이후 빗, 거울, 솔 같은 몸단장에 쓰이는 도구들을 올려놓는 '화장대를 덮는 천'이었다가, '천'이라는 의미는 사라지고 오히려 이 도구들을 집합적으로 의미하였고, 이후에는 '몸단장'이나 '옷치장'을 의미하다가, 변기와 세면기가 달린 '탈의실dressing room'에서 변소를 완곡하게 부르는 '화장실lavatory'의 의미를 갖게 되었다.[176)]

PIE root **teks* 'to weave, fabricate'	
Latin	→ *text, tissue, context, pretext, tiller, toil, subtle*
Greek	→ *tectonic, architect, technical, polytechnic, technology*

천둥

THOR, THUNDER, THURSDAY

*(*s*)*tene*- 'to thunder천둥치다'

북유럽신화에서 마술의 부시망치를 가진 Thor토르, 천둥의 신는 thunder천둥를 몰고 다닌다. Thursday목요일는 Thor's day를 의미한다. 폭풍이 불고 천둥이 치면 폭발음 같은 큰 소리가 울리고 그 소리에 우리는 놀란다.

176) 완곡어법(euphemism).

그리스어에서 유래된 stentorian[우렁찬]은 천둥처럼 '목소리가 매우 큰' 것을 의미한다.

tornado	뇌우, 폭풍
astonish	놀라게 하다
detonate	폭발시키다
stun	멍하게 하다, 기절시키다
stentorian	우렁찬

그리스어에서 유래된 stentorian[우렁찬]은 천둥처럼 '목소리가 매우 큰' 것을 의미한다.

PIE *(*s*)*tene-* 'to thunder'
Germanic → *thunder, Thursday, Thor*
Latin → *astonish, stun, tornado, detonate*
Greek → *stentorian*

전통, 반역

TRADITION, TRAITOR, TREASON, BETRAY

**dō-* 'to give[주다]'

tradition[전통], betray[배반하다], traitor[반역자], treason[배신]의 공통된 기본 의미는 '-에게 넘겨주다'로, 모두 접두사 trans-[건너]와 dare[주다]가 결합된 라틴어 tradere에서 파생된 어휘들이다. 전통은 문화나 관습을 다음 세대에 넘겨주는 것이고, 배신과 반역은 친구나 국가를 적에게 넘겨주는 것이다.

add[*ad-*'to'+*dare-*'to give] 더하다, dative[여격], donation[기부], donor[기증자], dowry[혼인지참

금, endow주다, vend['for sale'+'to give'] 팔다에 '주다'의 기본 의미가 있고, mandate명령은 누군가의 손man에 '명령'을 주는(맡기는) 것이다. *re*-가 붙은 render제공하다, 만들다, rent집세, surrender[*sur*-'over'+] 넘겨주다는 라틴어 *rendere*['back'+'to give'] 다시 주다에서 유래되었다. 모두 '강조'의 의미를 갖는 접두사 *com*-과 *par*- (< *per*-)가 붙은 condone용서하다, pardon용서은 물건이 아니라 전심을 준다는 의미로 보면 된다.

Pandora판도라는 Zeus제우스신가 Prometheus프로메테우스를 벌하기 위해 지상으로 내려 보낸 인류 최초의 여자로 문자적 의미는 '모든 선물을 받은all-gifted'이다. dose복용량는 처방된 대로 주어야 할 약물의 양을 의미한다.

Theodore나 Dorothy는 모두 '신의 선물gift of god'이라는 의미를 갖는 남자와 여자의 이름이다. anecdote[*an*- 'not'+*ec*- 'out'+'given'] 일화는 공공연하게 드러나지 않는 비화이다. antidote['given against'] 해독제도 참고하자.

PIE root *$d\bar{o}$ 'to give'	
Latin	→ *dado, date, dative, datum, die, add, betray, edition, perdition, render, rent, surrender, tradition, traitor, treason, vend, donation, donative, donor, condone, pardon, dot, dowager, dower, dowry, endow, mandate*
Greek	→ *Pandora, dose, anecdote, antidote*

콧구멍

NOSTRIL, THRILL, THROUGH, THOROUGH, TRANS-, TRUNCATE, TRUNK

**terə*- 'to cross over, pass through넘어가다, 통과하다'

**terə*-의 '통과'는 '구멍', '극복', '침투', '공격' 등의 의미로 확장되었다.

through	-을 통하여
thorough	(모든 쪽을 다 통해가다 >) 철저한
trans-	'through'
nostril	['nose'+'hole'] 콧구멍
thrill	(뚫다 >) 전율하다
nectar	['death'+'overcome'] 신주(神酒)
nectarine	천도복숭아
truculent	공격적인, 흉포한

그리스어 차용어인 nectar[*nec* 'death'+*tar* 'overcoming']는 문자 그대로 '죽음을 극복하다'를 뜻하고, 이로부터 '신들이 마시는 불로장생주'에서 이제는 일반적인 '달콤한 음료'를 뜻하게 되었다.

다른 한편으로 '절단'의 의미로도 발달한 **tere*-는 truncate(나무)끝을 자르다와 trunk에 남아 있다. trunk는 현재 '나무줄기, 남성용 짧은 반바지, 코끼리 코, 몸통, 여행용 큰 가방, 자동차 뒷부분의 짐칸, 본체, 주요 부분, 간선, 대동맥' 등 여러 의미를 갖는다. '사지가 절단된'을 의미하는 라틴어 *truncus*에서 유래된 것으로 이들 의미의 공통점은 모두 사방이 잘려진 굵은 몸통 형태이다. 나무나 원뿔 따위의 끝을 자르고 난 후의 몸통을 생각하면 된다. 그리고 몸통이라는 것은 중요한 부분이라는 의미로도 연결된다.

그리스어 차용어인 nectar[*nek*-'death'+-*tar*'overcoming'] 는 문자 그대로 '죽음을 극복하다'를 뜻하고, 이로부터 '신들이 마시는 불로장생주'에서 이제는 일반적인 '달콤한 음료'를 뜻하게 되었다.

PIE root **terə* 'to cross over, pass through, overcome'
- Germanic → *thrill, nostril, thorough, through*
- Latin → *trans-, transient, transom, truculent, trench, truncate, trunk*
- Greek → *nectar, nectarine*

터보
TROUBLE, TURBID, TURBULENCE, TURBO

다음 어휘에는 '소란, 혼란, 소동'의 의미를 갖는 형태소 *turb*가 포함되어 있다.

disturb	방해하다
perturb	교란하다
imperturbable	침착한
trouble	곤란
turbid	흐린, 어지러운, 혼란한
turbine	터빈
turbojet	터보제트기
turbulence	소란, 난류

독재자
TYRANT

tyrant는 잔인하고 압제적인 '독재자'를, tyranny는 '독재'를 의미한다. 육식성 공룡인 tyrannosaurus[티라노사우르스]는 '폭군'과 '도마뱀'을 의미하는 *-saurus*가 결합된 말 그대로 '폭군룡'이다.

tyrannosaurus

연어, 결과

SALMON, RESULT, SALIENT, ASSAULT, RESILIENT

**sel*- 'to jump^도약하다^'

라틴어 어근 *sal~sul~sil*^뛰어오르다^은 다음 어휘를 구성한다:

saltant	뛰는, 도약하는
saltate	뛰다
saltation	도약
saltatory	도약적
saltigrade	깡충거미

salmon^연어^은 펄쩍 뛰어오르는 물고기이다. sauté는 기름에 재빨리 튀기는 요리법이다. 우리는 기쁘면 깡충깡충 뛰게 된다:

exult	기뻐 날뛰다
exultant	몹시 기뻐하는

salmon

뭔가 튀어 오르면 돌출되어 눈에 띄기 쉽다:

salience	돌출, 현저
salient	현저한

desultory['down'+'jump'] 정신없는, 산만한는 서커스 기수가 타고 있던 한쪽 말에서 내려 다른 말로 재빠르게 올라타는 묘기에서 나왔다고 한다. 이런 동작에서 '정신이 없다'라는 의미로 발달되었다.

되튀는 것은 '결과'와 '탄성'의 의미가 되었다:

result	결과
resile	되튀다
resilience	탄성

영어구절 jump on이나 jump at이 '달려들다'로 공격의 의미를 갖는 것처럼 *sal* 역시 '공격'의 의미를 갖는다. 누군가를 말로 공격을 하는 것이라면 insult모욕이 된다.

assail	공격하다
assault	습격
sally	기습 공격
insult	모욕하다
salacious[177)]	음란한

PIE root **sel* 'to jump'
Latin → *salacious, salient, sally, salto, saut , assail, assault, desultory, exult, insult, resile, result, somersault, salmon*
Greek → *halter*

177) '동물 수컷이 암컷에게 달려들다(jump on)'.

이동

MOTION, MOMENT, MOBILE, KINETIC, CINEMA, CITE, EXCITE

**meuə-* 'to push away[밀어젖히다]', **keiə-* 'to set in motion[움직이게 하다]'

라틴어 어근 *mob~mot~mov~mo*[움직이다]는 다음과 같은 어휘의 주요 성분으로 들어 있다.

moment	순간
momentary	순간적인
mobile	움직이는, 변하는
mob	움직이고 변덕스러운 무리 > 군중, 폭도
mobocracy	['mob'+'rule'] 우민 정치
immobile	움직이지 않는
demotion	['down'+'move'] 강등, 격하
emotion	['out'+'move'] 감정
locomotion	['from a place'+'move'] 이동
motility	운동성, 자동력
motion	운동, 움직임
motivate	동기를 부여하다
motive	동기, 이유
promote	['forward'+'move'] 촉진하다, 승진시키다
remote	['back'+'move'] (뒤로 움직여서) 먼, 외진
remove	옮기다, 제거하다
commove	['together'+'move'] 동요시키다
commotion	흥분, 소동
move	움직이다, 나아가다
movie	영화

movie[영화]와 의미가 유사한 그리스어 차용어는 cinema[영화]이다. 그리스어 어근 *kin* 또는 *cin*은 '불러일으킴, 움직임'의 의미를 갖는다. 영화란 사진과 달리 인물들이 일어나 움직이는 동영상이다. 또한 '뭔가를 불러일으켜 움직이게 하다'는 '(사람을) 소환', '호출'하고 '(글자나 문구 따위를) 인용'하는 의미와 연결된다. 그리고 물건, 사람, 기력, 감정 등 잠자코 있는 것을 일으키니 '소란, 활성화, 소생, 흥분'의 의미와 관련된다.

손대지 않고도 정신력만으로 물건을 이동시키는 초능력을 의미하는 telekinesis[염력]와 다음 어휘에 '운동, 움직임'의 의미가 들어 있다.

akinesia(acinesia)	운동 불능
akinetic	운동 신경 장애의
kinesthesis	근육 운동 지각
kinetic	운동의, 동적인
kinematics	운동학
kinesics	동작학

정지된 사진[still picture]이 아닌 움직이는 사진[motion picture]의 의미를 갖는 어휘로 cinema[영화(관)]와 cinematography[영화촬영기술]가 있고, '소환', '인용'의 의미는 cite[인용하다], citation[인용], recite[암송하다] 등의 어휘에서 보이고, '소동, 선동, 흥분'의 의미는 excite[흥분시키다], incite[부추기다] 등의 어휘에서 보인다. suscitate[활성증강하다], resuscitate[소생시키다] 등의 어휘에는 '소생, 활성화'의 의미가 있다.

원래 solicit[간청하다]는 '온통'을 의미하는 *sol*-과 '일으키다'를 의미하는 citus가 결합된 어휘로 소란이나 문제를 일으키고 도발한다는 의미였는데 지금은 '간청'의 의미로 변했다.

PIE root **meuə* 'to push away'
Latin → *mob, mobile, moment, momentous, momentum, mosso, motif, motion, motive, motor, move, movement, commotion, emotion, promote, remote, remove*

PIE root **keiə* 'to set in motion'
Germanic → *hest, behest*
Latin → *cite, excite, incite, resuscitate, solicitous*
Greek → *kinematics, kinesics, kinetic, cinematograph, hyperkinesia, kinesiology, kinesthesia, telekinesis*

통로
CANAL, CHANNEL

canal은 '수로, 도관'을, channel은 '채널, 수로, 해협'을, kennel은 '하수구, 도랑'을 의미한다.[178] 노르망디 프랑스어에서 유래된 [ka] 발음의 canal과 센트럴 프랑스어에서 차용된 [cha] 발음의 channel는 이중어이다.

흥미롭게도 이 어휘들의 아주 먼 조상은 셈어[Semitic] **qnw* '갈대'로, '속이 비어 있는 줄기', '지팡이'를 뜻하는 cane도 여기에서 파생되었다. 갈대처럼 '속이 빈 줄기', '막대', '도관'과 같은 이미지가 있는 관련어로 cannon[대포], canna[칸나], canyon[협곡] 등이 있다. canister[깡통]도 원래는 '갈대'로 짜 만든 바구니였다. canon은 '규범, 교리' 등을 의미하는데, 자와 같이 길고 반듯한 막대기는 물건의 길이나 크기를 측정하는데 쓰였고, 이로부터 규범의 개념이 생긴 것으로 보인다.

---

178) 동음이의어 kennel은 '개집'을 뜻한다.

Proto Semitic root **qnw* 'reed'
Greek > Latin → *cane, canister, canna, cannoli, cannula, cannon, canon, canyon*

기회

OPPORTUNITY, EXPORT, FERRY

**per-* 'to lead, pass over[지나가다]'

인구어 어근 **per-*의 원래 의미 '지나가다'에서 '문', '항구', '통로', '나르다', '품다', '태도' 등의 의미가 분화되었다.

• 라틴어 어근 *port* '항구'가 있는 어휘:[179)]

배가 항구로 접근할 때 마침 바람이 접안하기 좋은 방향으로 불어주면 좋은 것이고, 그렇지 못하면 좋지 않다는 것은 누구나 아는 사실이다.

접두어 *ob-*['to']과 *port*[항구]가 결합되어 문자 그대로 '항구를 향하다'를 뜻하는 opportune[시의 적절한, 시기가 좋은]은 바람이라는 동력으로 항해했던 고대 시대에 배가 항구로 들어오기 좋은 방향으로 불어주는 바람을 일컫는 말이었다. 바람이 적절한 방향으로 불어줄 때 바로 배가 항구로 들어올 수 있는 **기회**가 된 것이다. 따라서 opportunity의 '기회, 호기'는 '바람이 부는 적기에 배가 항구에 접근할 수 있었다는 데에서 나온 말이다.

반면 항구[port]가 없어[*im-*'not'] 배가 접근할 수 없으면 불편하고 골치 아픈

179) 라틴어 *portus* '항구'.

일이다. im**port**unate[성가시게 조르는]은 '항구'의 의미는 사라지고 '골치아픈 짓, 성가심, 무례함'을 의미하다가 '성가시게 조르다'라는 의미가 나오게 되었다. passport는 '지나다'의 pass와 '항구'의 *port*가 결합되어 '여권'을 의미한다.

• 라틴어 어근 *port* '나르다, 가지다'가 있는 어휘:[180]

export['out'+'carry'] 수출하다, import['in'+'carry'] 수입하다, report[보고], support[지탱하다], transport[운반하다], portable[운반할 수 있는], important[중요한], portfolio[손가방], porter[짐꾼] 등은 '나르고 품고 있다'는 의미를 갖는다.

또한 deport['off, away'+'carry']는 '분리'의 *de-*와 *port*가 결합되어 문자 그대로 '멀리 이동하다, 멀리 운반하다'를 뜻하여, He was deported from the country에서처럼 '국외로 추방하다'라는 의미가 되었다. 한편 He deported himself with dignity[그는 위엄있게 처신했다]나 deportment[행동거지, 몸가짐]에서는 '추방'의 의미가 아니라 '처신, 몸가짐'을 의미한다. deport가 한때는 '인내, 절제'의 의미가 있었는데, 쾌락이나 즐거움 따위를 말 그대로 멀리 가져간다거나(추방), 아니면 스스로 즐거움에서 벗어난다는 의미에서 '인내, 자제'의 의미가 생기고, 이로부터 '몸가짐을 잘하다, 처신하다'라는 의미로 발달한 것으로 추정해 볼 수도 있다.

comport['together'+'carry'] 어울리다, 처신하다의 '어울림'의 의미와 '처신'의 의미는 '함께 나르다'의 의미에서 발달한 것으로 설명될 수 있다. comport는 deport처럼 '처신, 태도, 행동'의 의미뿐만 아니라 한때는 '인내'의 의미도 있었다. '함께 나르는' 행위는 함께 어울리는 '조화'의 의미가 되고, (지금은 사라진) '인내'의 의미는 *com-*을 '완전히'라는 강조의 의미로 읽고

180) 라틴어 *portare* '나르다, 품다'.

port를 '품다'의 의미로 읽어 '완전히 품다'에서 나온 것으로 볼 수 있다.[181] '인내'의 의미에서 '행동거지, 처신'과 같은 의미로 발달했다고 할 수 있다.

sport[des-'apart, away'+*port*'carry'] 스포츠란 문자 그대로 '(골치아픈 문제)로부터 마음을 멀리 가져가는 것'을 의미한다.

- 라틴어 어근 *port* '문'이 있는 어휘:[182]

portal	문
porch	현관
porter	문지기

- 그리스어 어근 *por* '통로, 길, 여행'이 있는 어휘:[183]

'통로'의 뜻을 가진 어휘들을 살펴보자. pore는 작은 입자가 통과할 수 있는 '작은 구멍'을 의미한다. '여행 중'인 '여행자'에서 '상인'으로 의미가 변한 그리스어 *emporos*[*en*-'in'+'voyage, passage'] 에 '장소'의 접미사 *-on*이 붙어 '시장'이 된 *emporion*에서 온 라틴어 차용어 emporium은 '큰 시장'을 의미한다.

- 라틴어나 그리스어 차용어에 대응하는 영어 어휘:

fare는 고대영어시기에는 '여행'의 의미를 갖고 있었으나 지금은 '요금'이라는 의미를 갖는다. ferry연락선, 수송하다와 wayfarer여행자도 운반과 이동의 의미가 들어 있다. 일이 잘 되어 가는 상황을 We get along well

181) 재귀대명사와 부사구와 함께 표현되는 **deport/comport** oneself with dignity '위엄을 갖고 처신하다' 참조.

182) 라틴어 *porta* '문'.

183) 그리스어 *poros* '통로, 길, 여행'.

로 표현하듯이, welfare['well'+'journey']는 편안하고 좋은 여행이라는 의미에서 '복지, 안녕'을 의미하게 되었다.[184] welfare와 형태소 순서가 바뀐 farewell['journey'+'well']은 (여행을) 떠나는 사람의 '안녕'을 빌어주는 '작별인사'이다.

PIE root **per* 'to lead, pass over'
Germanic → *firth, fjord, fare, ferry, ford*
Latin → *port, importune, opportune, passport, porch, port, portal, portcullis, porter, portable, portage, portamento, portative, comport, deport, export, import, important, portfolio, purport, rapport, report, sport, support, transport*
Greek → *pore, aporia, emporium, poromeric*

자동차

CAR, CARPENTER, CART, CARRY, CARRIER, CAREER, CARGO, CHARIOT, CURRENT, COURSE, EXCURSION, OCCUR

**kers-* 'to run[달리다]'

원시인구어 어근 **kers-*는 '달리다'에서 파생된 라틴어 어근 *car~cur~cor~cour*는 '달림', '탈 것, 수송 수단'과 '과정', '경력', '흐름', '발생' 등의 의미로 많은 어휘를 구성한다.

car	차, 차량
career	경력, 직업

184) [인생은 여행, LIFE IS JOURNEY]은유 참조.

cargo	화물
cark	괴롭히다, 걱정시키다
carry	나르다, 휴대하다, 옮기다
carrier	운송회사, 운반기, 보균자
carriage	탈 것
cart	수레, 카트, 운반하다
charge	요금, 책임; 충전하다, 지우다, 청구하다, 고발하다
discharge	짐을 내리다, 해임하다, 방출하다, 의무를 이행하다
chariot	마차, 전차
current	현재의
curriculum	교육과정
cursive	흘림의
cursor	커서
cursory	몹시 서두른
concur	동의하다
concourse	합류
course	빠르게 흐르다, 과정
discourse	담화
excursion	소풍
corridor	복도
courier	급사
occur	발생하다
precursor	선구자
recur	재발하다
recourse	의지

cark[괴롭히다, 걱정하다, 근심]는 원래 차에 짐을 실으니, '부담을 주다'라는 의미가 되었고, 이어서 '괴롭히다, 걱정하다'의 의미로 더욱 발달하였다. carpenter는 '마차를 만드는 사람'에서 '목수'로 의미가 변했다.

caricature[풍자만화, 캐리커처]는 '마차에 짐을 너무 많이 싣다'를 의미했지만, 짐을 '과적'하듯이 누군가를 '과장'해서 묘사한 것이다.

carrier와 career는 형태가 비슷한 어휘들인데, 의미도 역시 관련된다. carrier는 '짐을 나르는 수송회사, 수송차량, 병원체를 나르는 보균자, 짐을 나르는 사람' 등을 의미하는데, career는 현재 '경력, 진로, 전문 직업' 등을 의미한다. carrier는 길을 따라 물건을 운반하는 것이라면 career는 '인생'이라는 은유적 길을 따라 달려 온 경력이라고 생각하면 될 것이다. '발생'을 의미하는 occur[*ob*-'against, towartd'+'to run'] 일어나다]는 '달려가다 만나다, 부딪히다, 우연히 만나다'라는 의미에서 '나타나다' > '생기다'의 의미가 된 어휘이다.

car[차][ca-] 와 chariot[전차][cha-]의 발음은 차용된 프랑스어 방언의 차이에서 비롯된다. [ca-] 발음을 갖는 어휘들은 노르망디 프랑스어에서 차용된 어휘이고 [cha-]로 발음되는 어휘는 센트럴 프랑스어에서 차용된 어휘임을 다시 한번 기억하자.

PIE root *kers 'to run'
Latin → *corrida, corridor, corsair, courante, courier, course, current, cursive, cursor, curule, concourse, concur, decurrent, discourse, excursion, hussar, incur, intercourse, occur, precursor, recourse, recur, car, career, cargo, caricature, cariole, cark, caroche, carry, charge, chariot, discharge, carpenter*

길

VEHICLE, WAGON, VIA, WAY

**wegh-* 'to go, move, travel, transport[이동하다, 수송하다]'

인구어 어근 **wegh-*의 '이동, 수송'의 의미는 '길', '탈 것', '움직임', '흔들림', '맹렬함', '괴롭힘' 등의 의미로 더욱 발달하였다. 특히 마차 따위가 덜컹거리고 흔들리며 이동하는 모습에서 맹렬함이나 괴롭힘이라는 의미까지 연결된 것 같다. **wegh-*에서 파생된 라틴어 어근 *via*[길][185], *vex*[흔들다, 괴롭히다], *veh~vect*[운반, 운반자]와 철자 w로 시작하는 고유어의 관계를 다음 어휘들에서 볼 수 있다.[186]

way	길
always	(모든 길 >) 항상
away	멀리
via	경유하여
viaduct	['way, road'+'leading'] 고가도
deviate	[*de-* 'off'+'way'] 벗어나다
devious	[*de-* 'off'+'way'] 우회한
obviate	['in front of'+'way'] (위험 등을) 제거하다
obvious	['in front of'+'way'] 분명한
trivial	['three'+'way'] 하찮은
Norway	['north'+'way'] 노르웨이
previous	['before'+'way'] 앞의
pervious	['through'+'way'] 투과시키는
impervious	['not'+'through'+'way'] 불침투성의

185) 라틴어 *via*는 프랑스어에서 *vey*나 *voy*가 되었다.

186) 고전 라틴어 철자 v는 [u]나 [w]로 발음되었다.

voyage	여행
vehicle	차량
wagon	마차
wain	마차
vector	벡터, (질병의) 매개체
vection	병원체 전염
convey	['together'+'way'] 운반하다
convoy	['together'+'way'] 호송, 호위
vogue	유행
inveigh	['in'+'to carry'] (입안에 심한 말을 가져옴 >) 통렬히 비난하다
envoy	['in'+'way'] 사절
wag	흔들(리)다
wiggle	좌우로 흔들다
vehement	(격렬하게 움직이는 >) 맹렬한
vex	(덜컹거리며 움직이다 >) 괴롭히다

PIE root **wegh* 'to go, transport in a vehicle'

Germanic → *wain, wag, wagon, weigh, way, away, always, wain, wagon, wiggle, wag*

Latin → *vogue, convey, envoy, vector, vehement, vehicle, convection, vex, inveigh, previous, obviate, via, deviate, via, voyage, convey, convoy, deviate, devious, envoy, invoice, obviate, obvious, pervious, previous, trivial, trivium, viaduct*

방학, 황무지

VACATION, VANITY, WASTE, WANTING

**euə-* 'to leave, abandon, give out[떠나다]'

'떠나버리면', '버림받고, 결핍되고, 비어버린' 상태가 된다는 이치가 다음 어휘들의 의미를 설명해준다. 즉, 공간을 채웠던 것들이 떠나버리면, 버림받은 공간은 황폐해지고 결국 드넓은 황무지처럼 텅 비어 모든 것이 결핍된 상태가 된다. 또한 우리 모두가 잠시 업무를 떠나면 업무 공간이 공간이 비워지는 것이 '휴가'이고 마음이 공허한 상태는 '허영심'이 된다.

evacuate	['out'+'empty] 철수시키다
evanescent	['out'+'empty'] 무상한
avoid	['out'+'empty'] 피하다
vacant	비어 있는, 공허한
vacuous	빈, 공허한
vacate	비우다, 떠나다
vacation	휴가
vacuity	공허, 허무
vacuum	진공
vanish	사라지다
vain	헛된
vanity	허영심
vaunt	허풍
void	빈, 공허한
devoid	[*dis-* 'away'+'empty'] 결여된
devastate	[*de-* 'completely'+'empty'] 완전히 파괴하다
devastation	황폐

vast[187] 막대함, 굉장함
want 원하다
wanting 부족한
wane 약해지다, 시들해지다
waste 낭비(하다), 쓰레기, 황폐하게 하다

> PIE root **euə* 'to leave, abandon, give out'
> Germanic → *wane, wanton, want*
> Latin → *vain, vanity, vaunt, evanesce, vanish, vacant, vacate, vacation, vacuity, vacuum, void, avoid, devoid, evacuate, waste, devastate*

물

WATER, WET, WINTER, WHISKEY, WASH, VODKA, OTTER, ABOUND, HYDRANGEA

**wed-*$_1$ 'water, wet[물, 젖은]'

water[물], wet[젖은], winter[겨울], whiskey[위스키], wash[씻다], vodka[보드카], otter[수달], undulate[파도치다], hydrangea[수국]는 모두 '물'이 의미의 주요성분이 된다.

winter[겨울]는 '물이 많은 축축한[wet] 계절'이라는 의미를 갖는다. 게일어[Gaelic]인 whiskey와 러시아어[Russian]인 vodka와 같은 술도 '물'이 공통된 의미이다. whiskey[「water'+'life'] 위스키]의 문자 그대로의 의미는 '생명의 물'이고, *voda*[물]에 지소사 *-ka*가 붙은 vodka[「little water'] 보드카]의 원뜻은 '작은 물'이다.[188] otter

187) 광대한 사막처럼 끝없이 펼쳐진 이미지에서 '막대함'과 '굉장함'의 의미로 확장되었다.
188) '작다'라는 것은 '소중하다'라는 정도로 이해된다.

[수달]와 스페인어 차용어 nutria[뉴트리아]는 둘 다 '물'에서 사는 동물이다.

'물'은 '파도'와도 연결된다. '파도'를 의미하는 라틴어 어근 *und*[파도]는 다음 어휘를 구성한다.

abound ['from'+'wave'] 풍부하다
redound [*red-* 'again'+'wave' > 'overflow'] 높이다
redundant [*red-* 'again'+'wave' > 'overflow'] 남아돌아가는, 풍부한
surround [*super-*'over'+'wave' > 'overflow'] 둘러싸다
undine 물의 요정
undulant 파도치는
undulate 파도치다
undulation 파동
inundate 범람시키다

마지막으로 **wed-*$_1$[물, 젖은]에서 발달한 그리스 어근 *hydro-*[水]로 구성된 어휘들도 살펴보자.

carbohydrate 탄수화물
hydrogen 수소
hydrail 수소열차
hydrophobia 공수병
hydrangea ['water'+ 'vessel'] 수국
hydra, Hydra 히드라, 바다뱀자리
Hydrus 물뱀자리
hydria 물 단지
clepsydra (고대) 물시계
hydrant 소화전

hydrate	수화시키다
dehydrate	탈수하다
hydrous	물을 함유하는
anhydrous	['without'+'water'] 무수의
hydathode	['water'+'way'] (잎의) 배수(排水) 조직
hydatid	수포
dropsy	부종

PIE root **wed-*$_1$ 'wet, water'
Germanic → *wet, water, wash, winter, otter,*
Latin → *abound, undine, undulate, inundate, redound, redundant, surround, nutria*
Greek → *hydro-, hydrant, hydrous, Hydrus, Hydra*
Old Irish → *whiskey*(*whisky*)
Old Slavic → *vodka*

세정

LAUNDER, LAVENDER, LOTION

**leuə-* 'to wash[씻다]'

물로 씻음을 가리키는 어휘는 세척, 세정, 폭우, 홍수, 용해 등의 의미와 어원적으로 연결되어 있다.

lather	비누 거품
launder	세탁하다
laundry	세탁물
abluent	['away'+'wash'] 세제
ablution	['away'+'wash'] 목욕

lavation	세정
lavatory	변기, 화장실
elavo	['out+wash'] 씻어내다
lave	씻다, 물에 담그다
lotion	로션
lavender	라벤더
lava	용암
elute	['out'+'wash'] 녹여서 분리하다
deluge	[*dis-* 'away'+'wash'] 폭우
dilute	[*dis-* 'away'+'wash'] 희석하다
diluvial	대홍수의, 홍적(洪積)(층)의
antediluvian	['before'+'flood'] 노아의 대홍수 이전의, 구시대적인
postdiluvian	['after'+'flood'] 노아의 대홍수 후의 (사람, 사물)
lavish	풍성한, 호화로운, 낭비하는

PIE root **leu*(ə) 'to wash'
Germanic → *lather*
Latin → *lotion, ablution, alluvion, colluvium, deluge, dilute, eluent, elute, eluvium, launder, lavabo, lavage, lavatory, lave, lavish*

정화

PURE, PURGE, PURGATORY

**peuə-* 'to purify, cleanse[깨끗이 하다]'

다음 어휘에서 '깨끗하다'의 의미를 가진 라틴어 어근 *pur*와, 여기에 '만들다, 하다'의 의미를 가진 또 다른 어근 *ag*가 결합 하여 '깨끗하게 하

다'를 의미하는 *purg*는 다음 어휘들을 구성하는 주요 성분이 된다.[189)]

pure	순수한, 오염되지 않은, 완전한
depurate	[*de*- 'intensifier'+'pure'] 정화하다
puritan	청교도
purblind	['pure'+'blind' > 'entirely blind' >] 반 소경의, 눈이 침침한
purgatory	죄를 씻는 장소 > 연옥
purge	깨끗이 하다, 숙청하다
expurgate	['out'+'clean'] 삭제하다
compurgation	[*com*- 'intensifier'+'clean'] (증인의 선서로 무죄를 증명하는) 면책선서

PIE root **peuə* 'to purify, cleanse'
Latin → *pour, pure, purée, purge, Puritan, compurgation, depurate, expurgate, purblind*

비디오
VIDEO, VISION, VISA, VISIT, WISE, WIT
**weid-* 'to see[보다]'

**weid-*의 주요 의미인 '보다'는, '보이다', '보이는 것', '시력, 시각', '외모, 외관, 얼굴, 형태', '방문', '영상', '경치', '지식, 생각, 상상, 환상, 견해' 등의 다양한 의미로 확장되었다. 먼저 '보다'를 뜻하는 라틴어 어근의 이형태 *vid~vis~vy, vey~view*가 다른 형태소와 붙어 어떤 의미를 갖는

189) 라틴어 *pūrus* 'pure'와 *pūrgāre* 'to purify'.

지 살펴보자.

video[영상]와 visual[시각의]은 모두 보는 것이다. visage는 '얼굴'이고, vista는 '경치, 풍경'을 뜻한다. vis-à-vis['face to face' >] -에 대하여, 마주 향하여]는 얼굴을 마주보는 것을 의미한다. visor[마스크, 모자의 챙] 역시 '얼굴'과 관련된 어휘로, 원래 얼굴을 가리는 마스크에서 햇빛을 가리는 차양을 가리키게 되었다. visit[방문]는 사람을 '보러가다'라는 의미이다. interview[면접, 인터뷰]는 사람을 만나 보는 것이다. visa[비자, 사증]는 외국 출입 시 보여주는 문서이다. vision[시력, 환상]은 눈이라는 신체 부위가 보는 '시력'이나 '시각'이라는 의미도 있지만, 마음의 눈으로 보는 '상상력, 통찰력', '환상'을 뜻하기도 한다. envisage['in'+'see'] 상상하다]와 envision[상상하다]도 '마음의 눈으로 보다, 상상하다'를 의미한다.

라틴어 차용어 invidious['in'+'see'] 질투심을 일으키는, 불쾌한]와 이 어휘에서 프랑스어를 거쳐 영어에 들어온 envy[부러워하다]와 envious[부러워하는]의 문자 그대로의 중심 의미는 '-을 쳐다보다'이다. 사람은 누군가가 부러우면 쳐다보게 된다. envious와 invidious는 이중어로, 전자는 '부러움'을, 후자는 부정적인 '질투'와 '불쾌함, 싫음'의 의미가 붙어 살짝 다르다. invidious의 경우는 '누군가를 쳐다 봄' > '부러움' > 부정적인 '질투심, 싫음'의 의미로 좀 더 발달한 것이다.

'밖'을 의미하는 *e*-와 '보이다'를 의미하는 *vid*가 결합한 evident['out'+'visible'] 명백한]와 evidence[증거]의 의미는 밖으로 드러나니 완전히 잘 보인다는 의미에서 나온 것이다. 접두사 *re*-['back', 다시]가 붙은 review[회고, (재)검토]와 revise[개정하다]는 되돌아보고, 검토하고, 변경하거나 복습하는 것이다. 프랑스어 차용어 deja[이미]vu[본]는 '기시감[既視感]'을 의미한다. supervise['over'+'see'] 감독하다]와 survey[내려다보다, 조사하다]는 둘 다 위에서 내려다보니 '감독'이나 '조사'의 의미를 갖는다.

다음 어휘들은 모두 라틴어 *providere*[*pro*-'ahead'+'see'] 예견에서 유래되었는데, 원뜻인 '앞날을 내다보다'라는 예견[豫見]의 의미에서 예지[豫知]의 의미뿐만 아니라, '선견지명을 갖고 행동하고, 준비하고, 공급하고, 절약하다'는 의미로 더욱 확장되었다.

provide	['ahead'+'see'] 제공하다, 준비하다
providence	선견, 신의 섭리, 신중, 절약
prudent	신중한, 현명한
provision	예비
provisional	일시적인
proviso	단서, 조건
purvey	공급하다
improvise	즉석에서 (연주)하다
improvident	선견지명이 없는, 헤픈
imprudent	경솔한

provisional[일시적인]은 지금 당장에만 필요한 것을 준비한다는 의미에서 '임시적'임을 뜻한다. 반면 부정 접두사 *in*-이 결합된 improvise[즉석에서 (연주)하다]는 준비 없이 당장 행동하니 즉흥적인 행위가 되고, improvident[선견지명이 없는, 헤픈]도 장래에 대비하지 않고 경솔하고 절약하지 않는다는 의미를 갖는다. imprudent[경솔한]과 명사형 imprudence[경솔]도 참고하자. prevision[*pre*-'before'+'see'] 예지]과 preview[미리보기]도 어렵지 않게 그 의미를 이해할 수 있다.

영어 I see가 '보이다'가 아니라 '알다'로 해석되는 것처럼 보는 것은 아는 것이나 생각하는 것 같은 지적 행위를 뜻하게 된다. view는 단순히 보이는 것인 '시각'이나 '시야'라는 의미와 함께 '견해, 생각'이라는 인지적 개념이 더해졌다. clairvoyance['clear'+] 투시력, 천리안]의 멀리서도 똑똑하게 잘 보는 천리안의 의미는 또한 사물을 꿰뚫어 볼 줄 아는 통찰력을 뜻한다.

advise[조언하다]는 원래 '내가 보기에는[it seems to me]'이라는 의미였다고 한다. '권고'나 '조언'의 의미는 '내가 보기에는' 또는 '내가 생각하기에는 당신이 이렇게 해주면 좋겠다'라는 의미에서 나온 것이다.

흥미롭게도 **weid*-에서 파생된 고유어에서는 모두 '지혜, 깨달음, 현명' 등의 의미를 갖는다.

wise$_1$	현명한
wisdom	지혜
wise$_2$	가르치다
wise$_3$	방법
witting	지식, 알면서 하는
unwitting	모르는
wit	재치, 알다
wot	알다

'지혜'라는 의미와 관련하여 witenagemot[앵글로색슨의회]와 witan[앵글로색슨의회의 구성원]이라는 어휘가 있다. 앵글로색슨 시대물을 보면 신하가 왕에게 witan[위탄]이 모여 결정해야 한다는 대사를 듣게 된다. 앵글로색슨 시대에 왕의 고문 역할을 했던 의회를 witenagemot이라고 불렀는데, '지혜로운 사람들의'라는 의미의 witena와 '집회, 모임'이라는 의미의 *gemot*이 결합된 어휘로 말 그대로 '지혜로운 사람들의 모임'이고 이들의 구성원을 witan이라고 불렀다.

**weid*-에서 파생된 또 다른 고유어 guide[인도하다]는 '길을 보여주는' 것이고, guise[외관, 겉모습]는 위에서 언급했듯이 '보이는 부분'이다. 앞에서 이미 소개했던 history[역사]도 역시 **weid-*[보다]에서 유래하였다. 역사라는 것은 과거에 일어난 사건을 알아내기 위해 자료를 수집하고, 연구와 탐구를 통해서 알게 된 지식과 기록, 설명, 이야기이다. 여기서 '보다'라는 지각 행위가 '알다'라는 인지 행위와 관련되는 것을 다시 확인할 수 있다.

'형태'를 의미하는 그리스어 어근 *id*와, 여기에서 파생된 '닮음'을 나타내는 접미사 *-oid*도 궁극적으로는 **weid-*[보다]에서 파생된 형태소이다. '보이는 것' > '외관' > '형태, 이미지' > '생각'이라는 의미 확장 경로를 보여준다.

idea	생각
idol	우상
android	인조인간(의)
humanoid	인간을 닮은
deltoid	삼각주 모양의

PIE root **weid* 'to see'

Germanic → *wit, wot, witness, wise*$_1$*, wisdom, guide, guidon, wite, wise*$_2$*, guise*

Latin → *view, visual, vide, view, visa, visage, vision, visit, visor, vista, voyeur, device, advise, belvedere, déjà vu, clairvoyant, envy, evident, improvise, interview, invidious, previse, provide, prudent, purvey, purview, review, revise, supervise, survey*

Greek → *idea, idol, android, -oid, ideo-, kaleidoscope, history, story*

시각

PERSPECTIVE, PROSPECT, SPECTACLE, SUSPICIOUS, SKEPTIC

**spek-* 'to observe[주시하다]'

'보다'의 의미를 갖는 라틴어 어근 *spec~spic*는 다른 형태소와 결합하면서 다양한 의미로 해석된다.

circumspect['look'+'around'] 신중한는 보자마자 그 뜻이 바로 보이는 어휘는 아니다. 문자 그대로 '주변을 찬찬히 둘러보다'에서 '신중하다'라는 의미가 되었다. 조심스럽고 용의주도적으로 행동하는 사람은 늘 주변을 둘러보기 마련이다.

우리는 '미래'라는 시간 개념을 '앞'이나 '밖'이라는 공간 개념에 빗대어 이해한다. prospect['forward'+'look'] 전망, 가망는 앞에 드리워져 보이는 '조망'이나 '경치'라는 공간적 의미와 함께 '가망, 예상'이라는 시간적 의미를 갖는다. 또한 문자 그대로 '(공간적) 밖을 내다보다'를 의미하는 expect['out'+'look'] 기대하다는 내가 존재하는 현재의 밖에 위치하는 미래를 바라보니 '예상하다'의 의미를 갖는다.

사물의 안을 들여다보는 것은 inspect[조사하다]이고, '강조'의 의미를 갖는 접두사 *com-*이 붙은 conspicuous[두드러진, 눈에 잘 띄는]는 완전히 보이니 '눈에 잘 띄다'의 의미로 풀이된다. 이 어휘와 동일 성분을 갖는 이중어 conspectus의 '개요, 개관, 요약'의 의미는 '한번에 (모두) 보기'('see altogether, see all at once')[190]에서 나왔다. 이 어휘에서는 *com-*이 '강조'보다는 '모두'의 의미를 갖는다.

---

190) '개요, 줄거리'를 뜻하는 그리스어 유래 어휘 synopsis [*syn-* 'together'+*opsis* 'a sight']도 같은 원리이다.

영어표현 look up (to)와 look down (on)에서처럼 누군가를 올려보는 것은 '존경'으로, 내려다본다는 것은 '경멸'의 의미가 된다. despise['down'+'look'] 경멸하다는 '얕보다'를 의미하고, despicable[야비한]은 경멸할 만큼 행위가 '비열하고 야비하다'라는 것을 의미한다.

다음의 어휘들에도 모두 '보다'라는 기본 의미가 들어 있다.

spectacle	광경, 장관, 경관
spectacular	장관의
spectator	구경꾼
spectrum	스펙트럼, 빛띠, 범위
special[191)]	특별한, 특정한
species	종
specific	특정한, 구체적인
specimen	견본, 표본
aspect	측면
conspectus	개관
conspicuous	눈에 잘 띄는
introspect	내성하다
prospective	기대되는
respect	['back'+] 존경하다, 존경, 경의
retrospect	회상(하다)
despise	['down'+] 얕보다
despicable	['down'+] 야비한
despite	['down'+] 악의, 경멸; -에도 불구하고
perspective	['through'+] 관점, 원근화법,
perspicacious	['through'+] 통찰력 있는

191) special, specific, species 모두 다른 것들과 **눈에 띄게** 구별되는 특징을 갖는다는 의미에 기초한다.

suspect[192)	['under'+] 의심하다
suspicion	['under'+] 의심
suspicious	['under'+] 의심스러운
transpicuous	['through'+] 투명한
auspice	['bird'+] 새점; 길조; 보호
auspicious	상서로운

그리스어 어근 *scop~scept~skept*[보다]는 다음 어휘에서 '관찰', '검사', '조사', '감독' ,'관찰도구', '생각' 등의 다양한 의미로 읽힌다.

cinemascope	시네마스코프
electroscope	검전기
endoscope	내시경
glossoscopy	['tongue'+] 혀검사
horoscope	['hour'+] 별점
kaleidoscope	['beautiful shape'+] 만화경(萬華鏡)
microscope	['small'+] 현미경
periscope	['around'+] 잠망경
scope	시야, 범위
skeptic, sceptic	회의론자
skeptical	회의적인
telescope	['far'+] 망원경
episcopal	['over'+] 주교의
bishop	['over'+] 주교

192) *sub*-은 '아래'의 의미를 갖고, '아래, 밑'은 다 보이는 '위'와 달리 안보이는 곳이다. 따라서 '밑'의 개념은 은유적으로 드러나지 않은 비밀스러운 행동을 나타낼 수 있다. 어휘 suspect와 suspicious가 갖는 '의심'의 의미는 '몰래보다(look at secretly)'에서 나온 것으로 볼 수 있다. 문자 그대로 '장미 아래에서'를 뜻하는 *sub rosa*는 '남몰래, 비밀히'를 뜻한다.

'over[-위에서]'를 의미하는 접두사 *epi-*가 결합된 그리스어 episcopos[감독자]에서 유래된 episcopal[['over'+'watch'] 감독의, 주교의, (주교) 감독 교회의][193]과 bishop[주교]의 중심 의미는 말 그대로 위에서 지켜보니 '보살피다, 감독하다'이고, 기독교에서 영혼을 보살피고 감독하는 '주교'의 의미를 갖는다. 라틴어 차용어 supervise[['over'+'watch'] 감독하다], supervisor[관리자, 감독], 영어 overwatcher, overseer 등도 모두 '감독'의 의미를 갖는다.

고유어 spy[간첩]와 espy[찾아내다], espionage[정찰]도 모두 '보다'라는 공통 의미를 갖는다.[194]

PIE root **spek* 'to observe'
Germanic → *espy, spy, espionage*
Latin → *specimen, spectacle, spectrum, speculate, speculum, spice, aspect, circumspect, conspicuous, despise, expect, frontispiece, inspect, introspect, perspective, perspicacious, prospect, respect, respite, retrospect, suspect, transpicuous, species, specious, especial, despicable*
Greek → *skeptic, scope, -scope, -scopy, bishop, episcopal, horoscope, telescope*

경기장
ARENA

arena[(원형) 경기장]와 arenoid[모래 같은], arenicole[모래땅에 사는]에 들어 있는 공통 의미는 '모래'이다. 원래 arena는 '모래, 모래땅'을 의미했는데, 로마의 원

193) 고대영어 *bisceop* < 라틴어 *episcopous* < 그리스어 *episkopos* '(영혼의) 감독자'.
194) espy와 espionage는 게르만어 기원으로 프랑스어를 거쳐 영어에 차용되었다.

형 경기장 바닥에 깔린 재료가 바로 이 모래였다. 격투기가 벌어지면 피가 튀는데, 모래땅이 피를 흡수하기에 적절했기 때문이다. 물론 지금은 모래 없는 원형경기장도 arena[아레나]라 불리지만 말이다. 우리나라 씨름판이야말로 arena의 원래 모습이다.

챔피언, 샴페인

CAMP, CHAMPION, CHAMPAIGN, CHAMPAGNE

라틴어 어근 *camp*는 '들판'을 의미하는데, 노르망디 프랑스어에서 차용된 어휘로 발음은 [ka-] 이고, 이와 함께 센트럴 프랑스어에서 차용된 어휘는 [cha-] 발음을 갖는다.[195] '들판'을 의미하는 어근 *camp~champ*가 들어간 어휘는 들판에서 벌어지던 '전투'와 관련된 의미를 갖는다. [ʃa-] 발음의 champagne[샴페인]은 원래 프랑스의 Champagne[샹파뉴]라는 특정 지역에서 생산된 거품이 이는 독특한 맛의 포도주를 지칭했으나 지금은 지역 상관없이 그런 맛의 포도주를 '샴페인'이라고 부른다.

decamp	야영을 거두다, 도망치다
campestral	들판의
campaign	전투, 작전; 운동, 유세, 캠페인
campus	교정, 광장

195) calx '생석회'- chalk '분필', catch '붙잡다'- chase '추적하다', castigate '징계하다' - chasten '징벌하다', canal '수로'- channel '해협', camera '방>카메라'- chamber '방' 등의 이중어 참조. [ʃa-] 발음은 현대 프랑스어 차용어.

champion 챔피언
champaign (싸움터), 평원
champagne 샴페인

들판

FIELD, PLANE, PLAIN, PALM, PIANO, FLAT, PLAT, PLANT, FLAKE, FLAW, PLANK, PLACID, PLACEBO, PLEASE

**pelə-*$_2$, **plat-, *plak- ~*plag-* 'flat, to spread[펼치다, 평평한]'

**pelə-*$_2$와 확장형 **plat-, *plak-*에서 파생된 어휘들은 공통적으로 펼치거나 펼쳐진 평평한 이미지를 갖는다.[196)]

- **pelə-*$_2$

palm은 '손바닥'과 '종려나무'를 의미한다. 손바닥은 평평하고, 종려나무 잎도 쫙 펼쳐진 손과 유사한 모양을 가졌다. planar[평면상의]는 그야말로 2차원의 평면을 의미한다. plane은 '평면'도 의미하지만, 물건의 표면을 평평하게 깎는 '대패'이기도 하다. 또한 평평한 표면으로 미끄러지듯 활주하는 '비행기'의 의미도 갖는다. plan[계획]은 평면에 무엇인가를 그린 것이다. 고유어인 field[들판]와 floor[마루]는 평평한 장소이다. 우리가 잘 알고 있는 국가 Poland[폴란드]는 '들판에 사는 사람들[field-dweller]'이라는 뜻이었다고 한다.

'평평한 땅'을 의미하는 plain[평지, 분명한, 소박한]은 '분명함'과 '소박함'이라

196) f-자음은 그림의 법칙을 겪은 게르만어임을 보여준다.

는 의미도 갖는다. 접혀있어 잘 안 보이던 표면이 평평하게 고르게 펴지니 잘 보이고 분명해지고 잘 알게 된다. 또한 사물의 표면이 굴곡이나 장식 없이 평평하다는 것은 소박하고, 단순하고, 평범하고, 검소하다는 의미까지 갖게 된다. explain['out'+'flat'] 설명하다 역시 구겨지거나 접힌 사물을 '펼쳐내어 보이게 하다'가 은유적으로 '알게 만들다', 즉 '설명하다'를 의미하게 된다.

굴곡 없이 평평한 이미지는 부드럽고 여린 의미로 확장된다. piano여리게, 피아노는 음의 '셈여림'을 모두 낼 수 있는 하프시코드 pianoforte의 축약형이다.

- **plat-*

확장형 **plat-*에서 파생된 어휘들도 역시 평평하고 납작한 형상으로부터 다양한 의미를 갖는다. *flat*은 '납작한' 형태이고, plat은 '토지'나 '토지 도면'을 의미한다. flounder도다리와 plaice가자미, 넙치도 역시 납작하게 생긴 물고기 'flat fish'를 가리킨다. 이렇듯 다음 어휘들도 모두 납작하게 생긴 것과 납작하고 평평하게 만드는 도구를 의미한다.

plate	접시
platter	큰접시
flatter	판판하게 펴는 망치
platen	(인쇄기의) 압반(壓盤)
platypod	['flat foot'] 평족의
platypus	['flat foot'] 오리너구리
platform	['flat form'] 단

plateau안정기, 고원와 platitude평범한, 진부함에서 보듯이, 평평한 것은 안정적

이지만, 다른 한편으로는 평범하고 단조롭다. place[장소], plaza[광장], piazza[광장]는 지금으로 치면 문자 그대로 Broadway에 해당하는 '널찍한 공간이나 길, 거리'를 의미하였다. 보통 지형이 평평하면 넓고 개방된 장소이다.

*plat-에 *n*이 붙은 plant의 의미는 어원적으로 '(평평한) 발바닥'에서 시작되었다.[197] plant는 '발바닥으로 땅속에 밀어 넣다'에서 '심다'와, 심어진 것인 '싹, 순, 묘목'의 의미를 거쳐 '식물'로 확장된 것으로 볼 수 있다.

plant 심다, 식물, 공장
plantation 재배지
transplant 옮겨 심다

- ***plak- ~ *plag-**['to be flat']

*pelə-$_2$의 또 다른 확장형인 *plak-['to be flat']도 다음 낱말에서처럼 평평한 형상이나 조각[편, 片]을 의미한다.

flag 판석
flagstone 판석
flake 박편
flaw 박편>결함
floe 유빙
fluke 가자미, flatfish
placenta ['flat'+'cake'] 태반
plank 널빤지
plagiary, plagiarism 도둑>표절

197) 라틴어 *planta* '발바닥'.

흥미로운 것은 원래는 flake박편와 같은 의미였던 flaw결점가 지금은 '결함'이라는 의미를 지닌다. '얇게 깨진 조각'이 '결함'이라는 의미로 확장된 것이다. plagiarism표절에서 '펼치다'의 의미를 감지하기는 어렵다. '펼쳐진' 올가미나 덫으로 짐승이나 사람을 유인하던 의미가 저술에서 도둑질이 된 것이다.

삶의 여정이 굴곡지지 않고 평탄하다는 것은 은유적으로 삶이 평화롭고 조용하고 즐겁다는 것이다.

placid	평온한
placebo	위약
placable	달랠 수 있는
placate	달래다
implacable	달래기 힘든, 무자비한
complacent	만족한
please	기쁘게 하다
pleasant	즐거운
plea	탄원
plead[198)]	탄원하다

끝없이 펼쳐진 넓은 '바다'의 이미지를 떠올리면 다음 그리스어 차용어가 가지는 '바다'나 '해양'의 뜻이 이해가 될 것이다.

pelago	원양의, 대양의
archipelago	['chief'+'sea'] 주된 바다> 그리스 부근의 에게 해 > 다도해, 군도

198) plead와 plea는 원래 '기쁘게 하는 것'에서 '소송, 탄원' 등의 의미로 변했다.

PIE root **pelə, *plak ~ *plag, *plat* 'to flat, to spread'

Germanic → *field, veld, floor, fluke, flake, flag, flaw, flatter, flat, flatter, flan, flounder*

Latin → *llano, piano, plain, planarian, plane, planish, explain, pianoforte, palm, palmary, placebo, placid, plea, plead, pleasant, please, complacent, supplicate, supple, suppliant, placable, placate, plank, plagiary, plan, plant, plantar, plantigrade*

Greek → *planet, plasma, plaster, plastic, placenta, placoid, leukoplakia, pelagic, archipelago, plaza, piazza, place, plaice, plate, plateau, platina, platinum, platitude*

굽음, 회전, 꼬임

VERGE, CONVERT, ADVERTISE, WRONG

**wer-* 'to turn, bend[돌다, 구부리다]'

라틴어 어근 *vers~vert*와 고유어에서 *wr-*로 시작하는 어휘들은 '돌고, 구부리다'라는 의미에서 다양한 의미를 갖는다.

universe[우주[*uni*-'one'+'turn']]의 문자적 의미 '하나로 돌려진'은 '하나로 된', '하나로서의 모든 것', '일체'로서 '천지만물', '세계', '우주'를 뜻한다. vortex[소용돌이]는 돌아가는 형상을 말한다. vertigo[현기증]는 돌면 어지러운 증상을 말한다. anniversary[기념일]는 해마다 돌아온다. verse[시, 운문]는 시의 행이 농부가 한 줄 한 줄 방향을 돌아가며 쟁기질한 밭 고랑 모양과 비슷해서 비유적으로 나온 말이다. 반면 prose[산문]는 '앞'을 뜻하는 접두사 *pro-*가 붙어 '앞으로 곧장 향하다'라는 문자적 의미가 보여주듯이, 시와 달리 뭔가 직설적으로 쓴 글을 의미한다.[199)] diverge[[*dis*-'off'+'turn'] 벗어나다, 갈리다]와

199) *pro-* 'forward'+ *vertere* 'turn'.

divert[전환하다]는 원래 가던 길에서 벗어나 다른 방향으로 돌리는 것을 의미한다. versatile[재주가 많은]은 방향이 자유롭게 바뀔 수 있다는 문자 그대로의 의미에서 다양한 것을 쉽게 할 수 있다는 의미를 지니게 되었다.

접두사 *ad-*['to']와 결합한 adverse[*ad-*'to'+*vertere*'turn' > 'turned to, turned against, facing] 거스르는, 불리한]와 명사형 adversity[역경], advertise[광고하다]는 모두 '-으로 향하다'의 원뜻을 갖고 있지만, 앞의 두 어휘는 '역경'으로, 마지막은 낱말은 사람들의 관심을 돌리는 '광고'의 의미가 되었다.[200] 접두사 *ab-*['from']이 결합된 avert[외면하다, 피하다]와 averse[싫어하는]의 의미는 우리가 싫어하는 대상에서 고개를 돌리는 것[turn away]을 생각하면 된다.

어느 쪽으로 구부러지고 휘어진다는 것은 그쪽으로 가는 경향이라는 의미가 된다. 내성적이거나 외향적인 성격은 비유적으로 각각 '안쪽으로 향하거나 바깥쪽으로 향하다'라는 의미를 갖는다. 방향을 돌리는 것은 진로를 바꾸는 것인데, 뭐든 '변화'를 의미한다. 예컨대 책도 새롭게 개정하면 '개정판'이 되고, 종교도 바꾸면 '개종'이 된다.

verge	기울다, 향하다
converge	모여들다
extrovert	밖으로 향하게 하다, 외향적인 사람
introvert	안으로 향하게 하다, 내성적인 사람
version	판, 변형
convert	바꾸다
conversion	변화, 개종

converse['with'+'turn around'] 서로 이야기하다]는 서로서로 돌아가며 말을 하는 것이고, *contra-*['against']와 결합된 controversy[언쟁]는 상대방에 대항하는 말싸움이다.

---

200) '불리함, 역경'의 의미는 힘든 상황을 향해 맞서고 있는 것을 생각하면 된다.

아래에서 위로 물건을 던지면 중력의 법칙에 의해 어느 점에서 돌아 다시 내려온다. 이 전환점[turning point]을 vertex[정점, 절정, 꼭지점]라고 한다. vertical[절정의, 수직의]은 머리 바로 위 '꼭대기'로 향하는 '수직적인' 형상을 가리킨다.

다음 고유어에 *wr-* 형태로 포함된 인구어 어근 **wert-*의 '돌다, 구부리다, 비틀다'의 의미는 '지향' 뿐만 아니라, 구부리고 꼬아서 만드는 '포장, 화환', 상대방의 몸을 뒤틀고 겨루는 '몸싸움', 또한 구부러지고 뒤틀린 감정을 나타내는 '분노', 올이 곧지 않아 (뒤)틀린 '그릇됨'과 같은 부정적인 의미를 갖는다.

warp	구부리다
-ward-	로 향한
inward	안으로
wrench	비틀다
wrest	비틀다
writhe	비틀다
wring	비틀다
wreath	화환
wrap	포장하다
wrestle	씨름하다
wrangle	논쟁하다
wrinkle	주름
wrist	손목
wrath	분노
wroth	성난
wrong	그릇된
wry	뒤틀린
awry	뒤틀려
weird	이상한

wreath

벌레

VERMIN WORM

*****wrmi*- (< **wer*- 'to turn, bend') 'worm[벌레]'

구부러진 형상의 **wer*-에서 유래된 **wrmi*-는 꿈틀거리는 '벌레'를 의미한다. 라틴어 차용어 vermin과 고유어 worm은 '벌레'라는 의미의 이중어이다.

vermicelli[201)]	버미첼리
vermicular	꿈틀거리는, 벌레의
vermiform	벌레모양의
vermin	해충
vermifuge	구충(제)의
worm	벌레
wriggle	꿈틀거리다

PIE root **wer* 'to turn, bend', **wrmi* 'worm'
- Germanic → *-ward, toward, inward, worth, stalwart, weird, wreath, writhe, wrath, wroth, worry, wring, wrong, wrangle, wrench, wrinkle, wry, awry, wriggle, wrist, wrest, wrestle, warp, wrap, worm*
- Latin → *versatile, verse, version, versus, vertebra, vertex, vertigo, vortex, adverse, anniversary, avert, controversy, converse, convert, divert, evert, extroversion, extrovert, introvert, invert, malversation, obvert, pervert, prose, evert, transverse, universe, verge, converge, diverge, reverberate, vermicelli, vermiform*
- Greek → *rhombus, rhapsody*

201) spaghetti보다 가는 국수.

부피

VOLUME, INVOLVE, EVOLUTION, REVOLUTION

**wel-* 'to turn, revolve[돌다]'

'돌고, 말리고, 회전하다'의 의미를 갖는 인구어 어근 **wel-*에서 파생된 어휘들은 둥글고, 곡선으로 에워싸인 물체도 가리키게 되었다. 라틴어 어근 *volv*[돌다]도 다음과 같은 많은 어휘를 구성한다.

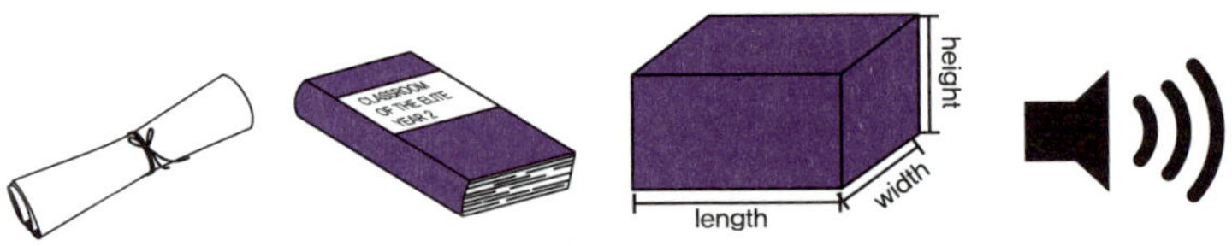

volume

volume	책, 권, 부피
voluble	회전성의, 혀가 잘 돌아가는
$vault_1$	둥근 천장
$vault_2$	뛰어넘다
valley	계곡
volute	소용돌이
convoluted	둘둘말린, 복잡한
convolution	소용돌이
circumvolve	회전하다
evolution	전개, 진화
involve	말아넣다, 연루시키다
revolve	돌다
revolt	반란
revolution	공전, 회전; 혁명

옛날에는 책 제본이 쉬운 것이 아니었다. 글을 쓴 종이를 둘둘 말아 '두루마리'로 보관했을 것이다. '둘둘 말린 것'이라는 의미를 지녔던 volume은 '책' 또는 '책의 권'을 의미하게 되었고, '책의 크기나 부피'를 나타내다가 '부피, 용량'을 뜻하게 되었다. revolve[회전하다]와 revolt[반란(을 일으키다)], revolution[회전, 혁명]은 모두 주요 형태소인 접두사 *re-*['back']와 어근 *volv*[roll, turn]로 이뤄진 어휘들로, 문자 그대로의 의미는 '되돌아오다, 원점으로 오다, 회전하다'이다.

원시인구어 어근 **welt-*[돌다]에서 발달한 그리스어 어근 *helico-*는 다음 어휘에서 보듯이 '나선형'이라는 의미를 갖는다.

helicopter	헬리콥터
helix	나선

다음의 고유어도 돌거나 둘둘 말린 이미지로 앞의 어휘들과 어원적으로 관련된다.

welter	굴러다니다
wallow	뒹굴다
wallet	지갑
waltz	왈츠

wallet[지갑]은 원래는 '가방'이나 '보따리'를 의미했다고 한다. '옷가지 등을 둘둘 말아 넣어 다닌 통이나 행낭'의 뜻에서 지폐를 넣는 '지갑'이 되었다. 한편 '계곡'을 뜻하는 vale[골짜기]이나 valley[골짜기]는 '언덕으로 둘러쌓인 곳'이라는 의미를 갖는 낱말이다.

PIE root **wel* 'to turn, roll'	
Germanic	→ *waltz, welter, willow, walk, well, wallet, wale, wallow*
Latin	→ *vault, vault, volt, voluble, volume, volute, volvox, archivolt, circumvolve, convolve, devolve, evolve, involve, revolve, valve, valvule, vale, valley*
Greek	→ *helix, helicopter*

역할

ROLL, ROLE, CONTROL, ROUND, RODEO

**ret-* 'to run, to turn, to roll[구르다]'

라틴어 어근 *rot*[바퀴]로 구성된 다음 어휘들은 바퀴처럼 둥글고 회전하는 의미를 갖는다.

round	둥근
rotund	둥근, 살찐
rotary	회전하는, 로터리
rotate	회전하다
rota	당번, 윤번
rotunda	원형건물
roulette	룰렛

roll[202)]은 '구르다'와 둥그런 모양으로 둘둘 말린 '두루마리로 된 문서, 명부, 목록' 등을 의미하게 되었다. role[역할]은 '연기자가 맡을 역할이 적힌 종이 두루마리'가 환유적으로 '역할'이라는 의미를 뜻하게 되었

---

202) *rota*의 지소형 *rotula* '작은바퀴'가 고대 프랑스어에 들어오면서 *rolle*이 됨.

다. '두루마리'의 원뜻은 사라져버린 것이다. control[*contra-*'against'+'roll'] 통제하다에도 역시 '두루마리', 즉 '장부, 명부'의 의미가 숨어 있다. control은 '두루마리에 기록된 원 장부[roll]와 대조하여[*contra-*] 확인하다'에서 '제어'나 '통제'의 의미가 발달한 것이다. '기록이나 장부(두루마리) 원본과 확인하기 위해 보관된 사본'을 의미하는 counter-roll[장부사본]이 control과 어원적으로 동일한 의미를 갖는다.

> PIE root **ret* 'to run, roll'
> Latin → *rodeo, roll, rota, rotary, rotate, rotund, rotunda, roulette, round, rowel, control, prune, rocambole, rotavirus, rotiform, rotogravure*

왕관, 코로나

CROWN, CORONA, COROLLA, CIRCLE, SHRINK

*(*s*)*ker*-$_2$ 'to bend, turn'

현재는 서로 상관없이 보이는 다음 어휘들은 *(*s*)*ker*-$_2$에서 비롯된 둥근 원이나 고리 모양, 부러지고 휘어지는 곡선, 주변이나 둘레, 주름진 모양 등을 의미하고 있다.

- 동그란 형상:

crown	왕관
corona	화관, 코로나
corolla	화관
circle	원
circuit	회전, 회로

circus	서커스
ring[203]	고리

crown[왕관], corona[광환(코로나)], corolla[작은 왕관>화관]는 모두 동그란 모양을 가지고 있다. coronavirus[코로나바이러스]는 일식이나 월식에서 해나 달 둘레에 생기는 왕관 모양의 '광환[光環]'을 뜻하는 corona와 생김새가 같아서 붙여진 이름이다.[204]

- 곡선 형상:

curvature	굴곡
curve	곡선

- 주름진 줄 형상:

range	줄, 정렬
rank	지위
rink	스케이트장
flounce[205]	주름장식

- '둘레, 주변'의 접두사 *circum-*이 들어간 어휘:

circumcision	['around'+'cut'] 할례
circumnavigate	['around'+'sail'] 배로 일주하다
circumscribe	['around'+'write'] 둘레에 선을 긋다, 억제하다

---

203) 고유어 ring, range, rank, rink는 곡선이나 고리, 원의 형태를 의미하는 원시 게르만어 **hringaz*에서 유래되었다. 그림의 법칙 (**k* > *h*)

204) 2019년에 발생한 코로나바이러스 질병의 공식명칭은 COVID-19이다.

205) 원래 원시 게르만어 **hrunk*에서 유래되었지만 프랑스어에 차용되었고, 다시 영어에 차용되었다.

circumspect	['around'+'look'] 주변을 잘 살펴본다 > 신중한
circumstance	['around'+'stand'] 환경

이밖에 shrink[줄어들다]도 둥그렇게 말리며 길이가 줄어드는 모양을 묘사한 어휘이다.

PIE root *(s)ker-$_2$ 'to turn, bend'
Germanic → *shrink, flounce, ring, ridge, rucksack*
Latin → *ranch, range, rank, rink, curb, curvature, curve, curvet, crest, crista, cristate, crepe, crisp, crispate*
Greek → *circa, circadian, circinate, circle, circum-, circus, cirque, search, cricoid, corona, crown*

고문

TORTURE, TORCH, DISTORT

$terk^w$- 'to twist[꼬다]'

앞에서 본 똑바른 직선의 *reg~rect*의 이미지와 달리, 어근 *tors~tort*는 구부러지고, 꼬이고, 일그러지고, 뒤틀린 형상을 보여준다. 대개 이런 형상은 부정적인 가치나 행위와 관련되기 십상이다.

torsion	비틂
contort	['together'+'twist'] 뒤틀(리)다
distort	['completely'+'twist'] 왜곡하다
tort	불법행위

이밖에도 extort[['out'+'twist'] 우려내다, 강요하다, 불법으로 빼앗다]는 어떤 것(또는 사람)을 말 그대로 뒤틀어서 내용물(또는 물건)을 짜내(빼앗)는 것이라고 생각하면 된다. torch[횃불]는 지푸라기를 꼬아서 만든 것이고, torture[고문]는 몸을 뒤틀어 고통을 주는 '고문'을 의미하고, torment[고통]도 '고문'이나 육체나 정신적 '고통'을 의미한다. 역시 꼬불꼬불하고 뒤틀린 형상의 tortuous[구불구불한]와 retort[['back'+'turn, twist'] 반박하다]도 참고하자.

torch

게르만어에서 유래된 고유어 어휘 queer[이상한]와 thwart[방해하다]도 '뒤틀리다, 뒤틀다'의 의미에서 각각 '이상하다', '방해하다'의 의미가 발달한 것이다.

> PIE root **terk*^{w} 'to twist'
> Germanic → *queer, thwart*
> Latin → *torment, torque, torque, torsion, tort, tortuous, torture, truss, contort, distort, extort, retort, torticollis*

접다

FOLD, PLY, PLIANT, COMPLEX

**pel-* 'to fold', **plek-* 'to plait[주름잡다]'

영어 고유어 fold[접다]와 faltboat[접는 보트], faldstool[접는 의자]의 중심 의미는 '접다'이고, 이들의 라틴어 동족어 어근 *ple~pli~plic~plo~ply~ploy*[206)]는 비유적으로 다양한 의미를 갖는다. simple은 한번 접어 '단순한' 것이고 complex[복잡한]나 complicated[복잡한]는 문자 그대로 '함께 접어', '복잡한' 것이다. duplicate[복사하다]와 duplex[두세대용 건물], diploma[졸업장], diplomacy[외교]도 말 그대로 '두 번 접는' 의미와 관련된 어휘들이다. 3-ply는 3번 접고 꼬았으니 '3겹'이다. 다음의 어휘들에서 '접다'가 어떤 의미를 갖게 되었는지 추측해 보자.

plexus 망상조직, 그물, 뒤얽힘

ply 겹

pliant, pliable ['foldable'] 유연한; 순종적인, 얌전한

plait 땋다, 주름

pleat 주름

accomplice ['fold together' > 'involve' > 'partner'] 공범

apply ['to'+'fold' > 'attach'] 적용하다

appliance ['to'+'fold' > 'attach'] 가전제품, 장치, 적용

applicant ['to'+'fold' > 'attach'] 지원자

complex ['together'+'fold'] 복잡한, 복합 건물

complicate ['together'+'fold'] 복잡하게 만들다

deploy [*dis*- 'un-, not'+'fold' > 'unfold'] 전개하다, (군사작전) 전개

display [*dis*- 'un-, not'+'fold' > 'unfold'] 전시하다, 내보이다, 전시

duplex ['two'+'fold'] 두 세대용 건물

duplicate ['two'+'fold'] 복사하다

diplomatic ['double'+'fold' > 'paper folded double' > 'license' > 'official document' >] 외교의

206) 라틴어 *plicare, plecare*.

diploma	['double'+'fold' > 'paper folded double' > 'license' > 'official document' >] 졸업장
exploit	['out'+'fold' > 'attach'] 이용하다, 위업
explicate	['out'+'fold' > 'unfold'] 전개하다, 설명하다
explicit	['out'+'fold' > 'unfold'] 명백한
employ	['in'+'fold' > 'enfold'] 고용하다
implicate	['in'+'fold' > 'enfold'] 관련시키다
implicit	['in'+'fold' > 'enfold'] 암시된
imply	['in'+'fold' > 'enfold'] 함축하다
multiple	['many'+'fold' > 'manyfold'] 많은, 다수의, 다양한
perplex	['completely'+'fold'] 당혹하게 하다
reply	['back, again'+'fold'] 대답하다, 응하다
replicate	['back, again'+'fold'] 베끼다
reduplicate	['back, again'+'two'+'fold'] 복제하다
replica	['back, again'+'fold'] 복제품
simple	['one'+'fold'] 간단한, 단순한
simplicity	['one'+'fold'] 간단함, 평이함

PIE root **pel* 'to fold', **plek* 'to plait'

Germanic → *fold, faltboat, faldstool, -fold, flax*

Latin → *triple, triplicate, quadruple, quintuple, sextuple, septuple, octuple, decuple, multiple, multiply, accomplice, application, apply, complex, complexion, complicate, deploy, display, splay, duplex, duplicate, employ, implicate, implication, implicit, imply, explicate, explicit, exploit, perplex, plait, pleat, -plex, plexus, pliable, pliant, plight, ply, ply, ply, replica, replicate, replication, reply, simplex*

Greek → *-ploid*

유행병
PANDEMIC, EPIDEMIC, ENDEMIC, INFODEMIC

현재 신종 코로나바이러스 감염증인 코비드-19와 같은 전 세계적 유행병을 pandemic['all' +'people'] 팬데믹, 전세계적 유행병이라고 부른다. 반면, epidemic['among'+'people'] 에피데믹, 유행병은 pandemic보다 낮은 단계로, 사스SARS처럼 특정 지역에서 한정적으로 감염이 유행하는 현상을 가리킨다. 또한 말라리아같이 특정 지역에 한정적인 풍토병은 endemic['in'+'people'] 엔데믹, 풍토병이라고 한다.

최근 인터넷의 영향으로 information정보과 epidemic유행병이 혼성된 infodemic인포데믹이라는 신조어가 생겨났다. 위기나 논란, 질병, 사건에 관련하여 사실 뿐만 아니라 입증되지 않은 거짓 정보나 소문이 빠르게 확산하는 현상을 일컫는다.

이제 *pan-*모두과 또 다른 접두사 *epi-*위에, 어근 *dem*사람들이 들어 있는 어휘들을 살펴보자.

- 접두사 pan-모두은 다음 어휘들을 구성한다.

panacea	['all'+'cure'] 만병통치약
pandemonium	['all'+'evil spirit'] 대혼란
pandora	['all'+'gift'] 판도라
Pan-European	범유럽의
panoptic	['all'+'visible'] 모든 것이 한눈에 보이는
panorama	['all'+'sight'] 파노라마
pantheism	['all'+'god'] 범신론
pantheon	['all'+'god'] 만신전

pantomime	['all'+'immitator'] 무언극

- '-위에', '-뒤에', '-에 더해' 등의 의미를 갖는 접두사 *epi-~ep-* 역시 다양한 어휘를 구성한다.

ephemera	['on'+'day'] 수명이 아주 짧은
epidermis	['on'+'skin'] 표피
epigastrium	['above'+'stomach'] 상복부
epiglottis	['on'+'tongue'] 후두개
epilogue	['in addition'+'speaking'] 결어
epiphenomenon	['in addition'+'phenemenon'] 부수현상
episode	['in addition'+'entrance'] 에피소드
epitaph	['on'+'tomb'] 비명
epithet	['in addition'+'put'] 별칭
eponym	['after'+'name'] 이름의 시조

- 마지막으로 *demo~dem*[사람들]이 들어 있는 어휘들도 살펴보자.

democracy	['people'+'rule'] 민주주의
demography	인구통계학
demotic	민중의

나가며

England로부터 시작해서 pandemic을 마지막으로 1권을 마무리한다. 우리가 알고 있는 라틴어와 그리스어 어원, 그리고 더 올라가 인도어와 많은 유럽어들의 어휘에서 공통점과 규칙들을 찾아 재구성한 원시인구어 어근 정보가 방대한 영어 어휘의 형태와 의미를 이해하는 데 유용함을 알 수 있었을 것이다. 앞으로 더 나아가기 전에 잠시 쉼표를 찍는다.

참조 자료

노양진과 나익주, 2006,『삶으로서의 은유』, 박이정.

백미현, 2018,『어원중심의 영어 어휘의 이해』, 충남대학교출판문화원.

Algeo, John and Carmen Acevedo Butcher. 2013. *The Origins and Developments of the English Language*. Wadsworth.

Denning, Keith, Brett Kessler, and Willaim R. Leben. 2007. *English Vocabulary Elements*(2nd Edition). Oxford University Press.

Durkin, Philip. 2009. *The Oxford Guide to Etymology*. Oxford University Press.

Fennell, Barbara A. 2001. *A History of English: a Socioloinguistic Approach*. Blackwell Publishers.

Lakoff, George and Mark Johnson. 1980. *Metaphors We Live By*. Chicago University Press.

Minkova, Donka and Robert Stockwell. 2001. *English Words: History and Structure*(2nd Edition). Cambridge University Press.

Watkins, Calvert. ed. 2011. *The American Heritage Dictionary of Indo-European Roots*(3rd Edition). Houghton Mifflin Harcourt.

The American Heritage Dictionary(https://www.ahdictionary.com)

Dictionary.com(http://www.dictionary.com)

Merriam-Webster Dictionary(https://www.merriam-webster.com/dictionary)

Naver Dictionary(http://dic.naver.com)

Online Etymology Dictionary(https://www.etymonline.com/)

Oxford English Dictionary(https://www.oed.com/)

PIE root로 찾아보기

백미현

이화여자대학교 영어영문학과(동 대학원 영어학 석사) 졸업 후 미국 Rice University 언어학 박사 학위를 받았고, 현재 충남대학교 영어영문학과에서 인지 언어학과 영어 어휘 강의를 하고 있다. 특히 인지 언어학의 이론에 바탕하여 전치사를 포함한 영어 어휘의 다의성을 공시 및 통시적으로 분석하는 데 관심이 크다.
저서로는『영어 전치사 해석(공역)』,『중간태(역)』,『영어학의 이해(공저)』,『어원 중심의 영어 어휘 이해』,『인지문법(공역)』등이 있다.

영어 어휘 가로세로 보기

초판 1쇄 발행 _ 2022년 2월 28일

저　　자 · 백 미 현
발행인 · 정 현 걸
발　　행 · 신 아 사
인　　쇄 · 한승인쇄
주　　소 · 서울특별시 은평구 통일로 59길 4 (2층)
전　　화 · (02) 382-6411　팩스 · (02) 382-6401
홈페이지 · www.shinasa.co.kr
E-mail · shinasa@daum.net
출판등록 · 1956년 1월 5일 (제 9-52호)

ISBN : 979-11-91158-80-9 (93740)

정가 17,000원

University innovation 대학혁신지원사업

이 저서는 대학혁신지원사업의 지원을 받아 출간되었음.